苏州非物质文化遗产丛书

吴地宝卷

张岚 朱光磊 编著

苏州大学出版社
Soochow University Press

图书在版编目（CIP）数据

苏州非物质文化遗产丛书.吴地宝卷/张岚，朱光磊编著.--苏州：苏州大学出版社,2023.8
ISBN 978-7-5672-4547-1

Ⅰ.①苏… Ⅱ.①张…②朱… Ⅲ.①非物质文化遗产—介绍—苏州 ②宝卷(文学)—文学研究—苏州 Ⅳ.①G127.533②I207.76

中国国家版本馆CIP数据核字（2023）第175588号

书　　名：	吴地宝卷
编 著 者：	张　岚　朱光磊
策划编辑：	刘　海
责任编辑：	刘　海
装帧设计：	吴　钰
出 版 人：	盛惠良
出版发行：	苏州大学出版社（Soochow University Press）
社　　址：	苏州市十梓街1号　邮编：215006
网　　址：	http://www.sudapress.com
邮　　箱：	sdcbs@suda.edu.cn
印　　刷：	苏州工业园区美柯乐制版印务有限责任公司
邮购热线：	0512-67480030　销售热线：0512-67481020
网店地址：	https://szdxcbs.tmall.com/（天猫旗舰店）
开　　本：	787 mm×960 mm　1/16　印张：15.25　字数：295千
版　　次：	2023年8月第1版
印　　次：	2023年8月第1次印刷
书　　号：	ISBN 978-7-5672-4547-1
定　　价：	68.00元

凡购本社图书发现印装错误，请与本社联系调换。
服务热线：0512-67481020

"苏州非物质文化遗产丛书"编委会

主　任：钱轶颖
副主任：王　燕　张　岚
编　委：朱丹凤　谢　俊　王雅芸　冯　菲　冀红雪　范旻澜　杨　曙　吴　祥

《吴地宝卷》编委会

编　著：张　岚　朱光磊
编　委：朱丹凤　谢　俊　冯　菲　杨　曙　沈　琦　狄秋燕　堵建荣
　　　　严晓洁　胡心悦　李文婧　韩苏渝　黄靖欣　李凌一　何冰雁
　　　　庄梓煊　赵一霏　朱可涵　施　楠　杨雨洁　张诚悦

总　序

苏州是著名的历史文化名城，非物质文化遗产资源十分丰富。截至2022年年底，苏州已有人类非物质文化遗产代表作项目7个；国家级非物质文化遗产项目33个、传承人50名；省级非物质文化遗产项目124个、传承人143名；市级非物质文化遗产项目172个、传承人464名。苏州的非物质文化遗产资源在全国各大城市中名列前茅。

依托本地丰富的非物质文化遗产资源，苏州非物质文化遗产保护工作在苏州市委、市政府的高度重视和正确领导下，坚持"见人、见物、见生活"的理念，促使非物质文化遗产名录体系逐步完善，传承人队伍建设不断健全，品牌影响力日益扩大，非物质文化遗产保护传承整体水平走在全省乃至全国前列。2014年，苏州市成功加入联合国教科文组织全球创意城市网络，被命名为"手工艺与民间艺术之都"。苏州市非物质文化遗产保护管理办公室2018年获评全国非遗保护工作先进集体。

为继续深入贯彻落实中共中央办公厅、国务院办公厅印发的《关于进一步加强非物质文化遗产保护工作的意见》，夯实非物质文化遗产保护的理论基础，苏州市非物质文化遗产保护管理办公室将推出"苏州非物质文化遗产丛书"，在陆续对列入各级非物质文化遗产名录的项目开展全面调查的基础上进行理论研究并编著成书，普及和宣传苏州非物质文化遗产相关知识，让更多的人了解非物质文化遗产蕴含的丰富价值，不断增强人们的非物质文化遗产保护意识。

苏州非物质文化遗产丛书编委会
2023年6月15日

自　序

　　吴地宝卷是江南文化的一颗明珠，她诞生在"人家尽枕河"的水乡古镇，成长于"古桥净水醉红尘"的长街短巷。隔着粉墙黛瓦，传来阵阵丝竹；透过柴门竹篱，升起缕缕香云。在时间的长河中，无数的宣卷先生在此留下忙碌的身影。他们敲打着木鱼、磬子，摊开手抄卷本，有条不紊地演绎着古老的传说。那是充满着神仙佛道、狐精花妖、孝子善人、书生小姐的神奇世界，故事中的主人公在经历了曲折坎坷的人生磨难之后，总能迎来令人欣慰的圆满结局。无论是在古宅还是在新居，聆听宣卷的客人们充盈着事主家的屋廊和庭院。那老老少少、男男女女，进进出出，忙忙碌碌，脸上洋溢着对未来的幸福憧憬。

　　吴地宝卷及其宣唱活动早已成为吴地民众生活的重要组成部分，人们在庆生祝寿、造屋上梁、祛病消灾、迎神祈福等活动中都可以听到宣卷的熟悉旋律。宝卷的唱段声腔丰富了江南地区的音乐素材，宝卷的神话故事塑造了江南民众的道德信念。妙善公主、太姆娘娘、灶神老爷、土地公公，吴地宝卷中的这些常见人物，早已妇孺皆知、耳熟能详，大家对他们的了解胜乎对村里邻居的了解。人们从他们的故事中接受人生教诲，又通过他们的故事将这些教诲传给下一代。

　　当下，宝卷尽管在苏州古城中心地区已经难觅踪影，但在古城周边地区仍然具有较大的群众影响。其中较为著名的有苏州北部地区的河阳宝卷、常熟宝卷，苏州东部地区的锦溪宝卷、胜浦宝卷，苏州南部地区的同里宝卷。这些宝卷都是吴地宝卷的重要组成部分，但由于地区的差异，又各具特点。河阳宝卷、常熟宝卷比较传统，在宣唱时保留着较为烦琐的法事科仪和坐唱形式，活动持续时间也比较长，一般要持续到第二天的后半夜。锦溪宝卷、同里宝卷更注重表演的艺术性，艺人们不再摊开卷本坐唱，而是站立表演，上下手分别起书中人物的角色，唱腔也融入更多的民间小调和戏曲唱腔。这样的表演极大地增强了节目的观赏性，赢得了更多的观众。同时，这两个地区的宝卷演唱时间也大为缩短，基本控制在一个白天之内。胜浦宝卷则介于两者之间，法事科仪有所简化，但保留了传统的坐唱形式。

　　随着城镇化的推进，很多古镇村舍被改造为高楼大厦，人们的生活状态也发生了翻天覆地的变化。宝卷的宣讲已经很难吸引年轻一代的关注，吴地宝卷的生存空间受到了严重影响。面对这些挑战，宝卷的当下传承必须探索创新。从现有情况来看，宝卷的生存主要有两条路径。其一，保持宝卷的祈福祛灾功能，强调宝卷的宣教作用，将宝卷讲唱改造成以弘扬传统道德为核心的文艺宣传样式。其二，剔除宝卷中民间宗教的要素，将宝卷讲唱归入曲艺，甚至将此曲艺进一步戏剧化，增加艺术性和观赏性，向苏州弹词和江南戏曲靠拢。这两条路径各有优长。前者适合在民间演出，仍然具有较强的生命力；后者适合在官方主导的文艺会演中呈现，用宣卷形式传颂时代精神。两者相较，孰优孰劣，尚在探索实践的过程中；或许两者结合是最具操作性的方案。

张　岚　朱光磊

2023 年 6 月 18 日

目 录

第一章 吴地宝卷的文化渊源 ································· 001
第一节 宝卷的发展历程 ································· 001
第二节 吴地的人文环境 ································· 005
第三节 宝卷的分布状况 ································· 008

第二章 宝卷宣唱的文化传统 ································· 014
第一节 宣卷先生与宣卷受众 ······························ 014
第二节 宝卷宣唱的法事科仪 ······························ 019
第三节 宝卷宣唱的时代流变 ······························ 023

第三章 宝卷宣唱的曲调音乐 ································· 028
第一节 宝卷宣唱的音乐构成 ······························ 028
第二节 宝卷宣唱的基本曲调 ······························ 029
第三节 宝卷宣唱的江南小调 ······························ 064

第四章 吴地宝卷的文本特征 ································· 085
第一节 宝卷的文本形态 ································· 085
第二节 宝卷的文学价值 ································· 089
第三节 宝卷的劝世精神 ································· 094

第五章 吴地宝卷的文本评析 ································· 100
第一节 祝祷法事类 ···································· 100
第二节 宣教劝善类 ···································· 111
第三节 神道故事类 ···································· 116

第四节　凡人修行类 ·· 131

　　第五节　民间传说类 ·· 141

　　第六节　时事新闻类 ·· 153

　　第七节　开篇小卷类 ·· 169

第六章　宣卷传人的口述历史 ··· 176

　　第一节　常熟宣卷先生口述史 ··· 176

　　第二节　河阳宣卷先生口述史 ··· 180

　　第三节　胜浦宣卷先生口述史 ··· 187

　　第四节　锦溪宣卷先生口述史 ··· 194

　　第五节　同里宣卷先生口述史 ··· 203

第七章　吴地宝卷的保护传承 ··· 218

　　第一节　吴地宝卷的传承现状 ··· 218

　　第二节　吴地宝卷的保护情况 ··· 222

　　第三节　吴地宝卷的创新发展 ··· 228

参考文献 ·· 234

后　　记 ·· 236

第一章 吴地宝卷的文化渊源

宝卷源于佛教的俗讲,是一种民间讲唱的文学形式,以佛、道、儒三家思想为内涵,讲唱民间故事和佛道传说,至今已有1000多年历史。宝卷是说唱宣卷的底本,其宣演和文本有着明显的地域特征。吴地宝卷特指苏州大市范围的宝卷,其产生与发展深受吴地人文环境的影响。在当下,吴地宝卷的宣唱种类主要有河阳宣卷、常熟宣卷、胜浦宣卷、锦溪宣卷、同里宣卷。

第一节 宝卷的发展历程

宝卷源自唐代佛教变文和宋代佛教说经,大约在宋元之际,宝卷有了独立的表现形式,成为流传于民间的文学讲唱艺术。从历史分期来看,宝卷可以分为佛教宝卷、民间教派宝卷、民间宝卷等三个发展阶段。佛教宝卷与民间教派宝卷的大致时间分界线是明代正德年间,而民间教派宝卷与民间宝卷的大致时间分界线是清代康熙年间。

一、佛教宝卷

佛教宝卷是宝卷发展的第一个时期。宝卷最初是以宣佛的形式出现,因此被称为"佛教宝卷",主要内容为演说佛经和复演佛教故事,其仪式主要受《销释金刚科仪》的影响(图1-1),典型的卷本有《目连救母出离地狱生天宝卷》《大乘金刚宝卷》等。

图1-1 《销释金刚科仪》

历史上，《目连救母出离地狱生天宝卷》广泛流传于民间说唱中，人们之所以喜爱传唱，是因为它的忠孝思想和因果信仰最能打动传统社会百姓的心。《目连救母出离地狱生天宝卷》是现存最早的宝卷，它在韵文格式、故事情节、宣教佛经义理方面为后世宝卷树立了典范。《目连救母出离地狱生天宝卷》讲述的目连救母故事在民间广为流传，以此为基础而衍生的宝卷还有很多，仅《中国宝卷总目》收录的就有9种，而各类刊本、抄本则更多，至少有42种。《大乘金刚宝卷》也作《金刚宝卷》《大乘宝卷》《金刚卷》《大乘卷》等。它和《目连救母出离地狱生天宝卷》一样，也是早期的佛教宝卷。《大乘金刚宝卷》与《目连救母出离地狱生天宝卷》的不同之处在于它不是以讲故事为主，而是以宣说经义为主。《大乘金刚宝卷》在形式方面与《销释金刚科仪》有很多相似之处。宝卷的主体部分分为32分，每分引录经文，然后再解说其义。虽然《大乘金刚宝卷》也有故事，但其情节并不曲折，人物形象也不甚生动，可见其故事情节仅仅是辅助的，其用意还是在宣讲佛理。这一点与《目连救母出离地狱生天宝卷》有很大差别。

后世的宝卷也大致沿着《目连救母出离地狱生天宝卷》《大乘金刚宝卷》的方向发展，基本可以分为演说故事和宣经说道两类。

就目前可考的资料看，苏州地区最早的佛教宝卷是明代万历二年（1574）刊印的《念佛三昧径路修行西资宝卷》，这是一部宣扬西方极乐世界净土信仰的佛教宝卷。

二、民间教派宝卷

民间教派宝卷是宝卷发展的第二个阶段，从明代正德年间到清代康熙年间是它的主要发展时期，而嘉靖、万历至明末则是民间教派宝卷的鼎盛时期。在佛教宝卷向民间教派宝卷演变的过程中，佛教宝卷中的因果报应、为善去恶等观念被民间教派宝卷所汲取，并逐步成为民间教派宝卷的核心内容。明代罗教"五部六册"是目前可考的最早的民间教派宝卷。它包含《苦功悟道卷》1册、《叹世无为卷》1册（图1-2）、《破邪显证钥匙卷》2册（图1-3）、《正信除疑无修证自在卷》1册、《巍巍不动泰山深根结果卷》1册。"五部六册"的撰写者是明代罗教创始人罗清。罗清的宗教观主张每个人都可以顿悟成佛，成佛就是返本归源、归根认母。在形式上，罗教的"五部六册"与早期的佛教宝卷较为接近，仿照《大乘金刚宝卷》，分品宣说，内容以义理为主。

图 1-2　叹世无为卷　　　　图 1-3　破邪显证钥匙卷

在民间教派宝卷的发展历程中，罗教的"五部六册"有着开山鼻祖的地位，对后来民间教派宝卷的发展有着深远的影响。后期的民间宗教宝卷大多以罗教的"五部六册"为范本，并将其教义作为自己教派教义的组成部分。民间教派宝卷自明末开始发展为两种形式。一种民间教派宝卷是继续沿袭佛经形式，按品来宣传教义与修持之道。这类宝卷没有太多的文学内容，仅仅突显了较强的宗教性。另一种民间教派宝卷则在民众信仰的基础上创作了一批神道故事，借此来宣扬各自宗派的教义。后者因为在内容上加入了故事情节，文学性、可听性大大增强。在文本形式上，民间教派宝卷大量使用七字句和十字句，这说明民间教派宝卷的宣唱方式受到了当时戏曲和曲艺的影响。民间教派宝卷的这些特点，成为后来出现的民间宝卷的基础，并大部分被民间宝卷所继承。

三、民间宝卷

民间宝卷是宝卷发展的第三个阶段。由于政府对民间宗教的打击，宝卷为了自身的生存与发展，开始向世俗化转变。这主要表现在宝卷原来的宗教性内容被淡化，转向叙述世俗的传奇故事，而更具文学性和娱乐性。同时，宝卷也渐渐走出民间宗教的圈子，慢慢融入广大百姓的生活，从而获得了更广阔的生存空间。

清政府曾把所有的民间宗教都划归为"邪教"，并对其进行镇压和消灭。在当时，虽然南方宝卷受到的冲击远远小于北方，但也受到很大影响。为了更好地生存，宝卷的宣唱转变为一种民间说唱艺术。康熙、乾隆以后，宝卷在民间获得了更为广阔的发展空间。宣卷先生身兼民间宗教代言者和民间艺人的双重身份，其演出也兼具宗教性和娱乐性。

他们的足迹遍及苏州、无锡及后来的上海地区。虽然当时的宝卷宣唱活动仍然存在大量的劝善布道内容和佛教中的因果报应论，但其表现形式已颇具地方民间曲艺特征，在删除了烦琐的民间宗教仪式后，取而代之的是大量的民间传说故事。这种变化最直接的表现就是宝卷的娱乐功能被强化，宝卷从传教布道的工具转变为供娱乐消遣的说唱文艺。

民间宝卷作为佛教宝卷与民间宗教宝卷一脉相承的产物，自然也延续了佛教宝卷和民间宗教宝卷的宗教性特征。大约在清代咸丰以后，吴地宝卷有了较大的发展。那时在乡间盛行的民间宝卷多以劝善为宗旨，主张善恶报应，引导大众敬神拜佛。这些宗教特征主要体现在开讲科仪和故事导向上。比如，宝卷在科仪上的颂唱《三宝科仪》《炉香赞》等，在内容上宣讲因果报应、布道劝善等，都是民间宝卷因承佛教宝卷和民间宗教宝卷的标志（图1-4）。同时，为了避开清政府对宝卷宣唱内容的限制，宣卷艺人大量改编弹词书目、滩簧戏文。随着民间宝卷的不断发展，其内容中的布道劝善、因果报应论越来越淡化，而文艺娱乐方面则不断强化。到了清末，随着宣卷的持续盛行，苏州地区出现了许多宣卷班子，还出现了由宣卷艺人组成的行业组织——宣扬公所。成立公所的目的，是保障行业内宣卷艺人的权益，谋取各项福利，调解纠纷，对生活贫困的宣卷艺人进行救济。公所经费由每位入会者按演出收入的十分之一交纳。

图1-4　民间宝卷

到了民国时期,特别是1940年左右,由于日寇侵略,吴地民生凋敝,尤其是农村地区,民众已经没有财力举行庙会祈福等活动。这导致以此为生的宣卷班社的活动空间明显缩小,从业人员数量也随之大减。

中华人民共和国成立以后,由于政府在全社会开展破除迷信活动,而宣卷的内容涉及较多的迷信思想,因此宣卷被禁止演出,宣卷的规模进一步萎缩,宣卷艺人也停止活动,转行进入地方戏剧院团。"文化大革命"之后,苏州地区的宣卷基本销声匿迹,宣卷班子也人去楼空。一直到20世纪80年代以后,苏州地区的宣卷才和其他民间艺术一样逐渐得到恢复。在当下的宣卷活动中,宣卷表演呈现出百花齐放的局面,木鱼宣卷、丝弦宣卷、书派宣卷、化装宣卷争相出现,有的侧重传统仪式,有的侧重音乐伴奏,有的侧重念白说表,有的侧重形体表演,真是万紫千红、各领风骚。

宣卷作为一种带有浓厚宗教性质的民间曲艺,从宋代开始,历经元、明、清,再到民国、新中国,它之所以历经沧桑而经久不衰,是因为它扎根百姓,为百姓所需要和喜爱,宝卷宣唱的民间性赋予了它强大的生命力。时至今日,宝卷宣唱仍然活跃在庙会、婚庆、诞辰、祝寿、乔迁等各类民间仪式活动中。

第二节 吴地的人文环境

任何事物的产生都有适合其生成的土壤。吴地宝卷诞生于经济和文化发达的苏州地区,苏州的人文环境塑造了吴地宝卷的特征。

1. 吴地宝卷的概念界定

"吴地宝卷"的"吴地",最早可以追溯到殷商时期的吴国。当时,周人古公亶父有三子,依次为泰伯、仲雍、季历。季历之子为姬昌。古公亶父有意传位给季历,再传位给姬昌,于是泰伯、仲雍出走来到江南,在太湖流域定居下来,建立勾吴古国,在江南地区撒下了中原文化的种子。吴自立国后,历代苦心经营,至阖闾执政时期,国力达至极盛,成为春秋五霸之一。其国土范围包括今天太湖流域的苏南地区及上海、浙北、皖东地区。虽然后来吴地包含的地域多有变化,但主体上仍不脱离古代吴国的范围。历代以来,苏州一直是吴国的核心地区,苏州方言也是吴方言的代表,故苏州文化可以视为吴文化的精华。

由此,"吴地"可以有广义与狭义之分。广义的"吴地"主要指古代吴国的区域乃至吴方言区,基本上涵盖了现在的江、浙、沪两省一市;而狭义的"吴地"则主要指现在苏州大市范围。这两个区分并非没有关联,在一定意义上,狭义"吴地"是广义"吴地"

的中心。同理,"吴地宝卷"也有广义和狭义之分。广义的"吴地宝卷"包括绍兴、上海、常州、无锡、苏州等地的宝卷,并且苏州宝卷始终是吴地宝卷的代表。狭义的"吴地宝卷"则单指苏州宝卷。本书所论的"吴地宝卷",使用的是狭义的概念,仅指苏州宝卷,即主要流行在苏州大市范围内的宝卷。

2. 吴地经济的繁荣

苏州是吴地的中心,地处江苏省东南部,东邻上海,南接浙江,西抱太湖,北倚长江,并处于长三角内河系统和长江航线、外洋航线的交汇点,因此具有交通枢纽的重要地位。气候上苏州属于暖温带向亚热带过渡型气候,温和湿润、雨量充沛、日照充足、四季分明。苏州人文景观和自然资源丰富,全市文物古迹星罗棋布,是典型的江南水乡城市。

先秦时期,苏州无论是经济还是文化都落后于中原地区。但自泰伯立国以后,吴地文化和中原文化发生了第一次碰撞与交融,吴地文化开始在多个方面迅速发展。至西汉初,国家设吴郡,郡治在吴县,即今天的苏州。《汉书·枚乘传》言:"夫吴有诸侯之位,而实富于天子;有隐匿之名,而居过于中国。"可以想象,当时的吴郡在经济、文化等领域已经有了很大的发展。到了东汉末年,孙权割据江东,长年苦心经营。永嘉之乱后,大批中原人口南迁,带来了先进的农耕技术和中原文化。安史之乱后,中原动荡,江南一带相对安宁,中原人口再次南迁,给苏州带来了又一次发展机会。到了南宋时期,由于北方战乱,中原人口又一次大规模南迁,苏州地区的经济文化有了大规模的发展。据南宋范成大《吴郡志》记载,当时的民谚有"苏湖熟,天下足""天上天堂,地上苏杭"等语。自唐中叶以来迄于民国时期,吴地逐渐成为中国的经济文化重镇。

据相关统计,苏州在清代中期总户数在3万~5万,人口在15万~25万。苏州不仅城市蒸蒸日上,所辖乡镇也繁荣异常。清康熙中期,仅苏州甪里(今苏州甪直镇)居民户数就有1万~2万。据2021年第七次全国人口普查结果,苏州常住人口高达1275万,总面积约8657平方千米,2022年实现地区生产总值2.4万亿元。从古至今,富足的地域经济为苏州城乡发展提供了稳定的社会环境,也为民间文学艺术的兴起和流行提供了相对宽裕的生存空间,并培育了庞大的听众群体。

3. 吴地印刷业的发达

苏州在明、清两代成为文化发达地区,天下风俗皆以吴地为风向标。当时刊刻之盛行,在一定程度上助推了吴地宝卷的流行。苏州刻书精良,常熟毛晋汲古阁刻本海内闻名。苏州的印刷业在清代达至极盛,成为当时全国印刷业中心之一。当时苏州书坊可考者有57家之多,其中著名的如席氏扫叶山房,开创于明万历年间,绵延至民国时期,并先后在上海、汉口、松江等地设立分店，前后刻印书籍有数千种之多。到了近代，随着石印、铅印技术的传入，吴地印行小说、戏曲、曲艺等面向大众的读物蔚然成风，现存于世的大量石印本、铅印本宝卷，很多得益于吴地印刷业的发达。可以说，吴地印刷业的兴盛为宝卷文本的传播与发展提供了技术保障。

4. 吴地戏文的流行

明清以来，苏州的戏曲、曲艺十分繁盛。明末清初苏州人陆文衡《啬庵随笔·风俗》言："我苏民力竭矣，而俗靡如故。每至四五月间，高搭台厂，迎神演剧，必妙选梨园。聚观者通国若狂，妇女亦靓妆袨服，相携而集。"由此可以看出明代吴地民众对戏曲和曲艺的狂热，观剧在时代苏州已成为一时之风气，戏曲和曲艺亦为吴地男女老少所喜闻乐见。到清代，苏州民众观看戏曲、曲艺演出的热情更胜前朝。根据乾隆四十八年（1783）十一月所立《翼宿神祠碑记》粗略统计，在乾隆后期苏州城有大小戏班70多个，可谓"城内城外，遍开戏园"，演戏活动甚为兴盛。近代以来，苏州城的戏曲、曲艺演出已不限于戏园，而是扩展至市井茶坊。位于苏州市中心的玄妙观是民众经常游览之处。在玄妙观附近的茶坊酒楼则经常有各类滩簧演出，深受民众欢迎。应该说，吴地的戏曲或曲艺在产生的时间上大多晚于宣卷（即宝卷的演出形式），但它们自诞生以后就对宣卷产生了深远的影响。比如，宣卷学习了苏滩，从而有了丝弦宣卷；学习了评弹，从而有了书派宣卷；学习了苏剧、锡剧、越剧、沪剧等，从而有了更为丰富的曲调。可以说，苏州民众对戏曲、曲艺的热衷，为吴地宝卷的盛行提供了坚实的观众基础，而苏州戏曲、曲艺形式的丰富多样则为吴地宝卷的发展提供了充足的艺术营养，这两点是吴地宝卷能够盛行的重要条件。

5. 吴地宗教的兴盛

吴地宝卷自诞生之日起即与宗教信仰密不可分。其一，明、清两代苏州地区佛教兴盛，为吴地宝卷的发展在内容和仪式上提供了重要依据与借鉴。吴地佛教初兴于三国孙吴时期，南朝开始兴盛，"南朝四百八十寺，多少楼台烟雨中"，由此可以窥见吴地佛教的兴盛程度。明、清两代，苏州佛寺更多，佛教与当地民众生活的联系愈发密切。由宗教节日衍生而来的庙会已经演变成民俗节日。至此，佛教直接和戏曲、曲艺关联起来。清同治《苏州府志·风俗》云："寺庙游观，烧香做会，跪听讲经，僧房道院，谈笑自如。"此处的"讲经"就是宣卷。其二，苏州民众的俗神信仰，特别是相应的迎神赛会，也与宝卷相关联。每逢世俗神灵诞辰日或成道日，民间常有迎神赛会之举，苏州民众亦热衷参与。做会当日，苏州多有戏曲、曲艺及宣卷的演出，观者人山人海，热闹非凡。

这些演出成为迎神赛会最为引人注目的热点。其三，苏州历来巫觋之风炽烈，明清时期，此风愈盛。清康熙二十四年（1685），江苏巡抚汤斌《严禁奢靡告谕》言苏州地区"疾病之家，听信巫觋欺诳，辄行祷禳，鼓吹喧阗，牲肴浪费"。崇信巫术，特别是信用巫师来祛病避灾，已经成为苏州民间普遍的做法。在此类巫术活动中，就常有宝卷宣唱。民众借宣卷来祛病祈福，可谓历史悠久，其遗风在今天的苏州地区仍然存在。如常熟宝卷，通常要先由"师娘"（即当地巫师）来"作判"，安排、确定所宣宝卷名目等。吴地宝卷劝人为善的思想主旨一直延续至今，在民间具有很大的影响力。

第三节　宝卷的分布状况

流传于苏州地区的吴地宝卷，以常熟宝卷（苏州市常熟尚湖镇）、河阳宝卷（苏州市张家港凤凰镇）、胜浦宝卷（苏州工业园区胜浦街道）、锦溪宝卷（苏州市昆山锦溪镇）和同里宝卷（苏州市吴江区同里镇）等为代表（图1-5）。郑振铎在《中国俗文学史》中写道："且所讲唱的，也以因果报应及佛道的故事为主。直至今日，此风犹存。南方诸地，尚有'宣卷'的一家，占着相当的势力。"这一记载，与宝卷在苏州地区的流传及分布相符。

图1-5　苏州宣卷流布区域示意图

一、常熟宝卷

常熟,简称"虞",位于江苏省南部,为苏州市下辖县级市,因为"土壤膏沃,岁无水旱之灾",故而得名"常熟"。常熟东北濒临长江,与南通隔江相望。东南与太仓相邻,南接昆山、相城,西连江阴、无锡,西北与张家港接壤。常熟历来是鱼米之乡,这里水土肥沃,人文荟萃,是吴文化的重镇之一。

与其他地区的宝卷不同,常熟宝卷仍保留着木鱼宣卷的传统。宣唱宝卷的形式也不叫"宣卷",而是保留了"讲经"这一更为古老的名称,宣卷艺人则被称为"讲经先生"(图1-6)。这说明常熟宝卷的宣唱更为传统。常熟宝卷按照用途分类,有素卷、荤卷、冥卷、闲卷、科仪卷等五类。素卷是指食素神佛的宝卷,荤卷是指食荤神佛的宝卷,冥卷是指做亡事用的宝卷,闲卷是指消遣娱乐用的宝卷,科仪卷是指做仪、科、经、忏、咒、偈的宝卷。除此之外,常熟宝卷还有独具特色的神卷和私娘卷。神卷是讲述社庙里神灵及其配祀神的宝卷。在常熟地区,凡讲经宣卷,无论是私宅还是社庙,都必须宣讲该地区的土地神。而不同的乡镇有不同的土地神,故有不同的神卷。这导致常熟的神卷异常丰富。私娘卷是讲述神汉巫婆及其被附神灵的宝卷。私娘在常熟地区比较盛行,甚至讲经先生讲哪部经都由私娘指定。故私娘卷可谓常熟宝卷的特产。

图1-6 常熟讲经

常熟的木鱼宣卷具有较强的宗教性与教化性,既满足了信众的信仰需要,又传承了忠孝节义的基本道德,在民间的各类节日仪式中具有广泛的市场。不但神佛节庆、民间节日、社庙香信需要宣卷讲经,普通人家造房上梁、买房买车、生老病死、结婚生子、入学升学、办厂开店、意外事故等,也要宣卷讲经,故讲经先生在常熟人数颇多。在2013年的宝卷调查和整理工作中,据统计,常熟当地有名可稽的讲经先生有167人。常熟所辖10镇,每个镇都有多位讲经先生。同时,调查者还发现常熟宝卷的手抄本、石印本、木刻本有430多种。

目前，常熟宝卷仍旧保留着传统的风格，并对周边地区产生影响，张家港及苏州阳澄湖等地区都有常熟宝卷的抄本与科仪流传。

二、河阳宝卷

河阳，即张家港境内的河阳山。该山位于港口、凤凰、西张三镇交界处，山体由西而东延伸，恰似凤凰展翅，故又称"凤凰山"。河阳宝卷主要流传在以河阳山为中心的凤凰镇及其周边地区。从历史上看，河阳宝卷与常熟宝卷具有十分紧密的关系。河阳的宝卷宣唱也不叫"宣卷"，而叫"讲经"（图1-7）。当地将宣卷先生叫作"讲经先生"。但河阳宝卷多为丝弦宣卷，不像常熟仍旧保留着木鱼宣卷的传统。

河阳讲经历来十分盛行。在清代，河阳山周围各个社庙和自然村落就风行讲唱宝卷。民国时期，河阳宝卷在当地农村四处讲唱，特别是春、秋两季的庙会，到处都可以听到讲唱宝卷之声。

图1-7　河阳讲经

现在河阳及其周边地区仍旧保留着讲经的习俗，所用方言以吴语中的虞西话为主。河阳讲经的中心区域在凤凰镇，并辐射至周边地区，如港口、西张、塘桥、妙桥、鹿苑、塘市、乘航等乡镇，甚至扩大到常熟的大义、福山、王庄，江阴的顾山，无锡的港下等地。其中，双塘、恬庄、清水、程墩、杏市、安庆、魏庄、夏市、金谷、双龙、高庄、杨家桥村等许多村庄，讲唱宝卷的人特别多，"讲经"成为当地主要的文艺活动。

三、胜浦宝卷

胜浦位于苏州城区最东部，由若干个自然村落组成。旧时的胜浦，因深处水乡腹地，交通闭塞，故而保留了吴文化的诸多原生态形式。胜浦宝卷的内容多数为民间传说、历史故事,并用当地方言宣唱,突出本土传统文化,体现当地的风土人情。胜浦宣卷曲调丰富,来源于佛教音乐、戏曲民歌,古朴悠扬,朗朗上口。

自清末、民国至中华人民共和国成立后一段时期,胜浦宣卷十分盛行,凡乡村庙会、农家婚庆、寿诞、搬新居、婴儿剃头等礼仪之日都要请宣卷热闹一番,以祈福消灾,至今相因成俗。胜浦宣卷的表演形式既有木鱼宣卷、二人双档宣卷,又有多人合奏的丝弦宣卷。如此大量的宣卷需求,造就了一大批民间宣卷艺人,并传抄了上百部的宝卷抄本。截至目前,胜浦境内民间艺人仍保存有《盗金牌宝卷》《双奇冤宝卷》《麒麟宝卷》《百花台宝卷》《天仙宝卷》《龙凤锁宝卷》《碧玉带宝卷》《白鹤图宝卷》等140余部宣卷脚本。(图1-8)

图1-8 胜浦宣卷

20世纪90年代,伴随着苏州工业园区的建设,胜浦作为苏州工业园区的东大门,也获得了日新月异的发展。胜浦宣卷与胜浦山歌、胜浦水乡服饰一起,被列为"胜浦三宝",受到了胜浦人民的重视与保护。如今,胜浦宣卷流传于胜浦镇全境,并辐射周边农村地区,东至界浦,西至凤里浦,南至吴淞江,北至唯亭镇等地区。

四、锦溪宝卷

锦溪,以溪得名。一溪穿镇而过,夹岸桃李纷披,朝霞夕辉,尽洒江面,满溪跃金,灿若锦带,故曰"锦溪"。锦溪东临淀山湖,西依澄湖,南与上海市青浦区金泽镇接壤,北与苏州市吴中区甪直镇和昆山市张浦镇毗邻。南宋初年,皇室陈妃死后葬于镇南五保湖中,此地因此得名"陈墓",1992年更名为"锦溪"。

在锦溪一带用苏州话和陈墓话（今锦溪方言）宣唱的宝卷被称为"锦溪宣卷"。锦溪宣卷是丝弦宣卷，其曲调具有苏南民歌和江浙滩簧的韵味，唱词规整押韵，具有浓郁的乡土气息和民间色彩。其唱腔兼有抒情性和叙述性，起腔和收腔都有一波三折的帮腔伴唱，且注重表演，讲究起角色，这是锦溪宣卷的一大特色。

图1-9　锦溪宣卷

锦溪宣卷具有悠久的历史。明正德年间编撰的《陈墓镇志》记载："三月二十八日东岳庙进香看宣卷。"这说明锦溪宣卷在明代就已形成，至今已有500多年的历史了。明清时期，宣卷在锦溪十分活跃，锦溪宣卷由于唱本情节生动，曲调优美动听，深受当地百姓欢迎。20世纪二三十年代是锦溪宣卷的鼎盛时期，在当时的锦溪，基本上村村有宣卷高手和宣卷班子，乡间频繁邀请演唱。凡庙会、婚礼、做寿、过生日等喜庆活动，都会邀请锦溪宣卷班子演唱助兴，唱者声情并茂，听者虔诚痴迷。20世纪80年代，锦溪的宣卷艺人曾先后赴省会南京、首都北京演唱，使锦溪宣卷产生了更为广泛的影响。（图1-9）

当下，锦溪宣卷主要盛行在昆山锦溪镇的张家库村、北管泾村、顾家浜村一带，以张家库的宣卷历史最为悠久，北管泾村、顾家浜村的宣卷也较有影响力。锦溪宣卷的传播区域非常广泛，除本地区外，还传播到邻近的周庄、千灯、张浦，苏州市郊的斜塘、车坊、甪直，吴江的芦墟、同里等镇，以及上海市郊的白鹤、新桥、商榻、赵屯等地。锦溪宣卷几经沉沦，几经崛起，至今仍然活跃在村间场头，深受百姓欢迎。

五、同里宝卷

吴江的同里曾名"富土"，唐初改为"铜里"，宋代拆"富土"为"同里"。同里自建镇至今已有千余年的历史。历史悠久的同里宝卷是吴地宝卷的重要组成部分。据有关专家和老艺人的口述，早在清代同治、光绪年间，同里宣卷就已经十分繁盛。同里早年宣唱的是木鱼宣卷，具有古老而质朴的特征。自19世纪20年代起，同里宣卷有所革新，宣唱人员和伴奏乐器开始增加，逐步发展成为丝弦宣卷、书派宣卷。同时，宣唱范围也不断扩展。据老艺人回忆，20世纪40年代，同里宣卷为了扩大影响，还与苏州的宣卷同行在苏州城内合作演唱，增加了不少演出场子。至20世纪50年代前后，同里宣卷基本达到了丝弦宣卷的鼎盛时期。60年代初,同里宣卷继续发展,成立了很多民间曲艺团体,并以演唱"什锦书"为主。"文革"结束后的80年代,同里宣卷逐步得到恢复和发展,演出人员也有所增加,并开始组班,深入农村演出,同时还经常参加政府举办的各种文化娱乐活动。2001年,同里镇被命名为"江苏省民间艺术——宣卷之乡"。目前,同里宣卷仍以丝弦宣卷为主。(图1-10)

图1-10 同里宣卷

同里宝卷以长篇为多,其内容多取材于民间传说故事,艺人将之编成宝卷,到处传唱。这些宝卷大多带有神话色彩,主张与人为善、反对欺贫爱富。这些说唱故事受到群众的热烈欢迎,显示出非凡的艺术魅力。目前,同里宣卷以同里为中心,辐射到周边的屯村、松陵、八坼、金家坝、北库、黎里、莘塔、芦墟等乡镇,以及江、浙、沪交界地带,如苏州的东山、光福、木渎、东渚、横泾、渭塘、车坊、郭巷、尹山、甪直,昆山的周庄、锦溪、千灯、巴城、张浦;浙江省嘉善的陶庄、汾玉、大舜、下甸庙、西塘、干窑、姚庄、丁栅,嘉兴的王江泾、莲泗荡、田乐、王店;上海青浦的朱家角、练塘、金泽、商榻、西岑、观音堂等地。

虽然常熟、河阳地区不称"宣卷"而称"讲经",不称"宣卷先生"而称"讲经先生",但为了行文方便,本书仍以"宣卷"统称"讲经",以"宣卷先生"统称"讲经先生"。从上述5个地区的宝卷宣唱来看,常熟地区的宣卷最为传统,宗教性最强;锦溪、同里的宣卷多宣唱民间故事,在艺术性上有了新的发展,娱乐性变强;胜浦、河阳地区的宣卷则在常熟与锦溪、同里的宣卷之间。

第二章　宝卷宣唱的文化传统

　　传统吴地宝卷的宣唱具有鲜明的民间宗教特征，并具有十分明确的功能指向。老百姓举行宣卷活动的主要目的就是祈福消灾，并且结合不同事主家的具体要求有针对性地选择宝卷唱本与法事科仪。在当下的吴地宝卷宣唱活动中，宣卷的宗教性传统在常熟、张家港地区还有较多的留存；而在同里、昆山一带，宣卷的宗教性成分大大减弱，在保留劝世主旨的情况下，向苏州评弹学习，发展了更为丰富的表演手法，大大增强了观赏性。

第一节　宣卷先生与宣卷受众

　　吴地宝卷与吴地民俗有着紧密的联系，而吴地有很多民俗活动又与佛教、道教、民间信仰有关。对于普通老百姓而言，他们并不需要也无必要搞清楚佛教、道教、民间信仰的区别，只要在热闹的民俗活动中能充分表达消灾祈福的愿望就心满意足了。

一、宝卷宣唱的民俗渊源

　　历史上，吴地宣卷多被视为巫觋的活动。明清时期，佛教、道教和各种民间教派与宣卷的发展有着密切的联系。清代毛祥麟《对山馀墨·巫觋》记载："其所最盛行者曰宣卷。有'观音卷''十王卷''灶王卷'诸名目，俚语悉如盲词。若和卷，则并女巫搀入。又凡宣卷，必俟深更，天明方散，真是鬼蜮行径。"民国曹允源等编纂的《吴县志·风俗》记载："苏俗治病不事医药，妄用师巫，有'看香''画水''叫喜''宣卷'等事，惟师公、师巫之命是听。"由此可见，吴地宝卷最初与民间信仰之间的关系极为复杂，民间的巫祝信仰，杂祀鬼神的民俗传统也掺杂在宣卷活动之中。

　　当下的宣卷活动仍保留着部分巫觋活动的痕迹，突出表现在民间庙会活动上。在广大的江南农村地区，除了正规的佛教寺庙、道教宫观外，更多的是散布于各地的庙宇、庵堂，这些场所供奉着各种各样的"菩萨"和"老爷"。在这些"菩萨""老爷"的寿诞日或初一、十五等日，当地百姓都要出会敬神或举行相应的祭祀活动。如果人们在日常生活和生产活动中逢到喜庆或厄难，也要请当地的"菩萨""老爷"降福祛灾。从事通神的人员，除了僧尼、道士之外，更多的是民间的"佛头"，而"佛头"有时则由宣卷先生充当。

在庙会活动中，宣卷先生不但要主持相关的祭祀仪式，还要宣唱有关这些"菩萨""老爷"的宝卷，如《玉皇宝卷》《土地宝卷》《城隍宝卷》《三官宝卷》《祠山宝卷》《白龙宝卷》等。在上述诸多民俗活动中，以观音庙会最为隆重。每逢观音诞辰日（二月十九）、成道日（六月十九）、出家日（九月十九），都要举行观音庙会。尽管正统的佛教僧团不承认宣卷属于佛教的宗教活动，但各地寺院中的僧尼为满足信众的要求，仍然允许宣唱有关观音故事的各类宝卷，如《香山宝卷》《鱼篮观音宝卷》《妙音宝卷》等。观音故事的听众主要是周边地区的中老年妇女，一唱众和，通宵达旦。

除了庙会期间在庙宇中进行宣卷外，还有在私人住宅中进行宣卷的情况。吴地民俗延续已久，无论是祝寿、求子、满月、周年、结婚、造房，还是丧葬、生病、遭灾、闹鬼，等等，事主家均可邀请宣卷先生来家中做会，即从事宣卷活动（图2-1）。事主家称作"斋主"，做会宣卷即在斋主家正房的客厅设经堂，经堂中设供桌和经桌。供桌是为了供奉神道，经桌则供宣卷先生与和佛人所用。这种宣卷具有极强的宗教性，配有烦琐的仪规。比如，开始时要排好香案、唱香赞，报愿、请佛；结束时要举行上茶、散花解结、念疏表、送佛等仪式。中间则根据斋主的要求做各种祈福禳灾的仪式，并宣唱相应的宝卷，如祝寿要宣唱《八仙庆寿宝卷》《男延寿卷》《女延寿卷》等，度关要宣唱《度关科》，安宅要宣唱《土地卷》《灶王卷》，破血湖要宣唱《斋天科仪》，请十王要宣唱《血湖卷》《目连宝卷》，禳顺星要宣唱《禳星宝卷》《顺星宝卷》，斋天要宣唱《斋天科仪》。这些仪式主要安排在下午和晚上进行，中间还会穿插讲唱一些"凡卷"，即民间故事宝卷。这类宝卷的内容比较轻松简单，宗教性不强，可以作为调节之用。若照最为传统的方式，一次法会一般从上午开始，一直要持续到第二天清晨才结束，宣卷及其相应的宗教仪式都是在夜间进行。

图2-1　白事宣卷

从宗教信仰的角度考察，大部分地区的宣卷先生自称"奉佛弟子"，在做会开始时会念诵佛教的"功课"。与此同时，他们又奉道教的斗姆为祖师，并普遍会做"拜斗顺星"法事，为人消灾解厄。此外，他们宣唱的《庚申宝卷》仍有民间宗教中无生老母信仰的痕迹。这些具有宗教特征的宣卷活动，在实际操作上，佛、道混杂，具有强烈的民间信仰实用主义的倾向。

二、宣卷先生的宣卷流程

过去在苏州，如果某一天事主请宣卷，宣卷先生要问明宣卷的用途。如果事主是为了祝寿，宣卷先生就要在宣卷的前一天斋戒，戒杀吃素，香汤沐浴，以表示对诸佛神明的虔诚。如果是庙会上的宣卷，宣卷先生的斋戒则更为严格。依照胜浦马觐伯先生的记述，传统的宣卷流程大致如下——

宣卷班子接受邀请后，如果是冬天，宣卷先生一般身穿传统的绸缎长衫，如果是夏天，则穿纺绸褂子，提着一个装有十数本宣卷脚本的书筐到达事主家。

先有一个请佛仪式。请佛仪式结束后，宣卷先生稍作休息，再吃夜饭。夜饭吃罢，喜欢听宣卷的群众陆续来到事主家坐等听唱宣卷，事主则发烟倒茶热情接待。宣卷先生见听众来得差不多了，就开始宣宝卷。一般先让听众"点卷"，听众点什么宝卷，宣卷先生就唱什么宝卷。如果听众不点卷，就由宣卷先生自己决定。若是祝寿，则会选择应景的《延寿宝卷》来宣唱。

然后，宣卷先生就开始正式宣卷。宣卷前，宣卷先生先将醒木拍一下，以引起听众注意，提醒听众开始宣卷，不可喧哗。再把宣卷脚本放在桌上，脚本上盖有经盖。宣卷先生揭开经盖，再拍一下醒木，开始宣唱。（图2-2）

通常情况下，宣卷先生要将宣卷脚本在他面前的桌子上摊开，照本宣唱。由于主要宣讲长篇故事，故而宣唱时间一般都比较长。有时也会由事主家或听客点一到两个宝卷片段进行宣唱。整个宣卷时间往往是通宵达旦。事主家通常会准备很多糖果、瓜子，一次次地分发给在座的听客，一来讨个"多发"的口彩，二来请听客边吃边听，让听客听得进、坐得住。当

图2-2　河阳夏根元在宣卷

然，宣卷中间还有落回，稍作休息。因此，宣卷一般都由上下集组成。中间休息期间，事主照例请宣卷艺人和听客吃夜宵，通常是吃长寿面。吃长寿面的原因，一来是人比较多，下面比较方便；二来是宣卷具有宗教性质，不能吃荤。

宣唱完宝卷，往往已到深夜。听众散席回家后，宣卷先生还要给事主家上寿。上寿也是先说四句对白："福禄重天高，金银满地摇。八仙来上寿，王母献蟠桃。"接着再唱相应的贺寿曲调，内容来自《八仙卷》《八仙上寿宝卷》。

上寿结束，已经是凌晨三四点，家人和朋友等睡觉休息，宣卷先生和事主不睡觉，坐谈到天明。天亮后，宣卷先生要举行"送佛"仪式，"送佛"估计有60多句唱文。仪式结束后，事主焚烧"纸马"并燃放鞭炮。

完毕后，事主要请宣卷先生吃早饭。饭后事主照例要送给宣卷先生寿糕、寿果和喜钱。宣卷先生回家，事主打扫卫生，开始新的一天。

以上是传统的在私宅中举行的宣卷活动流程。现在的宣卷活动大大缩短了时间。除了张家港河阳地区仍旧在下半夜结束之外，其余地区基本在上半夜就结束，有些地区甚至只做白天不做晚上。其中请佛、送佛的流程也大大地简化了。

三、宣卷受众的听卷心理

吴地宝卷的宣唱形式丰富，生活气息和地域特色浓厚。它与民间信仰有着千丝万缕的关系，是苏州民俗的一个重要组成部分。由于较多地反映苏州地区的生活与民情，在主题上经常采纳当地流行的民间故事加以表演，在内容上又尽量展示当地的风土人情，因此，吴地宝卷在一定程度上成为当地不同时期社会生活、民情物态的记录。一般来说，宝卷宣唱的受众主要是乡村中的老年妇女，她们不但对因果报应与祈福祛灾的主题深信不疑，而且对宝卷中的传说故事也津津乐道。宝卷中的各类故事，成为她们精神生活的重要组成部分。

在苏州地区，民众邀请宣卷先生宣唱宝卷，往往出于以下文化心理。

其一，庆寿。家中有老人过寿，就要有宣卷活动，为家里老人送上美好的祝福，借此让老人开心快乐，并希望老人能够健康长寿（图2-3）。祝寿时经常宣唱《延寿宝卷》，又由于寿星性别的不同而分为男延寿宝卷和女延寿宝卷。

图 2-3　庆寿宣卷

其二，祈福。当亲友久病难医时，人们往往想借助神明的力量把病魔赶走。而举办宣卷活动，不仅可以让久病的亲友得到心理上的宽慰，还可以帮助他们增强战胜病魔的信心。在这种情况下，常宣唱《度关卷》《纯阳卷》等。

其三，敬神。神明一直通过信仰者的精神世界影响着人们的生活，不管遇到什么事，人们都想得到神明的眷顾和帮助。因此，在举行敬神仪式时，宣卷先生通常会宣唱《八仙卷》《财神宝卷》《二郎卷》等。

其四，造房、乔迁。造房、乔迁对民众来说是大喜之事，人们希望借助宣卷来净宅驱邪，祝福入住新宅后平安幸福，因此通常宣唱《土地卷》《灶王卷》《财神卷》等。

其五，生子。民间有多子多福的传统，有的无子而来求子，有的则希望再生一子。在这种情况下，经常宣唱《状元宝卷》等。

其六，劫难。当遇到劫难或者"命犯灾星"时，人们通常会请宣卷先生来帮助度劫，以缓解心中的恐惧。这时常常会宣唱《玄天上帝宝卷》《长生宝卷》等。

其七，庚生。人们希望为死去的亲人或者游魂野鬼进行超度，帮助他们解脱生前的罪孽，能够在阴间免除责罚，早一点投胎转世。此时，常常会宣唱《地藏卷》《地狱卷》《目莲卷》等。

其八，祈农。苏州人特别重视时令节候，有着强烈的岁时观念。他们往往将自己的希望寄托在神灵身上，而农业方面的神灵代表便是刘猛将，歌颂刘猛将的宝卷有《猛将宝卷》等。

宣卷先生宣卷时，事主及事主家的亲人朋友几乎全程都在和佛，同时手上折各式纸锭、元宝。折好的纸锭挨个叠起来，挂在一起准备焚化。整个宣卷过程中不时有民众来上香拜祭。若是在庙宇里宣卷，民众则至庙中神位前上香火，并将已经折好的纸锭、元宝挂在一起，最终放在殿前大香炉中焚化。过程中虽然偶有私语，但总体上还是有很浓厚的宗教仪式氛围。在散花、解结时，众人与宣卷先生一同起立祈福，焚化时更是围着焚化的纸锭、元宝与神位多次转圈拜祭，十分虔诚。宣卷先生与所有参与者在当天都要吃素，不能喝酒吃荤。大家把宣卷视为重要的功德，宣卷先生演唱得越好，神佛会越满意，宣卷的佑护作用也就越大。

在宝卷宣唱中，宣卷先生主导了宣卷活动的整体流程，而宣卷受众则是宣卷活动存在的群众基础。宣卷先生与受众是宣卷活动不可或缺的部分，两者分别构成了宣卷活动的主体与客体。

第二节　宝卷宣唱的法事科仪

在宝卷宣唱的整个流程中，法事科仪也是极为重要的一环。鉴于前文已详细阐述了宝卷宣唱的具体流程，本节就不再赘述，而对宝卷宣唱的法事科仪展开较为详细的介绍。

一、法事科仪的前期设置

宣卷主要在私宅与社庙中进行。私人的宅第若是农村的房子，面积较大，方便布置，甚至可以在院子里进行宣卷；若是公寓房，面积较小，就要适当缩减规模，或者借社庙的场地举行。而在社庙举行的宣卷讲经主要是大家佛会，在庙会时进行。

其一，佛台的布置。

一般情况下，以事主家的客厅为佛堂。农村城镇化后，也有以一楼车库为佛堂的。在客厅北首正中纵向拼放两到三张八仙桌，坐北朝南，北首墙壁悬挂中堂——若是结婚就挂和合轴，若是做寿就挂寿星轴。桌上靠墙排放纸马。纸马前的桌上备有茶盅、糖果、祭品与礼盆。台前红烛高烧、香烟袅袅。宣卷先生与和佛人分坐八仙桌东西两旁，面对着面。东首的称"上手"，面前桌上放着醒木、折扇、经盖和木鱼等道具，为宣卷先生所坐。西边的称作"下手"，为和佛人所坐。有的地区，宣卷先生坐南朝北，东西两旁是和佛人所坐。

佛台有素坛、荤坛之分。素坛主要为佛教菩萨，故而只吃素食；荤坛主要为民间神灵，故可以吃荤食。一般而言，素坛主供观音，配祀其他应供之素佛；荤坛主供上方山太姆五圣，配祀其他应供之神佛。素坛和荤坛都是为了祈福禳灾，驱邪灭难。观音信仰和太姆信仰是吴地宝卷中两个最为重要的主题，故而在此简单介绍一下供奉观音菩萨和太姆五圣的佛堂布置。在观音法会的布置上，堂屋北墙悬挂着"三星高照"的中堂，并配有一副对联："福星高照福满门，洪福齐天财茂源。"佛坛为素坛，由一张八仙桌、两张小方桌拼成。中堂前供纸马。纸马的左侧是星斗，内有一炷香、一对烛、一面镜、一把剪、一把尺、一杆秤，秤上顶一帕，中间竖事主本命星官灯位，两侧插一对锦花，两根甘蔗与星斗相邻。纸马前供有消灾袋、念佛袋、功德袋、积福袋，袋前有圆形的纸折银饼。在供奉太姆五圣的法会布置上，以一方桌为坛，坛为荤坛，并以传说中的镇妖塔符为背景。坛上供奉纸马，收妖解厄疏供于纸马的左侧。斋坛内侧地上铺有红纸，上面有纸扎的妖魔鬼怪。

其二，纸马的设置。

在宣卷过程中，诸多祝祷和法事活动的仪式都离不开纸马。纸马是讲经宣卷斋供对

象的象征，一般在纸上用彩点描出神道的大致轮廓，卷成桶状，靠墙排列在供桌上，有的也直接书写神道的名号。（图2-4）

图2-4 纸马

一般纸马要有二十几张，种类因所宣宝卷的不同而有一定的区别，如释迦牟尼佛、阿弥陀佛、观音、文殊、普贤、地藏、瑶池王母、南极仙翁、泗洲大圣、韦驮、三茅、三官、关圣、丰都、十王、城隍、东岳、梓潼、天地三界、灶神、家堂、太岁、雷祖、门神、财神、土地、寿星等。据说最多可有108种纸马。这些神，既有佛教的佛祖、菩萨，又有道教的玉皇大帝，也有民间各种天神地祇，由于功能的不同，可以分为星宿马、土皇马、受生马、庚申马、地狱马、财神马、文昌马、求子马等。宣卷先生可以自己画纸马或者事前在专门的店铺购买纸马。

其三，供品的准备。

纸马前供上8~16只酒盅，还需上供三干三湿、三荤三素12只盆子。"三干"指糖果、瓜子、饼干，"三湿"指甘蔗、橘子、苹果，"三荤"指鱼、肉、鸡，"三素"指油豆腐、黑木耳、芹菜。在供台上两边还要放两盘糕。若是做寿，还要放两盘米粉做的寿桃和两盘长寿面。在供台前还要点上一对红烛。在纸马的右侧放置一斗白米、两根甘蔗、一杆木秤、一面镜子。（图2-5）

其四，疏、牒、符的书写。

在宣卷过程中还要用到疏、牒、符等。疏就是奏折，牒就

图2-5 宣卷用品

是凭证。举行宣卷活动的时候,宣卷先生要向这部经卷的主管菩萨上疏,报告今天所做的功德和斋主的诉求。如宣唱《香山宝卷》时就要向观世音菩萨上疏,叫"香山疏",这是主疏,俗称"大疏头"。若在宣唱宝卷时还要做其他功德,如斋星宿、开关煞等,则要上星宿疏、开关疏。这些被称作"小疏头"。做什么样的功德,就要上相应的疏头。牒同样如此,有《地狱牒文》《十王牒》等。(图2-6、图2-7)

图2-6 常熟馀庆堂的疏文

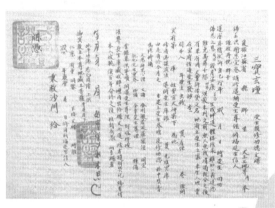

图2-7 常熟馀庆堂的牒文

图2-8 常熟馀庆堂的送子观音符

符源自道教的法术,可以用来招遣神道,趋吉避凶,治病除灾。宣卷也沿用了这一法术。符一般用毛笔画在红纸或黄纸上,由文字与图案构成。符有大符和小符之分。大符是太平符,有观音符和韦驮符两种,贴在中堂,用来保家镇宅。小符是指别的神灵的符,如解厄符、镇宅符、天狗符、退星符等,这类符是要焚化的。(图2-8)

二、法事科仪的行事流程

宝卷宣唱的科仪流程因宣唱目的的不同而不同,下面是一个较为普遍的科仪流程范本。

宣卷先生到了事主家后,先书写纸马,并将纸马立在中堂北面的轴子下面以代表神佛菩萨。

在宣卷活动正式开始前,宣卷先生要颂唱《三宝科仪》,鸣放炮仗,继而颂唱《炉香赞》,唱词为:"香炉乍热,法界蒙熏,诸佛海会悉遥闻,随处结祥云,诚意方殷,诸佛现金身,南无香云盖菩萨摩诃萨。"然后颂唱佛教经典《大悲咒》《般若波罗蜜多心经》《大心经》。接下来颂唱《赞佛偈》，也称"清净众"，唱词为"上来现前清净众，奉诵大悲诸品咒。阿弥陀佛身金色，风调雨顺民安乐……"，总共有20句偈文。

再接下来是请佛。请佛仪式庄重肃穆。宣卷先生和下手分别拿着木鱼和磬子站立在桌前，双手拿三炷清香，宣卷先生先说四句对白："清香炉内焚，香烟九霄云。斋主勤礼拜，请佛下山临。"随后宣卷先生接唱："点起清香炉内焚，香烟直透九霄云……"，总共有80句唱词。唱词中包含了要请的诸神菩萨，如五百罗汉、六十花甲、二十八宿、十二宫神、灶君宅神、城隍土地等。如果事主家有要特别邀请的神道，宣卷先生也会在唱词中添加上特邀神道名号。宣卷先生每唱两句就要对中堂北面轴子下的纸马鞠躬，以表示对诸神菩萨的虔诚礼拜。如唱到"奉请南洋观世音"时，宣卷先生要面朝南躬身；唱到"善才龙女降台临"时，又要面朝北躬身。唱词中还有"奉请释迦如来佛，五百罗汉降台临；奉请瑶池王母尊，九天仙女降台临"，"上请上界诸佛祖，中请中央五岳神，下请龙宫并水府，上、中、下三界各降临"等。请佛仪式通常为时20多分钟，一共要邀请72尊神佛。

请佛结束后，宣卷先生就根据事主的祈愿要求选择相应的宝卷进行宣唱，比如《玉皇卷》《灶王卷》《香山卷》《延寿卷》等。有时为了给事主消灾免祸，还要作退星科仪。

退星科仪的流程是用红纸或红布做成小袋，装满米，制成星袋12只，每只星袋里点小蜡烛1根，代表1位星君。佛坛上架长凳1只，凳上排列7只星袋，代表北斗七星。台上福、禄、寿各置1只星袋，成三角样式，中间供星图，星图两边再列左辅右弼两只星袋。宣卷先生持疏头跪在台前念诵《禳星科》，两位下手在两边和念。事主及其眷属捧香跪在宣卷先生背后。念《南斗诰》时，燃化星图。再念《退星牒文》时，宣卷先生一边唱十一大曜偈，一边焚化牒文，并用手指在虚空中写"敕令"两字，点在事主及其眷属的后背上，表示将凶星攘出门外。

上述仪式结束后要解结、散花。解结是以解开绳结代表解除冤结。作此科仪时，宣卷先生坐在寓意长寿的长板凳上，手上拿着打了活结的红头绳，边唱偈边让站在两边的事主拉绳解结。事主一家依次而行，象征神佛保佑，解除全家一切冤结。解节之后是散花，宣卷先生再次诵偈，将代表"仙花"的玫瑰花瓣一把把撒向佛坛以敬献神灵。

科仪最后，要举行送佛仪式。宣卷先生必须先通疏文，再唱诵《送佛偈》，将请来的诸佛菩萨、各类神道恭送而出。

上述科仪流程具有较为浓厚的宗教性。现在有些地区的宝卷宣唱时间大为缩短，宗教性亦逐渐淡化，仅保留请佛与送佛，其他一概从简。

三、法事科仪的人文内涵

宝卷宣唱的科仪是体现信仰的重要标志。在这样的仪式里，神灵、鬼魂与仪式中的人们似乎处在同一个存在场域，三者之间互通互感，从而构成了一个神秘而又人情化的世界。在这个世界里，人们结缘众神，又超度众鬼。

首先，最突出的就是人对于神灵的态度。宣卷法会的主体是人，是笃信神佛的事主们。每场宝卷的宣唱都是为了满足一人、一家乃至一个族群的某种或数种愿望。按理来说，祈求某种愿望便应当敬重某类神仙，但事实上并不那么容易办到。这就像在人间办事一样，办大事得跑许多的部门，在宣卷活动中，一神为主，众神合办。因此，一场宝卷宣唱必须将用得上的神佛都请来。有的神是需要素坛；有的神是需要荤坛。例如，按照旧时江南地区民众的普遍信仰，苏州上方山的太姆、五显灵公都能驱邪除妖，故不论何种科仪，均会设立荤台供奉，以镇邪妖。

除了考虑对神的诉求外，宣卷也没有忽略对鬼的关怀。按照民间俗信，鬼都渴望早日超升，永脱地狱之苦。科仪法会便会为之念经超度，发给文牒，祈求十殿阎王和看守鬼门关的鬼吏鬼卒准予放行。在信众眼里，这种对鬼的"人文关怀"，惠及在世的宗亲族人，演绎出融通阴阳的血脉亲情。

此外，信众大多虔诚笃信，对科仪怀有敬畏之心，所有与科仪相关的人都是"祭神如神在"。事主与宣卷先生都认为宝卷宣唱的仪式仪规具有神圣性，需要在场的所有人郑重对待。在这样的宣唱活动中，事主与听众都饱含着诚挚的情感与深切的祝福。虽然这种宣卷科仪的实际效力可以想知，但这种祈愿与盼望终究是心灵上的寄托和加持。

第三节 宝卷宣唱的时代流变

吴地宝卷的宣唱是历史上曾受过佛教、道教及民间宗教的影响，并已被纳入吴地民间信仰文化系统的一种民俗活动。现阶段的吴地宝卷大部分属于民间宝卷，已经极大地增强了娱乐性，但同时也或多或少继承了原有形式的宗教性。故现在的宣卷先生既是民间的说唱艺人，又在民俗活动中兼具宗教性的身份。就说唱艺人的身份而言，其所宣唱的宝卷具有娱乐功能；就宗教性的身份而言，其所宣唱的宝卷则具有劝善功能。宣卷先生在这两种功能的张力下不断摒弃宝卷的迷信成分，孕育出兼具娱乐欣赏和道德教化功能的新型艺术样式。

一、宝卷宣唱的艺术分类

吴地宝卷的宣唱就是宣卷,有时候为凸显其宗教元素又称作"讲经"。传统的宣卷仅仅是木鱼宣卷,因主要的伴奏乐器为木鱼而得名,其道具主要有四种:经盖、木鱼、磬铃、醒木。经盖供遮盖或垫衬宝卷之用,以示恭敬。木鱼和磬铃主要在唱诵时击打节奏,具有伴奏的效用。醒木则起镇场、醒众的作用。木鱼宣卷表演时,一个班一般由2~5人组成,一人坐于桌子的北边,经桌上摊放宝卷,敲击木鱼,照本宣唱,称为"上手"。宣唱时以若干宣卷基本调为主,曲调相对单一,主要依靠宣卷艺人在基本调的基础上腾挪转折,形成各自在唱腔上的风格特征。下手一般坐于主宣者对面或侧面,负责带领大家和佛。所谓和佛,就是在上手偶数句唱完时,重复吟唱偶数句的最后两个字,然后再诵唱一句佛号。佛号有"南无阿弥陀佛""南无观世音菩萨""南无药师佛"等。宣唱木鱼宣卷的时候,宗教感较强,整套仪式复杂而庄重,一般没有起角色及相关的动作和表演。(图2-9)

图2-9 木鱼宣卷

随着时代的演变,传统宣卷又衍生出丝弦宣卷、书派宣卷、化装宣卷等三种新的表演模式。

丝弦宣卷是在音乐上对木鱼宣卷的发展。丝弦宣卷一般由5~6人组成,一人主宣,其他人负责伴奏与和佛。丝弦宣卷在仪式上相对简化,更加突出宣卷的娱乐性。丝弦宣卷改变了木鱼宣卷单一的乐器伴奏,增加了二胡、三弦、扬琴、琵琶等伴奏乐器,具体的唱腔也变得更花哨。在听觉上,丝弦宣卷比木鱼宣卷更加动听。在曲调上,丝弦宣卷除了继承宣卷的基本曲调之外,还吸收了滩簧、弹词和民间小曲的曲调,如《春调》《五更调》《姑苏景》《杨柳青》《银绞丝》等。有时候为了增强现场气氛,还加入了沪剧、锡剧、越剧甚至流行歌曲的曲调。应该说，宣卷的这番改革是成功的。丝弦宣卷是宝卷宣唱在近代的一次至关重要的改进，它为宣卷开创新局面奠定了坚实的基础，也是宣卷在民国时期能在江、浙、沪一带流行的主要原因之一。（图2-10）

图2-10 丝弦宣卷

书派宣卷是在说白上对木鱼宣卷的发展。书派宣卷借鉴了苏州评弹的表演形式，注重起角色，注重说表的音乐性。在起角色上，宣卷艺人要根据故事中人物的身份、地位使用相应的语气，再通过个性化的人物语言来展示人物性格、塑造形象，增强故事的生动性，给听众身临其境的感觉。在书派宣卷里，角色扮演的成分越来越多，台词不要求照本宣唱，可以临场发挥。演出时站坐皆可，为了吸引观众，一般在起角色时主宣者都会站起来表演。在同里宣卷中，甚至下手也要起角色，上下手以角色中的人物进行对话。在说表上，第三人称的叙述不能讲得平铺直叙，而要讲究声音的抑扬顿挫，要具有音乐性，以抓住听众。这样的改革，主要体现在锦溪宣卷与同里宣卷中，大大提高了宣卷的艺术性与观赏性。（图2-11）

化装宣卷是在表演上对木鱼宣卷的发展。化装宣卷向戏曲学习，撤掉了宣卷所用的经桌，直接在舞台上扮演人物，借助简单的化装来模拟卷中人物的言行举止，演唱经过改良的宣卷曲调，并做出类似戏曲的表演。这样，就把宣卷从曲艺样式改造为戏曲样式，甚至可以称作"宣卷剧"。只是，化装宣卷偏离了

图2-11 书派宣卷

宣卷作为说唱艺术的本质，它是作为曲艺的宣卷向戏曲发展的尝试，除了在地方大型舞台上偶尔表演一下之外，其本身并不具有长期的生命力。（图2-12）

图 2-12　化装宣卷

　　从木鱼宣卷到丝弦宣卷、书派宣卷，可以看作宣唱者在听觉上、视觉上不断求新所做出的努力。这说明宝卷的宣唱者并非墨守成规，而是能根据时代和听众的需求对宝卷不断加以改进和提升，使之在娱乐性和艺术性上持续发展。

　　宣卷的演出场合主要是庙宇、私宅与公共空间。庙宇中的宣卷活动，木鱼宣卷所占比例较多。私宅中的宣卷活动，宗教性强的以木鱼宣卷居多，娱乐性强的以丝弦宣卷居多。而公共空间的宣卷活动，现在主要是在电视台、剧场、文化馆等平台的演出。这类宣卷活动一般由相关政府部门主导，宣卷的信仰内容和仪式成分通常会被压缩与剥离，唱词则换上符合时代要求的内容，以丝弦宣卷和化装宣卷居多。

　　二、宣卷艺术的变与不变

　　宝卷的宣唱形式相对稳定，在很多环节上与传统保持着延续性，但也不是一成不变。不同时代、不同类型的宝卷，其演出程序是有所变化的。因此，可以说，吴地宝卷的宣唱形式具有稳中有变的特征。

　　宝卷的稳定性与其宗教性具有紧密的联系。宝卷宣唱程序的稳定性，很大程度上是建立在其宗教属性基础上的。大部分宝卷在宣唱中有着突出的宗教色彩，很多环节其实都可以归入宗教仪式的范畴。佛教故事的宝卷，其演出程序上的宗教属性自不待言，民间传说宝卷的宣唱程序也有一定的宗教属性。大部分民间传说宝卷开篇都有举香赞或开经偈，宣唱过程中的和佛在结束的时候也有回向发愿。此外，还有一些祝祷法事的宝卷，在演出程序上与早期佛教讲经可谓一脉相承，表现出强烈的宗教属性和相对稳定的仪式性。这些宗教性的内容，赋予了宝卷宣唱的稳定性。可以说，宝卷的宗教功能越强，其宣唱的程式越传统，其稳定性也就越强；而越是具有世俗娱乐功能的宝卷，其宗教性越弱，变化也越大，稳定性也就越弱。例如，现在苏州不少地方的宣卷先生认为他们宣唱宗教性极强的《香山宝卷》，完全与传统的宣唱一致，没有任何变化。

近代以来，吴地宝卷的娱乐功能慢慢增强，吴地宝卷因此完成了从祈福祛灾的宗教仪式向娱乐欣赏的民间曲艺的转变。在转变过程中，吴地宝卷在宣唱内容和形式上不断改进，汲取其他曲艺形式的优点，取长补短。无论是佛教故事宝卷还是民间传说宝卷，尽管在仪式上还是延续了早期佛教讲经的宣讲形式，但其中一些与世俗听众关联不大、宗教色彩过于浓重的部分已经被省略掉了，在形式上更为世俗化，更易于被普通百姓所接受。在卷目上，吴地宝卷大量改编小说、戏曲、曲艺中耳熟能详的作品，以引起观众共鸣。到了当代，民间宝卷也表现出强烈的现实性，为适应社会形势的需要，编演出了很多富有时代气息的宝卷，表现出与时俱进、不断创新的特色，如锦溪宣卷《天堂哪有人间好》等，反映了改革开放以来农民勤劳致富的幸福生活。（图 2-13）

图 2-13　新编宣卷《天堂哪有人间好》

在发展娱乐功能的同时，吴地宝卷宗教性的部分也产生了分化。原来宗教性的部分可以分为两个方面：消灾祈福的迷信成分；行善积德的劝善成分。吴地宝卷在现代化的过程中，慢慢淘汰掉了顶礼膜拜的迷信成分，保留了行善积德的劝善成分。这样一来，宝卷宣唱就具有了教育意义。吴地宝卷劝化的具体内容主要指向当地民众的日常为人处世，并从善恶对立的角度来宣扬正确的伦理道德标准与日常行为规范，劝人做出正确的行为。

第三章 宝卷宣唱的曲调音乐

宝卷表面上看是静态的文本，其实其活态传承是一整套兼具宗教性与娱乐性的活动。除了宝卷宣唱的文本、科仪之外，宝卷宣唱的音乐构成也是宝卷的重要组成部分。

第一节 宝卷宣唱的音乐构成

传统宝卷的宣唱曲调主要分为两个部分：宝卷宣唱的基本曲调；宝卷宣唱的江南小调。

吴地宝卷存在于苏州多个地区，每个地区都有各具特色的宣卷基本曲调，且都以五声音调为主体。相邻地区宣卷的基本曲调大致类似，同一地区的宣卷基本曲调由于宣唱者的不同而具有个人的特征。但总体而言，这些基本曲调有一个共同的要素，就是在领唱后进行和佛，所和的内容大致为某个佛号，并以阿弥陀佛的佛号为多。

按照传统宣卷流程，在演唱宝卷正文之前和之后，一般有请佛和送佛环节。仪式完整的宣卷活动，还有香赞、拜佛、待筵、解节、献荷花、散花等环节。这些环节，现在大多被简化，不像以前那么烦琐。

在宣唱正文时，最多是七字句、十字句的唱词。七字句可以配最常用的宣卷基本曲调，而十字句主要为三、三、四的结构，有专门的十字调。除此之外，在科仪部分，还有很多来自佛教、道教的曲调，以及一些专用于科仪的宣卷基本曲调。这些曲调内容较多，唱法丰富。由于木鱼宣卷保存了较多的科仪法事，故这些曲调主要保存在木鱼宣卷之中，而在科仪删减较多的丝弦宣卷中则不具有主体地位。在演唱时，由宣卷先生先唱两句正文，然后下手和参与者一起和佛……佛号结束，宣卷先生马上再接唱两句正文，然后再和佛，如此循环往复，一直到唱完这段唱词。唱完时，宣卷先生会鸣尺，即拍打一下醒木，以示截止。

在基本曲调之外，苏州各地区的宣卷或多或少会加入一些江南小调。这些小调大多流行在江南地区，故苏州各地区宣卷艺人所唱的小调基本上大同小异。在宣卷演出中，最为常见的江南小调是《叹五更》。《叹五更》的唱词是杂言式，配有《叹五更》的专用曲调。这个曲调基本上用来表达故事中主人公悲伤忧愁、夜不能寐的心情。宣卷故事中经常有善良的主人公遭受陷害而身陷囹圄的场景，这个时候就会唱《叹五更》，表达主人公内心的痛苦。唱完《叹五更》就意味着故事主人公一晚上就过去了。通常情况下，第二天就会有救星到，主人公就会遇难成祥、逢凶化吉。此外，还有《姑苏景》《杨柳青》《春调》《吴江调》《银绞丝》《醒世曲》等曲调。这些曲调灵活穿插在宣卷表演中，既可以打破宣卷基本曲调的单调感，又可以生动地塑造故事人物形象，受到观众的喜爱和欢迎。

除了宣卷基本曲调和江南小调外，有些地区的宣卷艺人为了吸引观众，还会加唱沪剧、锡剧、越剧，甚至流行歌曲。但这些并不是宣卷音乐的主体，而属于宣卷音乐的辅助构成。

在宣卷伴奏上，木鱼宣卷比较简单，主要由磬子和木鱼伴奏。左手执磬子，相当于板；右手敲木鱼，相当于鼓。磬子打板，木鱼打眼，仅仅展示节奏。而丝弦宣卷则复杂一点，除了保留磬子和木鱼之外（有时仅用木鱼不用磬子），还加入了竹笛、二胡、三弦、琵琶、扬琴等乐器。如果要闹场，还会加入钹、小锣、唢呐等。丝弦宣卷的伴奏，除了展示节奏外，还有烘托旋律的作用，因此，丝弦宣卷在音乐性上更为丰富。（图3-1）

图 3-1　丝弦宣卷的伴奏

第二节　宝卷宣唱的基本曲调

在本节所选取的宣卷基本曲调中，常熟宣卷是木鱼宣卷，河阳宣卷、胜浦宣卷、锦溪宣卷、同里宣卷则是丝弦宣卷。常熟宣卷的基本曲调收录了一些科仪的唱段，胜浦宣卷的基本曲调收录了《退星科仪》的选段，都具有一定的特色。

吴地宝卷

一、常熟宣卷基本曲调

（一）香赞

香赞

炉香赞

余鼎君 宣唱
余鼎君 记谱

1=C 2/4

3 32 1 12 | 1.　 2 | 5 6i 6 5 3 | 5 2　 3 5 | 5 1　 2 |
炉香乍热，　　　法界蒙熏，

5 33 3210 | 5. 3 i 6 | 5 3 5 6 3 5 | 5 3 2　 3 5 | 5 1　 2 |
诸佛海会悉遥闻，

3. 5 6 i | 5 3 5 6 3 5 | 53̲ 2.　 3 2 1 | - | 3. 5 6 i |
随处结祥云，　　　　　　　　诚意

5 3 5 6 3 5 | 53̲ 2.　 3 5 | 5 1.　 | 5. 6 i | 6. i 5 |
方　殷，　　　　　诸佛显全

6　 3 5 | i. 6 5 i | 6　 5 3 | 2. 3 5 6 5 | 3.　 5 |
身。南无香云盖　菩　　　萨，

2. 5 3 2 | 1　 6 6 5 | 6　 3 5 | i. 6 5 i | 6　 5 3 | 2. 3 5 6 5 |
摩　诃，摩诃萨，南无香云盖菩

3.　 5 | 2. 5 3 2 | 1　 6 6 5 | 6　 3 5 | i. 6 5 i | 6　 5 3 |
萨，　摩　诃，摩诃萨，南无香云盖

2. 3 5 6 5 | 3.　 5 | 2. 5 3 2 | 1　 6 | 5 6 3̲2̲ 2 | 2 0 ‖
菩　　萨，　摩　诃，摩　诃萨。

（二）平调

平调

香山宝卷（节选）

余鼎君 宣唱
余鼎君 记谱

1=C 2/4

| 6 6 6 5 | 6 6 5 | 5 6 6 5 | 6 5 3 | 5 1 i 6 | 5. 6 3 2 |
妙善公主 生嗔怒。 进前一步 奏言文； 百岁光阴 一 宿

| 2 1 | 5 5 5 3 | 2. 3 | 6. 5 5 6 | 5. 6 | 3 3 5 |
客， 呜呼浮世 长 呀 存 唵 唵哩

| 6 i 6 5 | 3 5 6 | 5 3 2 1 | 2 3 5 | 6 i 6 | 5 6 5 3 |
南 无 呀 佛 唵 唵 曩哩 谟 哩

| 3 5 5 1 | 2 3 2 | 6 6 6 5 | 3 5 3 2 | 1 1 | 2 2 2 6. |
佛之金身 佛 呀 洒啦啦子 弥 陀 佛 呀 双膝 曩漠

| 1 - | 5 3 3 3 | 2 2 i | i 6 6 5 | 6 5 3 | 6 6 6 5 |
佛。 男婚女嫁 埋苦本， 广种阴司 地狱根； 若逼奴奴

| 6 i 3 2 | 5 3 5 | i i 2 | 2 i 6 5 | 6 3 5 | i 7 6 5 6 |
招驸马， 父 传 金 榜呀召 医 呀

| 5. 6 | 3 3 5 | 6 i 6 5 | 3 5 6 | 5 3 2 1 | 2 3 5 |
人。 唵 唵哩 南 无 呀 佛 唵 唵

| 6 i 6 | 5 6 5 3 | 3 5 5 1 | 2 3 2 | 6 6 6 5 | 3 5 3 2 |
曩哩 谟 哩 佛之金身 佛 呀 洒啦啦子 弥 陀

| 1 1 | 2 2 2 6. | (6 6 6 3 | 5 -) | i i 2 | 2 i 6 5 | 6 3 2 |
佛 呀 双膝曩漠 佛。 医者 须是 名医

| 2 1 | 5 2 3 5 | 6 6 5 | 6. 5 5 3 | 5. 6 | 3 3 5 |
士， 天下闻名第 一 呀 人。 唵 唵哩

吴地宝卷

6 i 65	3 56	53 21	23 5	6 i6	56 53

南　　无　呀　佛　　　　俺　俺　囊　哩　谟　哩

35 51	23 2	66 65	35 32	1　1	22 26·	(66 63	5 —)

佛之金身　佛　呀　洒啦啦子　弥　陀　佛　呀　双　膝　囊　漠

1 —	2 66	22 i	56 65	355 3	56 65

佛。　医天医教　无云障，　玉兔金乌　不动　明，　医地医教

55 5·3	66 65	355 3	66 65	5　32	2　1

无寒暑，　大地山河　一统　平，　医人医教　无　高　下，

i6 22	i　656	i·6 56	5·　6	3　35	6 i 65

普令快乐胜　天　呀　真。　　俺　俺　哩　南

3　56	53 21	23　5	6　i6	56 53	35 51

无　呀　佛　　俺　俺　囊　哩　谟　哩　佛之金身

23 2	66 65	35 32	1　1	22 26	(66 63	5 —)	1 —

佛　呀　洒啦啦子　弥　陀　佛　呀　双　膝　囊　漠　佛。

6 3 3 3	2 2 i	56 65	35 5 3	66 65

空王殿上　为眷属，　涅槃床上　结成　亲，　但有如此

5　32	2　1	55 53	2·　3	65 53

名　医　士，　怎敢推辞背　　胜呀

5·　6	3　35	6 i 65	3　56	53 21

恩。　　俺　俺　哩　南　　无　呀　佛

23　5	6　i6	56 53	35 51	23 2

俺　俺　囊　哩　谟　哩　佛之金身　佛　呀

66 65	35 32	1　1	22 26·	(66 63	5 —)

洒啦啦子　弥　陀　佛　呀　双　膝　囊　漠　佛。

（三）武侯调

武侯调

香山宝卷（选段）

1=F 2/4

余鼎君 宣唱
余鼎君 记谱

```
2̇ 2̇ 2̇ 1̇2̇ | 2̇ 3̇ | 3̇2̇3̇ | 2̇ 2̇ 2̇1̇6 | 6 1̇ 2̇ | 3̇2̇3̇ 2̇ ||
```
1. 观音菩萨 临凡 间， 保佑斋 主呀灭 啊
2. 百亿分身 来变 化， 唤醒南 柯呀梦 啊

```
2̇1̇2̇ 3̇ | 5 5̇3̇ 2̇ | 1̇ 2̇ 3̇·2̇ | 3̇3̇2̇ 1̇1̇3̇ | 2̇7 6 6̇1̇ | 6̇5̇ 6̇1̇ |
```
罪 啊灭罪怨 呐哎唵哩 唵唵唵 唵唵唵
里 啊梦里人 呐哎唵哩 唵唵唵 唵唵唵

```
1̇2̇3̇ 2̇ | 2̇1̇6 1̇·2̇ | 1̇1̇6 5·3 | 5 6 1̇1̇3̇ | 2̇7 6 | 6 0 ||
```
唵唵阿 呀弥 呀陀 呀阿呀 阿阿佛。
唵唵阿 呀弥 呀陀 呀阿呀 阿阿佛。

（四）十字赞

十字赞

白衣宝卷（选段）

1=C 2/4

余鼎君 宣唱
余鼎君 记谱

```
6 3 3̇2̇ | 1̇ 2̇ 1̇ | 1̇ 6 6 5 | 3 5 5·5 | 5 2 3 | 3 3̇5̇ |
```
牡丹灯 迎风开 荣华富贵, 采莲灯 慢慢余 清香

```
6·5 5 6 | 5· 6 | 3 3 5 | 6 1̇ 6 5 | 3 5 6 | 5 3 2 1 |
```
阵 阵； 唵唵哩南 无呀佛

```
2 3 5 | 6 5 3 2 | 3 3 2 1 7 | 2 1̇2̇ 3̇ 2̇ | 1̇ - |
```
唵唵阿 呀弥 呀陀 呀阿呀 阿阿佛

```
3 5 5·5 | 6 6 5 | × × × × | 6 5 5·5 | 6 6 5 | 1̇ 3 5 |
```
猢狲灯 偷果子 上窜下跳, 斗鸡灯 飞叫跳 死活个

吴地宝卷

相争。唵 唵哩南 无呀佛
唵唵阿阿弥呀陀呀阿呀阿阿佛。

（五）南无调

南无调

香山宝卷（选段）

余鼎君 宣唱
余鼎君 记谱

1=D 2/4

妙庄皇帝登天下 哎阿弥陀，有道君皇治万
民 南无佛阿弥陀佛；百亿山河居一统 万象交参贺太
平 南无佛阿弥陀佛，休论皇帝多有道
哎，阿弥陀，有道宫内正宫人 南无佛阿弥
陀 佛；名称宝德为皇后，圣贤佛母降凡庭，天生美貌多端 正 哎
阿弥陀，仁德心慈世莫论 南无佛 阿弥陀
佛；三十六宫齐恭奉，七十二院总钦尊，虽在后宫为皇后，不生太子 小储君那末

```
1 1 2 3. 5 | 6 56 5 32 | 3   i 6 6 5 | 6 5 5  5 3 3 2 | 2 1 1  6 6 6 5 |
南无佛  阿 弥 陀   佛；前后亲生 三个女，三个女子 告知闻，大姐妙书

5 6 5   5 5 5 3 | 2 1 3 2 1    | 1 1 2 3   | 3 3 2 1. 6 |
为第一， 第二名称 号 妙 音    南无佛 阿 弥 陀

1   5 3 2 | 3 5  6 3 5 | 5 3 2  3 | 2 3 2 1 6 | i 6 5 3 5 6 i |
佛，第三 妙善 年最 小 呀 阿弥陀， 父娘偏惜末

5 6 3 2 1 1 | 1 1 2 3 | 5 3 2 1. 6 | 1   0 ‖
掌中珍呀 南无佛 阿 弥 陀 佛。
```

（六）造塔调

造塔调

太姆宝卷（选段）

1=C 2/4

余鼎君 宣唱
余鼎君 记谱

```
廿 6 6i 2 3  3 2 3 2 i  2 i 6 6 6 i  6 i 6 5  3 2 3 5    5 6 ‖
1.动 工 程 来 唷，   起造一座 金    陵    塔，   呀
2.去 那 远 来 唷，   起造一座 金    陵    塔，   呀
3.金 陵 塔 来 唷，   压   妖    精，   呀

2 2 2 2 i. 7  6 6 5 4 5 6 5 | 5 5 3 5  5 5 3 |2/4 6 6 i 6 i 6 5 |
喂只来喂喂 唷， 喂只来咿呀罕，第一层宝塔 造呀哩来
喂只来喂喂 唷， 喂只来咿呀罕，第二层宝塔 造呀哩来
喂只来喂喂 唷， 喂只来咿呀罕，第三层宝塔 造呀哩来

3 2 3 5 | 3 5 3 2 1 1 6  2 6 5 i i | i 6 6 5 i i 2  6 6 5 i 6 5 6 |
造 呀 啊 起呀， 嘿只来起呀，众匠人么动手呀闹 盈
造 呀 啊 起呀， 嘿只来起呀，明山里个好石呀载 来
造 呀 啊 起呀， 嘿只来起呀，沉香那个宝树呀做 塔
```

吴地宝卷

```
  5      3 35  | 6165 3 56 | 5321 2123 | 5 56 3532 |
盈,    唵唵哩   南  无呀 佛   唵唵哩 啊呀弥呀
临,    唵唵哩   南  无呀 佛   唵唵哩 啊呀弥呀
心,    唵唵哩   南  无呀 佛   唵唵哩 啊呀弥呀

 1 13 2332 | 1   66 | 656 1 13 | 55 1 32 | 3 35 6 |
陀呀 阿呀阿阿  佛。 先把   型架来搭   好呀,嘿只来  横横玄
陀呀 阿呀阿阿  佛。 四边   夯沟都挖   好呀,嘿只来  横横玄
陀呀 阿呀阿阿  佛。 窗格   花纹时式   样呀,嘿只来  横横玄

 66 653 | 35 6 | 1216 5 | 561 6 | 653 5 | 56 6532 |
立时立 刻呀动    啊      工     啊    动工程
石脚打 满仔柏    啊      树     啊    柏树桩
五色玻 璃呀亮    啊      晶     啊    亮晶晶

 21 556 | 53 335 | 32 556 | 535   | 5.6 3.5 |
呐哎唵呀哩唵唵, 唵呀哩唵唵, 唵呀哩唵唵, 阿  呀弥
呐哎唵呀哩唵唵, 唵呀哩唵唵, 唵呀哩唵唵, 阿  呀弥
呐哎唵呀哩唵唵, 唵呀哩唵唵, 唵呀哩唵唵, 阿  呀弥

 3 2 1 | 16 22 | 3 2 1 :‖ 卄6 61 23 | 3232 1 | 2 16 |
呀陀   呀阿呀  阿阿佛。      4.金铃  塔来唷,
呀陀   呀阿呀  阿阿佛。
呀陀   呀阿呀  阿阿佛。

 6661 6165 3 235 | 56 | 2222 1. | 7 665 456 5 |
造呀圆满,        呀  喂只来喂喂唷, 喂只来咿呀罕,

2/4 5 535 | 5535 5 | 66 1 6165 | 3 235 | 3532 1 16 |
    第七层 圆满宝塔 造呀哩来    造呀,   啊起呀,

 2651 1 | 5 1 165 | 3 1 653 | 56 5653 | 2321 2 |
喂只来起呀, 四边挑角 挂铜铃呀, 我的佛爷呀,
```

| 3 1 2 | 3 1 2 | 5 53 5 5 | 2 3 2 1 | 6 6 1̇ 6 |

南无佛 弥陀佛， 造一座 金铃塔， 压住妖

| 5 | 6 6 | 1̇ 3 5 | 6 6 6 56 | 1̇ 1̇ 3 5 5 | 1̇ 3 2 3 3 5 |

精。 阿弥 陀 佛。 风吹铜铃 叮当响呀， 嘿只来横横

| 6 | 6 6 | 6 5 3 3 5 | 6 1̇ 2̇ 1̇ 6 | 5 5 6 1̇ | 6 6 5 3 |

玄， 吓得妖 精 颤 啊 兢

| 5 | 5 6 | 6 5 3 2 1 | 5 5 6 5 3 | 3 3 5 3 2 | 5 5 6 5 3 |

啊 颤兢 兢 呐哎， 唵呀哩唵唵， 唵呀哩唵唵， 唵呀哩唵唵，

| 5 | 5 6 | 3. 5 3 2 | 1 1 6 | 2 2 3 2 | 1 0 ‖

阿 呀 弥 呀 陀 呀 阿呀阿阿 佛。

（七）解星宿

解星宿

星宿宝卷（选段）

余鼎君 宣唱
余鼎君 记谱

$1=C \dfrac{2}{4}$

| 6 6 6 5 | 3 5 5 | 3 6 5 5 | × × × | × × × | 1̇ 6 6 5 |

今辰斋主 赵先生， 命中共犯 天罗星 地网星 志心奉请

| 1̇ 6 6 5 | 5 2 3 | 6 6 2̇ 2̇ | 2̇ 1̇ 6 6 | 1̇ 1̇ 6 5 1̇ |

紫微星启 来解退， 南无消灾 延寿药师 佛， 释迦文佛保

| 7 6 5 3 | 6 5 6 5 | 5 6 3 | 3 5 6 1̇ | 6 5 3 | 5 6 5 3 |

延呀 生 唵， 唵哩南 无 呀 佛

| 2 1 2 3 | 5 6 5 | 3 2 3 | 3 2 1 | 1 3 2 1 2 | 3 2 1 ‖

南 无阿 呀弥 呀陀 呀阿呀 阿阿佛。

吴地宝卷

(八) 课诵

课诵

香山宝卷（选段）

余鼎君 宣唱
余鼎君 记谱

1=G 2/4

| 6 5 3 | 5. 6 1. 2 | 6 5 6 | 3. 6 | 5. 3 2 0 |

1. 阿　弥　陀　佛　身　金　色，　相　好
2. 白　豪　婉　转　五　须　弥，　绀　目
3. 光　中　化　佛　无　数　亿，　化　菩
4. 四　十　八　愿　度　众　生，　九　品

| 5 6. 6 | 2 3 5 | 1 - :‖ 6 5 3 | 5. 6 1. 2 | 6 5 6 |

光　明　呀　无　等　论。　　南　无　西　方　极　乐
澄　清　呀　四　大　海。
萨　众　呀　亦　无　边。
咸　令　呀　登　彼　岸。

| 3. 6 | 5 3 2 1 2 | 2 1 6 | 5 6 3 | 2 1 6 3 5 | 1 - ‖

世　界，　大　慈　大　悲，　普　度　众　生，　阿　弥　陀　佛。

(九) 散花

散花

散　花

余鼎君 宣唱
余鼎君 记谱

1=G 4/4

| 3 3 3 2 1 2 1 | 1 6 6 5 3 3 5 0 | 1 6 6 5 1 2 1 |

1. 轻　轻　拖　出　一　盘　来，　盘　内　仙　花　两　样　开。　左　边　开　出　红　芍　药，
2. 仙　花　散　得　满　中　堂，　斋　主　伲　子　上　学　堂。　文　昌　星　君　常　关　照，

| 1 6 6 5 6 1 1 | 3 3 2 3 5 2 1 6 5 | 6 1 5 6 5 - ‖

右　边　开　出　牡　丹　来。　神　仙　会　来　散　仙　花，　散　仙　　花。
考　上　大　学　稳　当　当。　神　仙　会　来　散　仙　花，　散　仙　　花。

二、河阳宣卷基本曲调

（一）平调

平调

香山宝卷（选段）

虞关保 宣唱
曹雪良 记谱

1=F 2/4

6 i 5 | i 6 | 5 3 6 | 5 — | 6 5 5 3 | 2. 1 |
1.妙庄皇帝登　天　　下，　　　嗯　嗯　阿

2 3 5 | 5 5 6 | 5 3 2 3 2 | 1 1 6 | 2 2 3 2 | 1 — |
阿　　阿　呀　弥　呀　陀　呀　和呀和和　佛

6 6 2 1 2 | 6. 5 | i 6 i | 5. 6 | 5. 6 i 5 | 6 i 6 5 |
有道君皇治　啊万　呀民　啊。俺　俺俺呢　南

3 5 6 | 5 3 2 1 | 2. 3 5 | 5 5 6 | 5 3 2 3 2 | 1 1 6 |
无　呀　佛　　　阿　呀　弥　呀　陀　呀，

2 2 3 2 | 1 — ‖: 6 6 i i | 2 i 2 i | 6 6 2 1 2 | 6. 5 |
和呀和和 佛。2.百仪山河 居一统， 万象交参 贺正
　　　　　　3.休论皇帝 德多有皇 听说宫母 降正
　　　　　　4.名称宝貌 美为都后， 圣贤佛心 世总
　　　　　　5.天生美六 宫端正， 仁德慈院 降小
　　　　　　6.三十在后 宫齐奉皇 七生二太 总告
　　　　　　7.虽在后亲 生为女， 不十个二 子号
　　　　　　8.前姐妙书 为第一， 三个名女 小告
　　　　　　9.大三妙善 年最小， 第二掌 称掌
　　　　　10.第三妙善 年最小， 父母偏惜 掌

i 6 i | 5. 6 | i i i | 6. i 6 5 | 3 2 3 5 | 5 3 2 1 |
太宫呀平　呀啊。俺　俺呢　南　无　呀　佛
宫呀人廷　呀啊。俺　俺呢　南　无　呀　佛
凡呀论尊　呀啊。俺　俺呢　南　无　呀　佛
莫呀尊君　呀啊。俺　俺呢　南　无　呀　佛
钦呀君闻　呀啊。俺　俺呢　南　无　呀　佛
储呀闻音　呀啊。俺　俺呢　南　无　呀　佛
知呀音珍　呀啊。俺　俺呢　南　无　呀　佛
妙呀珍　　呀啊。俺　俺呢　南　无　呀　佛
中呀　　　呀啊。俺　俺呢　南　无　呀　佛

吴地宝卷

```
2. 3 5 | 5 5 6 | 5 3 2 3 2 | 1 1 6 | 2 2 3 2 | 1 - ‖
     阿  呀  弥  呀  陀  呀, 和 呀 和 和  佛。
     阿  呀  弥  呀  陀  呀, 和 呀 和 和  佛。
     阿  呀  弥  呀  陀  呀, 和 呀 和 和  佛。
     阿  呀  弥  呀  陀  呀, 和 呀 和 和  佛。
     阿  呀  弥  呀  陀  呀, 和 呀 和 和  佛。
     阿  呀  弥  呀  陀  呀, 和 呀 和 和  佛。
     阿  呀  弥  呀  陀  呀, 和 呀 和 和  佛。
     阿  呀  弥  呀  陀  呀, 和 呀 和 和  佛。
```

（二）符合调

符合调

香山宝卷（选段）

金惠平 宣唱
曹雪良 记谱

$1={}^\flat E$ $\frac{2}{4}$

```
6 1 6 | 1 1 6 | 5. 3 6 | 5 - | 6. 5 5 3 | 2. 1 |
1.妙 善 近 前 躬 身  呀 啊  奏,  哎 嗨 哎 嗨 啊

2 3 5 | 5 5 6 | 5 3 2 3 2 | 1 1 6 | 2 2 3 2 | 1 - |
   阿 呀 弥 呀 陀 呀, 和 呀 和 和 佛。

1 1 1 2 | 1 6 5 | 1 6 1 | 5. 6 | 5. 6 1 5 | 6 1 6 5 |
金 怀 玉 镜 照  评 呀 论,  唵 唵 唵 呢 南

3 2 3 5 | 5 3 2 1 | 2. 3 5 | 5 5 6 | 5 3 2 3 2 | 1 1 6 |
无 呀 佛       阿 呀 弥 呀 陀 呀,
```

第三章 宝卷宣唱的曲调音乐

```
2 2 3 2 | 1 - ‖: 2 2 3 5 | 3 2 1 | 2 - | 3 2 |
```
和呀和和佛。
2.一愿 不老 常年 少，二四
3.三愿 肉身 成皆 正果，六八
4.五愿 三障 超消 月奉，十天
5.七愿 智慧 人日 一，
6.九愿 天贤 中第 士，
7.万圣 千般 名医
8.若有 这

愿愿愿愿 上花
莲

```
2 1 6 5 | 6. 1 | 2 - | 3 2 3 | 2. 3 5 | 3 5 |
```
不见恩 死呀 永呀 唵唵 呀 永 常天
三说 性爱 永呀 唵唵 呀 识除
天会 界法 永呀 唵唵 呀 断冤
　 下里 永呀 唵唵 呀 释众
　 　 永呀 唵唵 呀 度钦
　 　 　 　 　 众成
　 　 　 　 　 便

```
5 3 | 2 3 3 2 | 1. 3 | 2 3 2 1 | 6. 1 | 2. 3 | 2 3 2 |
```
春呀 南 呢 无 呀 阿 呀
真呀 南 呢 无 呀 阿 呀
根呀 南 呢 无 呀 阿 呀
亲呀 南 呢 无 呀 阿 呀
生呀 南 呢 无 呀 阿 呀
尊呀 南 呢 无 呀 阿 呀
亲呀 南 呢 无 呀 阿 呀

```
1 - | 6. 1 6 | 5. 3 | 5. 6 | 1 2 3 | 2 3 1 | 6 - :‖
```
弥 呀 陀 呀， 和 呀 和 佛。
弥 呀 陀 呀， 和 呀 和 佛。
弥 呀 陀 呀， 和 呀 和 佛。
弥 呀 陀 呀， 和 呀 和 佛。
弥 呀 陀 呀， 和 呀 和 佛。
弥 呀 陀 呀， 和 呀 和 佛。
弥 呀 陀 呀， 和 呀 和 佛。

吴地宝卷

（三）符官调

符官调　　太姆宝卷（选段）

狄秋燕　宣唱
曹雪良　记谱

$1=F\ \frac{2}{4}$

```
i i  i 6 | 5 i  i.6 | 5 3  5 6 | 5 5  1 | 6 6  6 5 | 6 i 5  6 |
```

1. 酒行初献贺圣朝，　红娘游玩赏元宵。薛仁贵跨海征东去，
2. 酒行二献是新春，　千般花放斗芳菲。刘知县落殿投军去，
3. 酒行三献景色清，　蝶儿园内翩翩飞。金殿王六比上武，
4. 酒行四献是清和，　小儿口唱太平歌。王虎飞是名将，
5. 酒行五献是端阳，　赵云马上一条枪。刘使君过当阳道，
6. 酒行六献荷花香，　龙舟风送闹宣扬。曹操逼走华容道，
7. 酒行七献七秋凉，　汉朝妙算是张良。韩信十面埋伏阵，
8. 酒行八献木樨黄，　花红美酒敬娘尝。甘露十二为丞相，
9. 酒行九献是重阳，　重阳美酒菊花香。伍子胥是名上将，
10. 酒行十献引小春，　昭君和番泪纷纷。可恨奸贼毛延寿，

```
3. 2 3 5 | 6. i 5 3 | 2  3 1 | 2  3 1 | 2  5 5 | 6 6 5 3 5 3 |
```

手提方载定唐朝。哩啰来，哩啰来，啰来啰来哩啰
三娘青小将去凄西哩啰来，哩啰来，啰来啰来哩啰
狄川斩将去征京哩啰来，哩啰来，啰来啰来哩啰
山前夺马反巡西哩啰来，哩啰来，啰来啰来哩啰
军葛算妙法超哩啰来，哩啰来，啰来啰来哩啰
诸未央内寿不长哩啰来，哩啰来，啰来啰来哩啰
未太宫遇文王哩啰来，哩啰来，啰来啰来哩啰
过公八关定主张哩啰来，哩啰来，啰来啰来哩啰
别了昭皇十春哩啰来，哩啰来，啰来啰来哩啰

```
2 6 1 | 2 5 5 3 | 5  2 3 | 2 1 6  6 6 | i 6 5 | 6 6 6 5 3 | 5 — ||
```

来，啰啰来。筛筛酒，敬神明，圣侯王菩萨，阿弥陀佛。
来，啰啰来。筛筛酒，敬神明，圣侯王菩萨，阿弥陀佛。
来，啰啰来。筛筛酒，敬神明，圣侯王菩萨，阿弥陀佛。
来，啰啰来。筛筛酒，敬神明，圣侯王菩萨，阿弥陀佛。
来，啰啰来。筛筛酒，敬神明，圣侯王菩萨，阿弥陀佛。
来，啰啰来。筛筛酒，敬神明，圣侯王菩萨，阿弥陀佛。
来，啰啰来。筛筛酒，敬神明，圣侯王菩萨，阿弥陀佛。
来，啰啰来。筛筛酒，敬神明，圣侯王菩萨，阿弥陀佛。
来，啰啰来。筛筛酒，敬神明，圣侯王菩萨，阿弥陀佛。

（四）十字调

十字调

灶皇宝卷（选段）

夏根元 宣唱
曹雪良 记谱

$1={}^{\flat}E$ $\dfrac{2}{4}$

```
3      5    | 5    3    | 3 2  1  | 2    -  | 1    1  | 1    1 2 |
1.赦   罪    名   呀，  怨  忤  天    呀，   呵   风    骂  雨
2.赦   罪    名   呀，  逆  不  地    呀，   公   婆    父  母
3.赦   罪    名   呀，  修  善  吏    呀，   毁   灭    佛  法
4.叨   赦   罪   呀，  不  良  善    呀，   损   日    利  己
5.叨   赦   罪   呀，  欺  不  净    呀，   赤   月    露  体
6.再   赦   罪   呀，  身  五  行    呀，   人   人    星  斗
7.再   赦   罪   呀，  露  兄  争    呀，   大   口    淘  气
8.赦   罪    名   呀，  弟  皇  前    呀，   恶        咒  骂
                 灶

1 6   5    | 6.   1    | 1 6  5    | 6    -  | 3    3  | 5    5    |
赦   罪    名   呀，   谤  修   行，   长    佛   法    僧  尼
叨   赦    罪   呀，   不  尊   经   道，   叔   伯    六  亲
叨   赦    罪   呀，   不  听   道   净，   不   肯    修  行
再   赦    罪   呀，   不  公   前   前，   暗   室    亏  心
再   赦    罪   呀，   不  不   愿   愿，   污   秽    神  明
赦   罪    名   呀，   衣  神   净，       喧   闹    经  堂
         罪         佛  誓        有   口    无  心
         名         立  勿        灶   堂    秽  烧

6.   1    | 2    -  | 2.   3    | 5    -  | 6 5 5 3  | 5    2    |
呀，   佛   叔        法   肯        啊         僧
呀，   不   暗        伯   室        啊         六
呀，   污   喧        肯   秽        啊         修
呀，   有   闹        室   口        啊         亏
呀，                       堂        啊         神
呀，                                          经
呀，                                          无
                                             秽
```

吴地宝卷

| 3 5 3 2 | 1. 6· 1. 2 | 3 5 5 3 | 2 3 3 2 | 1. 3 |

嗯 哦 呕 哎 嗯 嗯 呜 哎 ／ 啊 啊 啊 啊 啊 啊 啊 ／ 尼 亲 行 心 明 堂 心 烧 ／ 呀 呀 呀 呀 呀 呀 呀 呀 ／ 南 南 南 南 南 南 南 南

| 2 3 2 1 | 6· 1 | 2 — | 2 3 2 | 1 — | 6· 1 6 |

无 无 无 无 无 无 无 无 ／ 呀 呀 呀 呀 呀 呀 呀 呀 ／ 阿 阿 阿 阿 阿 阿 阿 阿 ／ 呀 呀 呀 呀 呀 呀 呀 呀 ／ 弥 弥 弥 弥 弥 弥 弥 弥 ／ 呀 呀 呀 呀 呀 呀 呀 呀

| 5· 3 | 5· 6 | 1 2 3 | 2 3 1 | 6· — ‖

陀 陀 陀 陀 陀 陀 陀 陀 ／ 呀 呀 呀 呀 呀 呀 呀 呀 ／ 和 和 和 和 和 和 和 和 ／ 呀 呀 呀 呀 呀 呀 呀 呀 ／ 和 和 和 和 和 和 和 和 ／ 佛。佛。佛。佛。佛。佛。佛。佛。

（五）九唵调

九唵调

太姆宝卷（选段）

陈雪珍 宣唱
曹雪良 记谱

1=F 2/4

| 6. i | 2 3 2 | i. 6 | i 2 3 | 2 3 i | 6. i |

1. 起　　造　　呀　　啊，　　　　造
2. 起　　造　　呀　　啊，　　　　造
3. 起　　造　　呀　　啊，　　　　造
4. 起　　造　　呀　　啊，　　　　造
5. 起　　造　　呀　　啊，　　　　造
6. 起　　造　　呀　　啊，　　　　造
7. 起　　造　　呀　　啊，　　　　造

| 6 5 3 | 5. 6 | 5 3 5 6 6 | i 3 | 2 3 i 7 | 6 — |

宝　　塔，　哎呀呀得儿喂　呀，喂　喂　哟，
宝　　塔，　哎呀呀得儿喂　呀，喂　喂　哟，
宝　　塔，　哎呀呀得儿喂　呀，喂　喂　哟，
宝　　塔，　哎呀呀得儿喂　呀，喂　喂　哟，
宝　　塔，　哎呀呀得儿喂　呀，喂　喂　哟，
宝　　塔，　哎呀呀得儿喂　呀，喂　喂　哟，

| 6. i 3 5 | 6 i 6 | 5 — | 6 i i i | 6 i 6 5 | 5 3 5 |

回身转来 咿 呀 喂，第一层个宝　塔　呀
回身转来 咿 呀 喂，第二层个宝　塔　呀
回身转来 咿 呀 喂，第三层个宝　塔　呀
回身转来 咿 呀 喂，第四层个宝　塔　呀
回身转来 咿 呀 喂，第五层个宝　塔　呀
回身转来 咿 呀 喂，第六层个宝　塔　呀
回身转来 咿 呀 喂，第七层个宝　塔　呀

吴地宝卷

```
6.  i̅  6̅5̅ 5̅3̅ | 5.   6̅ | 3̅5̅ 3̅2̅ | 1  -  | 2̇  2̇  2̇ 6̅ |
造  呀 来  造  呀   啊            起，     还 要 造 得
造  呀 来  造  呀   啊            起，     还 要 造 得
造  呀 来  造  呀   啊            起，     还 要 造 得
造  呀 来  造  呀   啊            起，     还 要 造 得
造  呀 来  造  呀   啊            起，     还 要 造 得
造  呀 来  造  呀   啊            起，     还 要 造
```

```
i̇  -  | i̇ i̇ 2̇ 3̇ | i̇.  6̅ i̇ | 6̅ i̇ | 5.  6̅ | 5̅6̅ i̇ 2̇ |
起。    观 音 大 士     坐 镇    中 塔   呀    心。   唵 唵 唵 呢
起。    太 郡 大 圣     姥 镇    延 呀          心。   唵 唵 唵 呢
起。    五 显 侯 王     姥 保    乾 呀          生 坤   唵 唵 唵 呢
起。    宝 积 玉 环     公 镇    塔 呀          心 尊   唵 唵 唵 呢
起。    肖 公 宴 乐     镇 大    天 呀          精。   唵 唵 唵 呢
起。    端 坐 妙 众     南 朝    妖 与          唵 唵 唵 呢
```

```
6̅ i̇ 6̅5̅ | 3̅2̅ 5̅ | 5̅3̅ 2̅1̅ | 2̅3̅ 5̅ | 5   5̅6̅ | 5̅3̅ 2̅3̅ |
南        无 呀   佛，         阿 呀   弥 呀
南        无 呀   佛，         阿 呀   弥 呀
南        无 呀   佛，         阿 呀   弥 呀
南        无 呀   佛，         阿 呀   弥 呀
南        无 呀   佛，         阿 呀   弥 呀
南        无 呀   佛，         阿 呀   弥 呀
```

```
1   1̅6̅. | 2̅2̅ 3̅2̅ | 1  -  | 6̅ i̇ i̇ i̇ | 2̇  2̇6̅ | i̇  -  |
陀  呀   和 呀 和 和   佛。     善 财 龙 女   分 朱   左 雀   右。
陀  呀   和 呀 和 和   佛。     前 有 石 湖   睐 通   雀 山   水 笑
陀  呀   和 呀 和 和   佛。     五 福 夫 人   多 分   不 左   顶。
陀  呀   和 呀 和 和   佛。     一 条 玉 路   明 朱   左 威   断。
陀  呀   和 呀 和 和   佛。     进 香 之 月                右。
陀  呀   和 呀 和 和   佛。     清 风 明 城                灵。
                                太 岁 城 隍
```

第三章 宝卷宣唱的曲调音乐

| 6 i 6 5 | 6 i̯ 6 | 5 — | 6 i | 2̯ i 6 5 | 3 5 |

摆 摆 石 脚 咦 呀 嗨， 寻 声 救 横 苦 呀
摆 摆 石 脚 咦 呀 嗨， 后 有 横 降 山 呀
摆 摆 石 脚 咦 呀 嗨， 收 灾 面 风 福 呀
摆 摆 石 脚 咦 呀 嗨， 四 月 十 云 呀
摆 摆 石 脚 咦 呀 嗨， 八 生 善 八 念
摆 摆 石 脚 咦 呀 嗨， 长 善 马 公
         积

| 6. 2̯ | i i̯ 3 | 5 — | 5 6 i | 6 — | 5 6 5 3 |

度 呀 嗯 嗯 啊 凡 嗯 嗯 哩
玄 呀 嗯 嗯 啊 武 嗯 嗯 哩
保 呀 嗯 嗯 啊 安 嗯 嗯 哩
日 呀 嗯 嗯 啊 夜 嗯 嗯 哩
显 呀 嗯 嗯 啊 威 嗯 嗯 哩
度 呀 嗯 嗯 啊 凡 嗯 嗯 哩
笑 呀 嗯 嗯 啊 盈 嗯 嗯

| 5 6 | 5̯ 6 5 3 | 3 2 1 | 2 — | 5 6 | 5 6 5 3 |

啊 啊 啊 民 呐， 嗯 嗯 嗯 嗯
啊 啊 啊 兴 呐， 嗯 嗯 嗯 嗯
啊 啊 啊 康 呐， 嗯 嗯 嗯 嗯
啊 啊 啊 阴 呐， 嗯 嗯 嗯 嗯
啊 啊 啊 灵 呐， 嗯 嗯 嗯 嗯
啊 啊 啊 人 呐， 嗯 嗯 嗯 嗯
啊 啊 啊 盛 呐， 嗯 嗯 嗯 嗯

| 2̯ 3 5 | 3̯ 5 1 | 2 5 | 5 5̯ 3 | 5 — | 5 6 i |

嗯 嗯 嗯 嗯 嗯 嗯 嗯 嗯 阿 呀
嗯 嗯 嗯 嗯 嗯 嗯 嗯 嗯 阿 呀
嗯 嗯 嗯 嗯 嗯 嗯 嗯 嗯 阿 呀
嗯 嗯 嗯 嗯 嗯 嗯 嗯 嗯 阿 呀
嗯 嗯 嗯 嗯 嗯 嗯 嗯 嗯 阿 呀
嗯 嗯 嗯 嗯 嗯 嗯 嗯 嗯 阿 呀
嗯 嗯 嗯 嗯 嗯 嗯 嗯 嗯 阿 呀

| 6 - | 6 5 3 2 | 1. 6 | 1 2 | 6 6 | 1 6 | 5 - ‖

弥　　呀　陀　　呀,　和 呀 和 和 佛。
弥　　呀　陀　　呀,　和 呀 和 和 佛。
弥　　呀　陀　　呀,　和 呀 和 和 佛。
弥　　呀　陀　　呀,　和 呀 和 和 佛。
弥　　呀　陀　　呀,　和 呀 和 和 佛。
弥　　呀　陀　　呀,　和 呀 和 和 佛。
弥　　呀　陀　　呀,　和 呀 和 和 佛。

三、胜浦宣卷基本曲调

（一）宣卷基本调

宣卷基本调

双奇冤宝卷（选段）

归金宗 宣唱
金献武 记谱

1＝C 2/4

(5̲ 6 -) | 6. 1 2 | 5 3 2 1 2 1 6 5 | 1 3 5 1 2 1 2 1 6 | 5 5 6 5 5 3 |
　　　　　勿 说 友　惠　转 家　　　门 哎, 哎

2 3 1　2 | 2 3 5 6 3 2 1 | 5 3 2 1 6 1. 6 | 5 1 6. 5 | 3 5 6 5 3 2 |
南　无　南 无 弥 陀 只 表　哪　　开 店 个 冯 洪 啦
（佛。）

1 1 1 2 1 6 | 1 2 1 2 3 2 5 3 | 2 3 1　2 | 2 3 5 6 3 2 1 | 6. 1 2. 2 |
春 哎,　哎 呀 哎 哎 呀 冯 洪 春。 回 身 个

5 3 2 1 2 1 6 5 | 2 2 2 1 6 1 | 5 5 6 5 5 3 | 2 3 1　2 | 2 3 5 6 3 2 1 |
走 进　庙 啊 堂　里 哎,哎　南 无　南 无 弥 陀

1 6 2 1. 6 | 5 1 6. 5 | 3 5 6 5 3 2 | 1 1 1 2 1 6 | 1 2 1 2 3 2 5 3 |
打 开 仔 个 纸 啊 包 么 起 疑 啊　云 啊,　　哎 呀
（佛。）

| 231 2 | 2356 321 | 5̇ 6̇1 2 | 5 3̇2̇1̇ 2̇1̇6̇5̇ | 3 35 1̇2̇1̇ 2̇1̇6̇ | 55 6553 |
哎哎呀　南无弥陀　只见得　一双个金环勒浪　头啊 中　　存哎,哎
　　　　　佛。

| 231 2 | 2356 321 | 2̇2̇ 1̇2̇1̇6̇ | 5̇1̇ 6.5 | 35 6532 | 11 1216 |
南　无　南无弥陀　心啊中　烦　恼么起疑啊　云啊,
　　　　　（佛。）

| 1212 3253 | 231 2 | 2356 321 | 6.1̇ 2̇.2̇ | 5̇3̇2̇1̇ 2̇1̇6̇5̇ | 5̇3̇ 2̇1̇6̇5̇ |
南　　　　无　　　　南无弥陀　环啊子个　好　像么　我啊家个
　　　　　　　　　　（佛。）

| 55 6553 | 231 2 | 2356 321 | 6 3̇2̇ 1̇2̇1̇6̇ | 5̇6̇1̇5̇ 6̇ |
物呀,哎　南　无　南无弥陀　为啥个会到　熊家门
　　　　　　　　　（佛。）

| 5̇3̇ 2̇3̇ 2̇1̇ | 2̇1̇6̇ 1̇.6̇ | 5̇1̇ 6̇1̇6̇5̇ | 35 6532 | 11 1216 |
不免个便把　媳妇喊个　让我一看么　便知啊　情哎,　哎

| 1212 353 | 2 V | 22 | 53 5653 | 2321 6123 | 1 — ‖
南　　　无　　　南无　消　灾　时　菩　萨。

（二）十字调

十字调

双奇冤宝卷（选段）

归金宗 宣唱
葛润子 记谱

1=C 2/4

(35 61 | 5 | 56 | 35 61 | 5 | 5) 55 63 | 5 — |
1.冯　洪　春,
2.个　子　小,
3.吊　鳑　鲏,

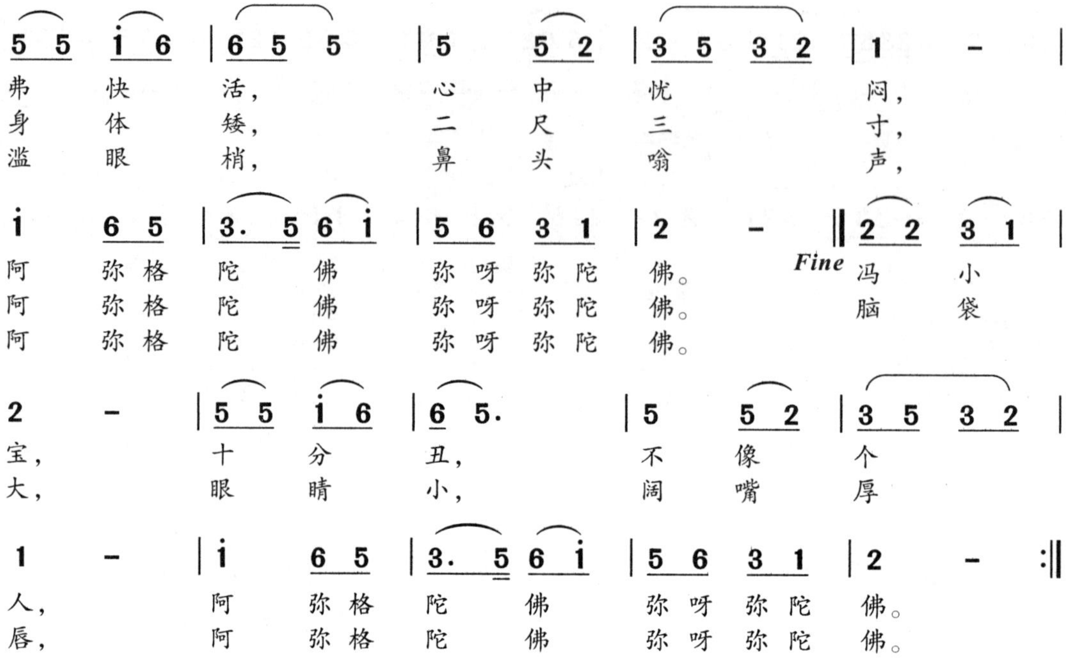

（三）夯调

夯调

双奇冤宝卷（选段）

1=C $\frac{2}{4}$

归金宗 宣唱
葛润子 记谱

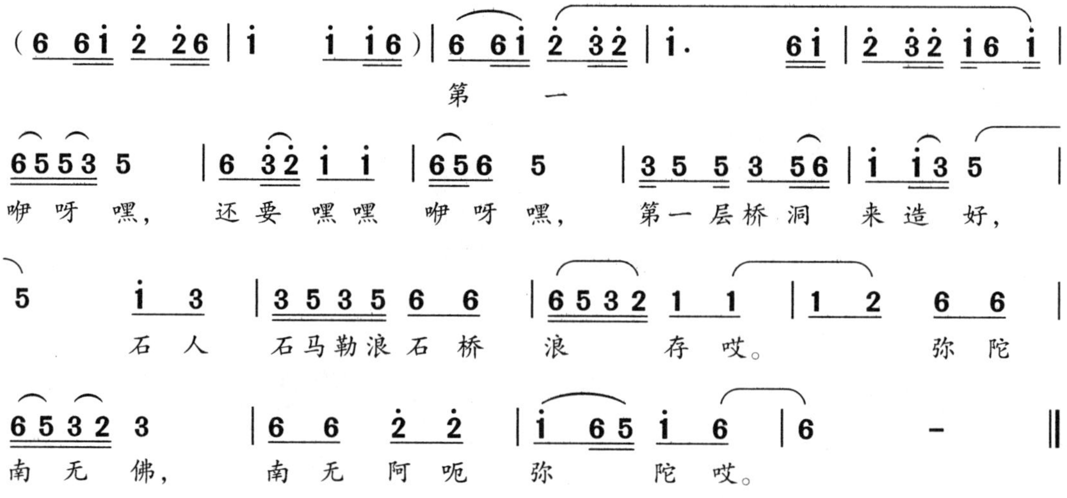

（四）炉香赞

炉香赞

炉 香 赞

归金宗 宣唱
葛润子 记谱

$1=C \quad \frac{2}{4}$

（1 65 6 61 | 3 2 1 6）| 3 3 3213 | 2 — | 3. 5 6 1 6 |
　　　　　　　　　　　　　　炉 香 乍　热，　　　法　界

5 323 | 5 56 5 | 5 56 1 21 | 6 65 3213 | 2 — | 3 5 65 |
蒙 熏。 诸啊佛 悉呀　　悉　遥　　闻。　　　随　处

5 23 1 21 | 6 — | 6 6 5 51 | 6. 5 323 | 5 76 5 | 6 6 2 1 65 |
结　祥　云。　　诚啊意　方　殷。　诸啊佛　现呀末现全

6. 6 6 | 1. 6 5 1 | 6 6 5 3 | 2 2 3 | 6 6 1 6 53 | 5 — ‖
身。 南无消　灾　延　寿　佛，　佛呀么佛　菩 萨。

（五）退星科仪诸调

退星科仪诸调一

退星科仪（选段一）

归金宗 宣唱
葛润子 记谱

$1=C \quad \frac{2}{4}$

6 1 1 65 | 6 1 3 32 | 1 — | 5 53 2321 | 16 6 1 |
瑶 台 设 祥 玉 金 山，　　对 月 真　灵，　真 灵

2 23 2165 | 5. 6 567 | 6 — | 3 1 2 | 5. 6 1 21 |
咫　尺　间，　咫 尺 间。　　保 饭 三 先

6. 5 3213 | 2 — | 3 3 2321 | 16 6 1 | 2. 3 2165 |
簋　瑞　及，　　珠 帘 高 卷，　高 卷 遥 天

051

吴地宝卷

$\underline{5\cdot\ 6}\ \underline{567}\ |\ 6\ -\ |\ \underline{3\ 1}\ 2\ |\ \underline{5}\ \underline{56}\ \underline{\dot1}\ \underline{\dot2\dot1}\ |\ \underline{6}\ \underline{65}\ \underline{3213}\ |$
颜，遥天颜。　金钟　玉声　和　平

$2\ -\ |\ \underline{3\ 3}\ \underline{2321}\ |\ \underline{16}\ \underline{61}\ |\ \underline{2}\ \underline{23}\ \underline{2165}\ |\ \underline{5\cdot\ 6}\ \underline{567}\ |$
音，　奉烛 龙　灯，龙灯 音 宝　坛，音宝

$6\ -\ |\ \underline{3\ 1}\ 2\ |\ \underline{5\cdot\ \dot1}\ |\ \underline{6}\ \underline{65}\ \underline{3213}\ |\ 2\ -\ |\ \underline{3\ 3}\ \underline{2321}\ |$
坛。　三间　十方　齐降　格，　防留洪

$\underline{16}\ \underline{61}\ |\ \underline{2}\ \underline{23}\ \underline{2165}\ |\ \underline{5\cdot\ 6}\ \underline{567}\ |\ 6\ -\ |\ \underline{5}\ \underline{55}\ \underline{6}\ |\ 5\ 5\ |$
福，洪福 满　成　环，满成 环。　不可 赐以 功 德，

$\underline{1}\ \underline{16}\ \underline{1\cdot2}\ |\ 3\ \underline{6}\ \underline{53}\ |\ 2\ -\ |\ \underline{3}\ \underline{6}\ \underline{53}\ \underline{2}\ |\ \underline{1}\ \underline{21}\ 6\ |\ 6\ -\ \|$
香云 达 信　香 云　达　信 天　　尊。

退星科仪诸调二

退星科仪（选段二）

归金宗 宣唱　　葛润子 记谱

$1=C\ \dfrac{2}{4}$

$\underline{5}\ \underline{61}\ |\ \underline{1}\ \underline{65}\ |\ \underline{6}\ 0\ |\ \underline{3}\ \underline{32}\ |\ 1\ -\ |\ \underline{5}\ \underline{53}\ \underline{2321}\ |\ \underline{16}\ \underline{61}\ |\ \underline{1\cdot2}\ \underline{2165}\ |$
志心 贡献 上林 花，　彩凤 红　莲，红莲 瑶 艳

$\underline{5\cdot\ 6}\ \underline{567}\ |\ 6\ -\ |\ \underline{3}\ \underline{65}\ |\ \underline{6165}\ \underline{5\cdot32}\ |\ \underline{1}\ \underline{12}\ \underline{332}\ |\ 3\ -\ |$
葩，　上林 花。　姚 黄　魏紫　家。　斋主 虔诚 奉　献。

$\underline{2}\ \underline{21}\ \underline{61}\ |\ \underline{2}\ \underline{321}\ |\ \underline{55}\ 6\ |\ \underline{6165}\ \underline{323}\ |\ \underline{356}\ \underline{5632}\ |\ \underline{1}\ \underline{21}\ 6\ \|$
春风 瑞　气 嘉。 花呃 花　供　养，供养 寿　堂　前。

退星科仪诸调三

退星科仪（选段三）

归金宗 宣唱
葛润子 记谱

1=C 2/4

| 1 | 1 6 | 1. 2 3 5 | 6 5 3 2 | 3 6 | 5 6 3 2 | 1 2 1 6 |
长 生 保 命 长 生 保 命 天 尊。

3 5 5 6 5 3 2 | 1 2 3 5 2 1 6 | 2 2 1 6 | 6 1 6 6 5 | 1 2 3 5 |
清 清 净 净，身 有 天 兵。左 召 南 北，右 朝

2 1 6 | 2 1 | 1 6 6 5 | 5 1 3 5 | 2 1 6 | 6 1 |
七 星。天 真 下 降，搜 捉 妖 精。吾 今

2 1 2 | 5 6 | 6 5 3 2 | 1 2 3 5 | 2 1 1 6 | 2 1 6 |
持 咒，永 保 安 宁。日 月 华 盖，中 藏

6 5 5 | 2 | 2 1 | 1 6 6 5 | 2 3 3 | 2 1 | 2 7. 6 |
北 斗。内 有 三 台，神 水 喷 噀，灾 去

6 5 6 | 1 1 6 | 1. 2 3 | 5 6 5 3 2 | 3 6 | 5 6 3 2 | 1 2 1 6 ‖
福 来。长 生 保 命 长 生 保 命 天 尊。

四、锦溪宣卷基本曲调

（一）请佛调

请佛调

请　佛

王丽娟 宣唱
金献武 记谱

1=F 2/4

(2 32 1 61 | 2 32 1 61 | 6 66 1 | 5. 6 5 5) | 2 32 1 61 |

1. 金　　香
2. 香　客　们
3. 第　一　请
4. 第　三　请
5. 第　五　请
6. 第　七　请
7. 八　　大

2 32 1 61 | 6 61 653 | 5. — 1 | 6. 1 5653 | 2. (3 2123) |

金	香	炉 啊 内	焚	拜	南	无	佛，
佛	门 弟 子	勤 礼 啊 韦	陀 啊	将	南	无	佛，
护	法	温 元 啊 云	岳 啊	帅	南	无	佛，
赤	胆 忠 心	苍 杨 三 啊	请 啊	帝	南	无	佛，
上	青 阳 宫 中	全 啊	请	泰	南	无	佛，
护	法			到	南	无	

5. 3 5 6 | 1 2 1 65 | 3 6 6532 | 1. — 2 | 3 6 5653 |

香	烟	透	上	九 霄	啊	云 尊	南	无
奉	请	天	堂	佛 师	啊	军 人	南	无
第 二	请	黑	云	赵 岳	啊	君 尊	南	无
第 四	请	精	报	大 圣	啊	尊	南	无
第 六	请	文	双	关 朱	啊		南	无
第 八	请	拿	捉	天 师	啊		南	无
再		各	路	佛			南	

```
| 2. (3 2 1 2 3) | 5 3 5 6 6 5 | 3. 5 3 2 1 | 2. (3 2 1 2 3) ‖
  佛              阿 弥   陀  佛 弥 陀 佛。
  佛              阿 弥   陀  佛 弥 陀 佛。
  佛              阿 弥   陀  佛 弥 陀 佛。
  佛              阿 弥   陀  佛 弥 陀 佛。
  佛              阿 弥   陀  佛 弥 陀 佛。
  佛              阿 弥   陀  佛 弥 陀 佛。
```

（二）拜佛调

拜佛调

十 拜 观 音

王丽娟 宣唱
金献武 记谱

1=F 2/4

```
(7. 2 3 5 | 6  6) | 3. 2 3 5 | 6  6 | 2 32 1 61 | 2 32 1 61 |
              1.南 无 啊 一  拜  观 音
              2.南 无 啊 二  拜  观 音
              3.南 无 啊 三  拜  观 音
              4.南 无 啊 四  拜  观 音
              5.南 无 啊 五  拜  观 音
              6.南 无 啊 六  拜  观 音
              7.南 无 啊 七  拜  观 音
              8.南 无 啊 八  拜  观 音
              9.南 无 啊 九  拜  观 音
             10.南 无 啊 十  拜  观
```

```
| 1 1 6 5 3 | 5 - | 1 1 1 6 1 | 5. 1 6 5 | 3 6 6 5 3 | 2 - |
  拜 观 啊  音，  要 拜 那   好 日 脚 来  好 时 啊     辰
  拜 观 啊  音，  要 拜 那   国 家 兴 旺宅 风 调 永   顺
  拜 观 啊  音，  要 拜 那   全 家 村 意  永 康 啊    平
  拜 观 啊  音，  要 拜 那   生 人 泥 上  赚 金 收   银
  拜 观 啊  音，  要 拜 那   地 好 亲 春  好 乡 啊    成
  拜 观 啊  音，  要 拜 那   夫 到 个 老  好 手 啊    邻
  拜 观 啊  音，  要 拜 那   妻 个 才 配  脚 恁 啊    勤
  拜 观 啊  音，  要 拜 那   小 女 子     聪 好 啊    明
  拜 观 啊  音，  要 拜 那   子 孙 抱 来  好 婚 啊    姻
  拜 观 啊  音，  要 拜 那   抱 孙        外 啊       孙
```

吴地宝卷

乐谱（南无唻佛 弥陀南无佛，重复多行）

（三）万福寿调

万福寿调一

包公巧断红楼镜宝卷（选段一）

王丽娟 宣唱
金猷武 记谱

1=F 2/4

正月十六到来啊临，

亲眷朋友

来一啊群哎来一

群呀弥呀弥陀佛呀啊。

寿堂放勒八仙啊厅，

第三章 宝卷宣唱的曲调音乐

乐谱（简谱）歌词：

水磨方砖一踏平哎一踏平呀弥呀弥陀佛呀啊。

上材轴子挂在正中啊心，两面两幅好对啊联哎好对联呀弥呀弥陀佛呀啊。

上一联寿比南山松万啊年，下一联福流长水常春啊流哎

057

吴地宝卷

万福寿调二

包公巧断红楼镜宝卷（选段二）

王丽娟 宣唱
金献武 记谱

1=F 2/4

头戴一顶方巾帽，身穿鹦哥绿海青，
腰里丝绦围三围，红鞋白袜脚上穿，手里拿把真金啊扇。
摇摇摆摆在书房啊中，哎书房中呀弥呀弥陀佛呀啊。

058

五、同里宣卷基本曲调

（一）丝弦宣卷调

丝弦宣卷调一

八 仙 上 寿

芮时龙 宣唱
金献武 记谱

吴地宝卷

$\overline{2\dot{1}}\ 65\ |\ \overline{32}\ \overline{35}\ |\ (\overline{65}\ \overline{61})\ |\ \overline{2\dot{1}}\ \dot{1}\ |\ \overline{65}\ \overline{56}\ |\ 5\ 1\ |$
　　八宿　　　　　喜气　啊　　　　高。

$(\overline{0\ 5}\ \overline{32}\ |\ 1\ 1\ )\ |\ \overline{3\ 5.}\ |\ \dot{1}\ \overline{65}\ |\ \overline{53}\ 5\ |\ 5\ \underset{\cdot}{3}\ 0\ |$
　　　　　　　　　　福星　敲着　块简　易　板，

$\overline{36}\ \overline{553}\ |\ \overline{23}\ \overline{321}\ |\ 1\ 0\ |\ \overline{\dot{1}.\ \underline{3}}\ \overline{\dot{2}\dot{1}}\ |\ 6\ 2\ |\ \overline{65}\ \overline{56}\ |$
禄星抱着个　好宝　　　宝，　　南极仙翁么　寿千　啊

$5\ 1\ |\ (\overline{0\ 5}\ \overline{32}\ |\ \overline{1.\ \underline{2}}\ \overline{35}\ |\ \overline{65}\ \overline{32}\ |\ 1\ 1\ )\ |\ \dot{1}\ \dot{1}\ |\ \overline{35}\ |$
岁，　　　　　　　　　　　　　　　　　　　　　鹿鹤

$\overline{2\dot{1}}\ 65\ |\ \overline{32}\ \overline{35}\ |\ (\overline{65})\ \overline{6\dot{1}}\ |\ \overline{\dot{1}5}\ 6\ |\ \overline{65}\ \overline{56}\ |\ 5\ 1\ |$
童子　　　　拿只　手来　啊　　　　　招。

$(\overline{0\ 5}\ \overline{32}\ |\ 1\ 1\ )\ |\ \overline{53}\ 5\ |\ 5\ \underset{\cdot}{3}\ 0\ |\ \overline{3\dot{2}}\ \dot{1}\ |\ \dot{2}\ \dot{1}\ 0\ |$
　　　　　　　　吕洞宾　肩背　　一把

$\overline{\dot{1}6}\ 5\ |\ 5\ \underset{\cdot}{3}\ 0\ |\ \overline{3\dot{2}}\ \dot{1}\ |\ \overline{6\dot{1}}\ \overline{65}\ |\ \overline{23}\ \overline{21}\ |\ 1\ 0\ |$
青锋　剑，　　　三戏　白牡丹　乐逍　遥；

$\overline{33}\ 5\ |\ \overline{\dot{1}6}\ 5\ |\ \overline{53}\ 5\ |\ 5\ \underset{\cdot}{3}\ 0\ |\ \overline{5\dot{1}}\ \overline{65}\ |\ \overline{23}\ \overline{21}\ |$
铁拐李　仙师　法道　高，勒　葫芦里响　放法

$1\ 0\ |\ \overline{35}\ \overline{53}\ |\ \overline{\dot{1}.\ \underline{3}}\ \overline{\dot{2}\dot{1}}\ |\ \dot{1}\ \dot{1}\ |\ \overline{65}\ \overline{56}\ |\ 5\ 1\ |$
宝。　曹国舅　手执一块　阴阳　啊　　　板，

$(\overline{0\ 5}\ \overline{32}\ |\ \overline{1.\ \underline{2}}\ \overline{35}\ |\ \overline{65}\ \overline{32}\ |\ 1\ 1\ )\ |\ \overline{\dot{3}\ \dot{3}.}\ |\ \overline{\dot{2}\dot{1}}\ 65\ |$
　　　　　　　　　　　　　　　　　　　　不愿

$\overline{32}\ \overline{35}\ |\ (\overline{65}\ \overline{6\dot{1}})\ |\ \overline{53}\ 1\ |\ \overline{65}\ \overline{56}\ |\ \overline{1.\ \underline{6}}\ \overline{5\underset{\cdot}{1}}\ |\ \overline{0\ 5}\ \overline{32}\ |$
做官　　　　去修　啊　　　　道；

第三章 宝卷宣唱的曲调音乐

`1 1) | 3 5 | 5 3. | 3̇ 2̇ 1̇ 6 | 5 3 5 | 5 3 0 |`
　　　蓝 采 和　　虽 然 年 龄 小，

`2̇ 1̇ | 1̇ 1̇ 6 5 | 5 3 2 1 | 1 0 | 3 5 5 | 6̇ 1̇ 6 5 |`
手 拿　一 朵 莲 花 本 领　高。　何 仙 姑　出 身 是 个

`5 3 5 | 5 3　6 5̇ 1̇ 6 5 | 2̇ 3̇ 2̇ 1̇ | 1 0 | 3̇ 3̇ 2̇ 1̇ |`
女 多 娇，勒 百 花 篮 里 出 奇 啊 宝；　倒 骑 驴 子

`1̇ 1̇ | 6 5 5 6 | 5 1 | (0 5 3 2 | 1.2 3 5 | 6 5 3 2 |`
张 果 啊　老，

`1 1) | 1̇ 1̇ 3 5 | 2̇ 1̇ 6 5 | 3 2 3 5 | (6 5 6 1̇) | 1̇ 1̇. |`
　　　鱼 啊 筒　　　简 板　　　　　击 咕

`6 5 5 6 | 5 1 | (0 5 3 2 | 1 1) | 5 3 5 | 5 3. |`
啊　　　　敲。　　　　　　　　汉 钟 离

`5 3 5 6 | 1̇ 6 5 | 5 3. | 3̇ 3̇ 1̇ | 2̇ 1̇ 6 5 | 2 3 2 1 |`
拿 把 扇 子 摇，　凸 出 只 肩 胛 露 出 只

`1 0 | 3 5 5 6 | 1̇ 6 5 | 5 3. | 2̇ 2̇ 1̇ 6 | 5 3 6 1̇ |`
腰；　韩 湘 子　仙 箫 吹，　人 仙 飘 飘 云 里

`6 5 5 6 | 1.(6̇ 5̇ 1 | 0 5 3 2 | 1.2 3 5 | 6 5 3 2 | 1 1) |`
啊　　跑。

`3 | 3̇ 2̇ | 2̇ 1̇ 6 5 | 3 2 3 5 | (6 5) 6 1̇ | 1̇ 1̇ 5 1̇ |`
本 领　　　　　才 有　　好 得 不 得

`6 5 5 6 | 1.(6̇ 5̇ 1 | 0 5 3 2 | 1̇ 6 1 2 | 3 —) ||`
啊　　了。

吴地宝卷

丝弦宣卷调二

十二古人（选段）

赵　华 宣唱
金献武 记谱

$1=A \quad \frac{2}{4}$

（一人一马）一条啊枪，两国相争动刀啊枪，桃园结义刘关张，四郎探母回营帐，五郎出家做和啊尚，辕门斩子杨六啊郎。

（二）木鱼宣卷调

木鱼宣卷调

端午歌（选段）

1=F 2/4

赵　华　宣唱
金献武　记谱

```
3.5 321 | 36 53 | 22 3532 | 1. 23 | 16 5 | 33 353 |
五月初五 是端 啊  午  哎，      是端午，  裹粽子

22 16 | 6612 | 2321 6.1 | 53 56 | 1. 23 | 16 5 |
拌豆腐  吃黄哎  鱼   啊，哎  呀    吃黄鱼，

5 5 321 | 36 53 | 2 2 3532 | 1. 23 | 16 5 |
欢欢喜喜 过端哎 午  哎，      过端午，

3333 | 22 16 | 55 33 | 22 16 | 655 321 |
健健康康过端午， 家家户户 过端午， 代代相传

6.1 2 | 2321 6.1 | 53 56 | 1. 23 | 16 5 ‖
到  今  朝啊  哎    呀，   到今朝。
```

（三）弥陀调

弥陀调

请佛（一）

1=A 2/4

赵　华　宣唱
金献武　记谱

```
(5356 | 1 12 | 165) | 5356 | 1 65 |
                      一 支 清 香
```

[乐谱：炉内焚哎南无，香烟透上九霄云，哎弥陀南无佛南无阿弥。]

（四）韦陀调

韦陀调

请佛（二）

1=F 2/4

赵　华　宣唱
金献武　记谱

[乐谱：第一请先请护法摩天尊啊，哎南无，二请到黑虎玄台赵将军啊，弥陀南无佛南无阿弥。]

第三节　宝卷宣唱的江南小调

　　本节收录了10余首江南小调和戏曲曲牌，皆为吴地宣卷讲经时常用的曲调。这些曲调主要由常熟、张家港河阳、苏州工业园区胜浦，以及吴江锦溪、同里的宣卷先生宣唱，五花八门，光彩夺目。即使是同一个曲调，在不同地区宣唱者的演绎下，也会展示出差异化的特征，显现出与众不同的神韵。

（一）梳妆台调

梳妆台调

太姆宝卷（选段）

余鼎君 宣唱
余鼎君 记谱

1=F 2/4

| 1 1 2 1 2 | 3. 2 3 | 5 3 2 1 1 6 1 | 2 3 2. | 3 5 6.1 | 1 6 5 6 |

1.整 建 妆 台， 整 建 呀 妆 台， 斋 主 那个 手 捧壶 末，
2.赵 先生 斋主， 今朝 华筵 摆， 手 提 那个 银 号召店 末，
3.分 田 到 户 末， 大 锅饭 打 门 破， 政 府 那个 开 店 地 末，
4.求 发 展 末， 走 出 大户 槛 来， 打 工 地 那个 围 地 末，
5.龂有 几 年， 种 田 大造 起 来， 一 年 那个 四 季 末，
6.农村 城镇 化， 洋 房 来，

| 1 3 | 2 1 1 6 | 6 5. | 1 1 1 1 2 | 3 2 3. | 5 3 2 1 3 | 2 1 6. |

清 香 把 妆 来 台。 清 香 一 股， 插 在 金 炉 里 呀
忙 要 到 酒 元 酒 真 心 实 意， 敬 上 把 家 酒呀
亦 做 万 摆 户 各 家 各 户 末， 人 去 寻 门 路呀
有 有 去 起 摊 仔 小 铜 钿， 勿 末 上 台 来
楼 病 又 来 赚 大 公 司， 到 处 开 出 彩
高 无 竖 灾 长 财 末， 面 上 有 光 呀

| 6 2 | 1 1 6 | 5 5 6 1 | 2 7 | 6 6 1 | 6 5 6 5 | 5 6 2 7 | 6 6 1 6 5 6 | 5 - ‖ |

奉 敬 那个 好 老 爷 末， 当 好 家 来 个 当 好 家。 阿 弥 陀佛 弥 陀佛。
凶 神 那个 恶 煞 装， 要 走 开 开 要 走 开 阿 弥 陀佛 弥 陀佛。
摇 横 机 来 个 做 服 轧， 好 烧 窑 船 贩 到 瓦 阿 弥 陀佛 弥 陀佛。
姗 头 那个 勿 伯 末， 好 老爷 护 送 家 老 板 来 阿 弥 陀佛 弥 陀佛。
农民 那个 如 意， 做 老 板 呀 做 好 菩萨 阿 弥 陀佛 弥 陀佛。
称 心 那个 末， 谢 谢 好 菩萨 阿 弥 陀佛 弥 陀佛。

吴地宝卷

（二）吃局五更

吃局五更

猴仙宝卷（选段）

余鼎君 宣唱
余鼎君 记谱

1=E 2/4

```
 6  65  | 6  i  | 3 2 3 5 | 6  -  | i 2 i 6 | 5  -  |
```
1. 更　更　　一　点　月月　正正　起昏，　甘四　荸大　荠盆
2. 二　更　　二　点　月月　正正　昏黄，　蔗只　荤大　汤到，
3. 三　更　　三　点　月月　正正　高哉，　端心　鸡成　送饭，
4. 四　更　　四　点　月月　正正　亮，　　点上　送已　米
5. 五　更　　五　点　月天　　　　　　端　白　

```
 5 53  5 66 | i - | 5 i 6 5 | 3 - | 6 65 | 6 i |
```
咿呀　呀得　儿儿　喂，　甘蔗　荸大　荠。　水果　当中
咿呀　呀得　儿儿　喂　四端　只上　盆　火肉　皮蛋
咿呀　呀得　儿儿　喂　端心　鸡成　汤　细丝　扁尖
咿呀　呀得　儿儿　喂　点上　送已　到　小笼　馒头
咿　呀　呀得　儿　喂　　白　饭　西瓜　切开

```
 3 2  3 5 | 6 - | i 2 i 6 | 5.  3 | 5 6 5 3 |
```
黄油　香焖　梨，　生大　呀　还有　糖麻
笃　蹄笋　果排　呀，　煨鸡　与拼
细丝　长余　参，　呀，　还有　蹄满
甜得　炒大　团　水果　寿
来，　汤荔　枝　　摆

```
 2 - | 5 53  5 66 | i - | 5 i 6 5 | 3 - |
```
球。　咿呀　呀得　儿喂，　还　有　糖　球。
盆。　咿呀　呀得　儿喂　煨　鸡　与　盆。
髈。　咿呀　呀得　儿喂　还　有　蹄　髈。
桃。　咿呀　呀得　儿喂　还　有　寿　桃。
台。　咿　呀　呀得　儿　水　果　摆　台。

（三）苏州景

苏州景一

太姆宝卷（选段）

虞惠芬 宣唱
朱光磊 记谱

1=F $\frac{2}{4}$

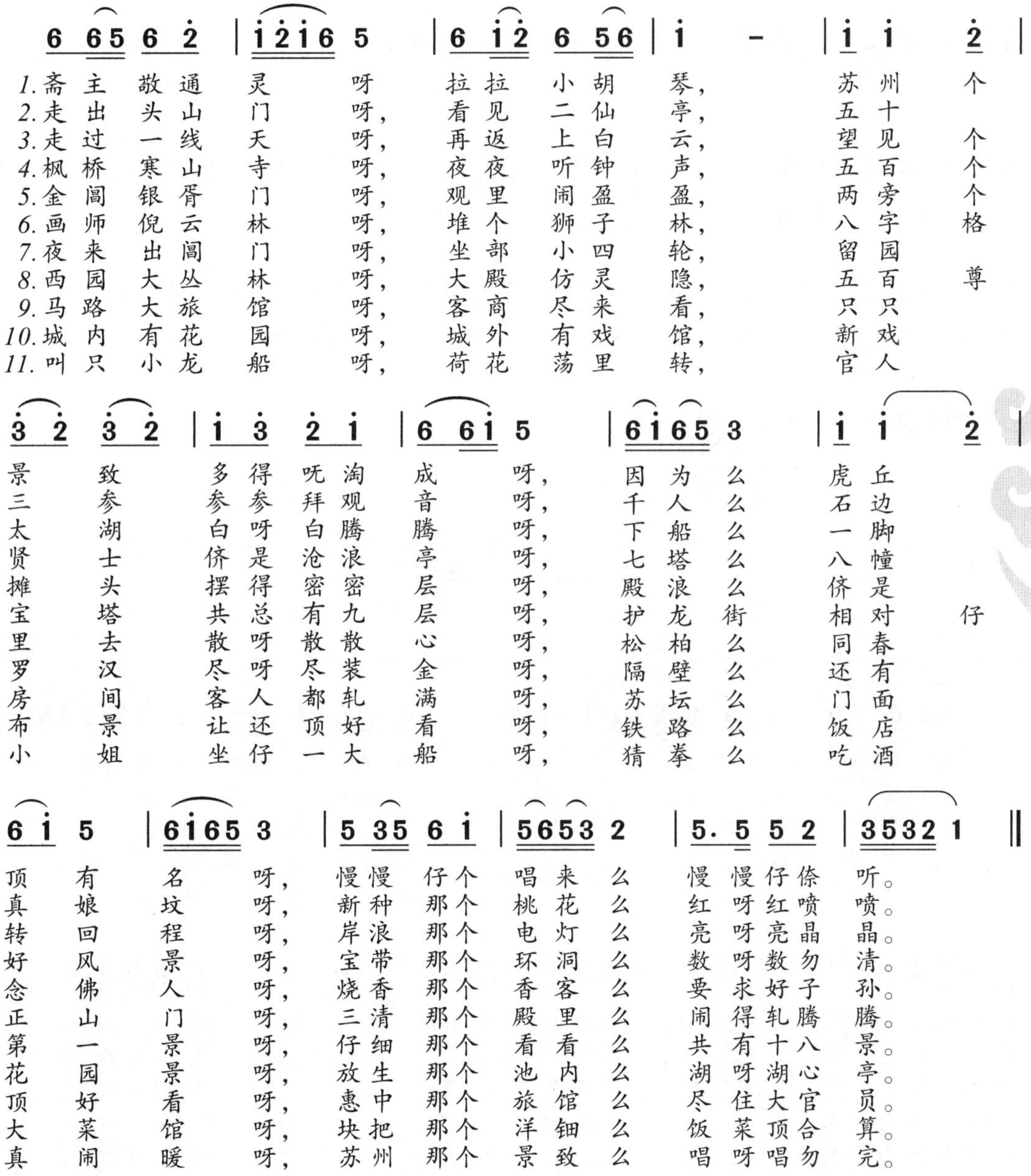

吴地宝卷

苏州景二

时节歌（选段）

1=C 2/4

赵　华 宣唱
金献武 记谱

```
6 65 6 2 | 1 2 1 6 5 | 6 1 1 1 1 6 5 6 | 1 - | 1 1 2 |
正月 里来 舞狮 子，  二月里来 放鹞  子，   三  月
```

```
3 5 3 2 3. 2 | 1 3 2 1 | 6. 1 5 | 6 1 6 5 3 | 6 1 | 2 | 6. 1 5 |
清   明吃青团    子，      四月里  蚕宝宝 上  山
```

```
6 1 6 5 3 | 3. 5 6 1 | 5 6 5 3 2. 3 | 3 5 5 5 5 2 | 3 5 3 2 1 ‖
结茧 子，  五月端午  裹粽子，     六月里来   摇扇子。
```

（四）杨柳青

杨柳青

太姆宝卷（选段）

1=G 2/4

蒋健梅 宣唱
朱光磊 记谱

```
3 3 5 6 6 5 | 3. 5 3. 2 1 2 | 3 - | 6 3 5 6 6 5 | 3 5 3 2 3 5 |
```

1. 一把 扇子 七 寸 长，　　斋主 献冓勒 大娘 娘，
2. 两把 扇子 一 样 长，　　二娘娘 扇 得 笑洋 洋，
3. 三把 扇子 骨 里 青，　　三娘娘 扇 得 笑盈 盈，
4. 四把 扇子 实 在 灵，　　四娘娘 扇 得 真开 心，
5. 五把 扇子 骨 里 黄，　　五娘娘 扇 得 好风 光，

```
3. 5 3 2 1 6 1 | 1 6 5 3 2. 3 | 1 2 3 2 1 6 5 | 5 6 3 5 | 6. 5 6 6 5 ‖
```

杨 啊杨柳青 啊，哎哎 呀，　大娘娘扇 得 真风 凉。哎哎哎哎 呀。
杨 啊杨柳青 啊，哎哎 呀，　福也 添来 寿也 长。哎哎哎哎 呀。
杨 啊杨柳青 啊，哎哎 呀，　扇得个妖 魔 全逃 清。哎哎哎哎 呀。
杨 啊杨柳青 啊，哎哎 呀，　保佑 大家 永太 平。哎哎哎哎 呀。
杨 啊杨柳青 啊，哎哎 呀，　保佑 大家 尽安 康。哎哎哎哎 呀。

（五）春调

春调一

八仙上寿宝卷（选段）

蒋健梅 宣唱
朱光磊 记谱

1=A 2/4

```
1  1    2  | 3 2  3  | 5 6 5  6 5 3 | 2  -  | 2 5  3 2 |
```

1. 正月　梅　花　占　百　魁，　秦　钟
2. 二月　杏　花　仲　春　天　六　国
3. 三月　桃　花　朵　朵　开　昭　君
4. 四月　清　和　是　蔷　薇　朱　买
5. 五月　石　榴　满　园　红　西　施
6. 六月　荷　花　透　水　开　六　杨　府
7. 七月　凤　仙　铺　满　阶　牛　蝉
8. 八月　中　秋　木　花　黄　貂　永
9. 九月　菊　花　黄　金　董　喜
10. 十月　芙　蓉　引　春　万　蒙
11. 十一月　月　内　瑞　开　吕　选
12. 十二月　　　雪　　纷，　李　正

臣
郎
良

```
1 2  3 5 | 2 1 | 6 5 6 | 5 - | 5 6  1 | 2 3 1 2  3 |
```

受封娘讨献盗招园卖奉落大
吐侯娘个进骨亲内身旨难闹着
意喜去不吴转蔡拜葬筑好北
徘容合贤王回伯穹父长孤京
徊。颜番妻宫来啮苍亲城单
相当一崖坏伯五司姜斋
兄赵王槐孟投燕
思初路氏嚭弟娘徒荫女青
一与抛嫁谗相剪巧巧千却混
念弟却与言会发施遇里遇入
```
```

吴地宝卷

```
(2 1 6 5) | 6 - | 6 2 1 6 | 5 6 1 3 | 2 1 (6 5 6) | 5 - ‖
```

| 无回刘张真葫街连天送癫花 | 故家天石厉芦坊环仙寒僧园 | 更转子匠害谷卖计女衣笑内， | 后父哀马屈各麻董织坍雪武 | 来母哀前诉裙卓纱坍里松 | 落妻哭泼忠衰堆奸完长空醉 | 得子出水良肠土臣偿城归打 | 齐周门勿雁分伍哭把一天见蒋 | 并子哀旦赐夫哀门 | 啊啊啊啊啊啊啊 | 眉全关离脊哀埋亡金君哀神。 |

春调二

三线姻缘宝卷（选段）

赵　华 宣唱
金献武 记谱

$1=F \dfrac{2}{4}$

```
1 6 1  2 | 3 5 3 2  3 | 5  6 5  3 2 3 1 | ³2 - | 2 3 5  6 5 3 2 | 1 6 1 2  3 2 5 3 |
```
独 坐 亭 内 泪 难 禁， 满 腹 悲 绪

```
2 3 2 1 6 5 6 | 5 - | 6 1 5 6  1 | 2 3 2 1 2  3 | 5  3 2  1 2 3 5 |
```
涌 上 　 心， 可 怜 我 亲 娘 早 亡

```
2 7 6. | 6 1 2 3  1 2 7 6 | 5 3 5 6  1. 3 | 2 3 2 1  6 5 1 6 | 5 - ‖
```
故， 老 父 把 我 抚 养 成 人。

（六）五更调

五更调

双奇冤宝卷（选段）

1=F 2/4

归金宗 宣唱
金献武 记谱

(7 76 5356 | 1 61 2532 | 1 23 1) | 3 35 3 2 | 1 2 1.7 |
　　　　　　　　　　　　　　　　　　　　一更 仔格 敲 过

6 65 3 5 | 6 (6 1) | 2 2 2.3 | 5 6 6532 | 1 61 2 32 |
月　上　山，　想啊起　哥　哥　熊　友

1.　6 | 1 16 2 7 | 6. (5 6) | 1 16 2 7 | 6 - |
兰，　离家到上海　　　　一去信无来，

2 2 2.3 | 5 6 3 2 | 1 61 2 32 | 1 - | 3. 5 3 2 |
甩落我　家中一　人　在，　　　　　咋吃仔么

1 2 1 7 | 6 65 3 5 | 6ᵛ 6 6 | 5 3 5 6 | 1 61 2532 | 1 - |
咋穿么 苦 悲 哀， 啊呀我 格 天　　　　呀，

3 5 3.2 | 1 23 1 7 | 6 1 65 3 5 | 6 - | 5 3 5 6 | 1 61 2532 | 1 - ‖
阿你星个 陀佛么 弥陀南无 佛　 哭到 二　　　　更。

吴地宝卷

（七）苏武牧羊调

苏武牧羊调

双奇冤宝卷（选段）

归金宗 宣唱
金献武 记谱

1=C 2/4

(i̅ 2̅ i̅ 6 | 5. 6̅5̅ | 4. 2̅ 4̅5̅6̅ | 5 -) | 5. 6̅1̅ |
　　　　　　　　　　　　　　　　　　　　　　　　　想 起

2̅ 5̅ 6̅ 4̅ 2̅ | 1 - | i̅ 2̅ i̅ 6 | 5. 6̅5̅ | 4̅ 4̅ 2̅ 4̅5̅6̅ |
胞兄么熊友兰，　　离家到上海　　一去么信无

5 - | i̅ 2̅ i̅ 6̅ 5. 6 | 4̅5̅6̅ 5 | 2̅ 3̅5̅6̅ 4̅ 2̅ | 1 - |
来，　　抛兄弟　在家里　无吃苦悲哀，

2̅ 2̅ 2̅ 2̅ 6̅ | 5. 3̅ | 5̅ 5̅ 3̅ 2̅3̅5̅6̅ | 1 - | 3̅5̅ 5̅5̅ 6̅ i̅ | 3̅ 3̅ 2̅ 3̅ |
天天么在书房　日日把兄盼，　那日么早上　起呀

5̅6̅5̅ 3̅ 2̅3̅5̅6̅ | 1 - | 1. 2̅ 4̅ 4̅ | 2̅ 4̅ 2̅ 1̅ | 6̅. 1̅ 4̅ 2̅ | 1 - ‖
台上么有金　环，　等了几天　无人问　拿去当钱　财。

（八）烟花女子告阴状

烟花女子告阴状

双奇冤宝卷（选段）

归金宗 宣唱
金献武 记谱

1=F 2/4

2 3̅. 2̅ | 2 - | 2̅ 3̅ 5 | 6̅ 5̅ 3̅ 2̅ | 3̅. 2̅ 1̅ |
1.含　春　　　在啊监　受啊私　刑，
2.想　起　　　母啊亲　早啊离　尘，

打得周身血淋啊淋。 伤心人悲
虱落女儿从小呒啊娘亲。 伤心人悲

哀， 哎哎呀， 周身末血淋淋。
哀， 哎哎呀， 从小末呒娘亲哎。

（九）海花调
海花调一

双奇冤宝卷（选段）

归金宗 宣唱
金献武 记谱

1=C 2/4

1.说新个闻来话新
2.新闻出在淮安

闻南无， 新闻唱给
府南无， 山阳县里

摩里摩河萨 大家听呀阿弥陀佛。
摩里摩河萨 熊家村呀阿弥陀佛。

吴地宝卷

海花调二

双珠花宝卷（选段）

1=D 2/4

赵　华 宣唱
金献武 记谱

(5. 6 1 2 | 6 5 3 | 5 2 3 5 | 1 -) 6 6 5 | 6 1 |
　　　　　　　　　　　　　　　　　　双　膝　跪　地

3 2 3 5 | 6 - | 1 2 1 6 | 5. 6 5 - | 5 3 5 6 |
求　种　灵　南　　　无，　　　保　佑

1. 6 | 5 1 6 5 | 3 - | 5 6 5 3 | 2 - | 5. 6 1 2 |
我　　二老双　亲　　摩里摩诃萨　　福　寿

6 5 3 | 5 2 3 5 | 1. 2 | 5 2 3 5 | 1 - ‖
绵　绵　身　康　宁　阿弥陀　佛。

（十）哭七七
哭七七

包公巧断红楼镜宝卷（选段一）

1=F 2/4

王丽娟 宣唱
周　琴 记谱

3 2 3 5 | 1 6 5 3 | 2. 3 2 | 1 1 6 1 2 | 1 6 5 3 |
1.梳 妆 台 前 坐　定　身，　两 瓦 眼 泪 脸 上
2.陈 姐 生 来 好　福　气，　配 上 个 丈 夫 好 人
3.活 在 世 上 难　做　人，　早 死 愿 你 早 超

5 - | 6 1 5 | 6. 1 2 3 | 2 1 6 5 | 6 - | 6. 1 2 3 |
滚。　前 世 不 修　今 世 福，　配 上 个
品。　将 来 上 京 考　功 名，　姐 姐 是
生。　将 来 投 一 个 好 人 生，　来 到

丈　夫　是　十　样　　景。
一　品　个　少　夫　　人。
阴　间　重　做　　　人。

（十一）费家调

费家调

包公巧断红楼镜宝卷（选段二）

王丽娟 宣唱
朱光磊 记谱

1=F 2/4

升罗帽子
头上顶，
为啥我，一年四季顶头皮，因为我，
探脱帽子是癞痢，
倒挂眉毛　　　大眼
睛，　　　　一只张，一只闭，
两只眼睛轮流张来么轮流闭。
招风耳朵

吴地宝卷

6 3 | 2.1 6 | 3/4 0 5 0 3 2 | 2/4 (0 5 0 1 | 2 3 2) | X X X |
弗 争 气， 一只高，

X X X | 6.1 1 5 | 6.1 6 5 | 1 1 | 1 5 0 5 | 0 3 2 |
一只低， 两只耳朵 浓水常常 嗒 嗒 滴。

(0 5 0 1 | 2 3 2) | 1 1 | 6 6 | 6 - | (0 5 0 5 |
朝天 鼻头

2 3 2) | 6 3 | 2.1 6 | 3/4 0 5 0 3 2 | 2/4 (0 5 0 1 | 2 3 2) |
像熏香洞，

X X X X | X X X | X. X X. X | X X X | X X X X | 6.1 6 5 |
讲出闲话 弗清爽。 盘咔盘咔 盘盘咔， 伊拉讲我 一年四季

6 1 | 1 5 0 5 | 0 3 2 | (0 5 0 1 | 2 3 2) | 6 1 |
重 伤 风。 满面

6 6 | 6 - | (0 5 0 5 | 2 3 2) | 6 3 | 2.1 6 |
麻子 肉百脚，

3/4 0 5 0 3 2 | 2/4 (0 5 0 1 | 2 3 2) | X X X X | X X X | X X X X |
牙子扒出 像狗熊， 伊拉讲我

2.1 1 6 | 6 1 | 1 5 0 5 | 0 3 2 | (0 5 0 1 | 2 3 2) |
好像一个 无 常 鬼。

第三章 宝卷宣唱的曲调音乐

$6\ \dot{1}\ |\ 6\ 66\ 66\ |\ 6\ -\ |\ (05\ 05\ |\ 23\ 2\ )\ |\ 6\ \dot{3}\ |$
嘴 巴 大 得来　　　　　　　　　　　　　邪 邪

$\dot{2}.\ \dot{1}\ 6\ |\ \frac{3}{4}\ 3\ 05\ 03\ 2\ |\ \frac{2}{4}(05\ 01\ |\ 23\ 2\ )\ |\ XX\ XX\ |\ XX\ X\ |$
气，　　　　　　　　　　　　半斤大只 肉馒头，

$6\ \dot{1}\ \dot{1}\ 6\ |\ 6\ \dot{1}\ |\ \dot{1}\ 5\ 05\ |\ 03\ 2\ |\ (05\ 01\ |\ 23\ 2\ )\ |$
囫囵 可以 塞 进　去。

$\dot{1}\ \dot{1}\ |\ 6\ 6\ |\ 6\ -\ |\ (05\ 05\ |\ 23\ 2\ )\ |\ 6\ \dot{3}\ |$
前 顶 胸 来　　　　　　　　　　　　　后 驼

$\dot{2}.\ \dot{1}\ 6\ |\ \frac{3}{4}\ 3\ 05\ 03\ 2\ |\ \frac{2}{4}(05\ 01\ |\ 23\ 2\ )\ |\ XX\ X\ |\ XX\ XX\ |$
背，　　　　　　　　　　　　　　前顶胸， 伊拉讲我

$XX\ XX\ X\ |\ XX\ |\ X\ XX\ |\ XX\ XX\ |\ XX\ 6\ \dot{1}\ |\ \dot{1}\ 5\ 05\ |$
好像个小坟 墩， 后驼 背，讲我 好像塞仔 一只饭烧 箕。

$03\ 2\ |\ (05\ 01\ |\ 23\ 2\ )\ |\ \dot{1}\ \dot{1}\ |\ 6\ 6\ |\ 6\ -\ |\ (05\ 05\ |$
　　　　　　　　　　横手 横脚

$23\ 2\ )\ |\ 6\ \dot{3}\ |\ \dot{2}.\ \dot{1}\ 6\ |\ \frac{3}{4}\ 3\ 05\ 03\ 2\ |\ \frac{2}{4}(05\ 01\ |\ 23\ 2\ )\ |\ XX\ XX\ |$
路 弗 平，　　　　　　　　　　　一个 弗当

$X\ 0\ \dot{1}\ |\ \dot{1}\ \dot{1}\ 65\ |\ \dot{1}.\ 6\ \dot{1}\ |\ \dot{1}\ 5\ 05\ |\ 03\ 2\ |\ (05\ 01\ |\ 23\ 2\ )\ \|$
心， 我 一跤跌得臭 要 死。

077

吴地宝卷

（十二）离魂调

离魂调

包公巧断红楼镜宝卷（选段三）

王丽娟 宣唱
葛润子 记谱

$1=C \ \frac{2}{4}$

（1 35 231 | 5235 231）| 3 5#4 | 4 32 232 | 3．5 2 3 | 5． 6 |
　　　　　　　　　　　　　　未 知　　　　我　　　　　在

3．5 3 2 | 321 16 | 1 2 3 | 6 1．6 | 5 02 232 | 2 1 0 |
何　方　　　　　地，何　方　　　地？

（1 35 231 | 5235 231）| 2 2 2 32 | 121 7 6 | 2 2 2 32 | 121 7 6 |
　　　　　　　　　　　　　不知在 阳　间，不知在 阴　间，

3 5．6 | 1．2 3 5 | 5 02 232 | 2 1 0 |（1 35 231 | 5235 231）|
弄 弗　　　　　清。

3 #4 3 | 3． 2 |（3532 3532）| 3#42 3 5 | 5． 6 5 | 3．5 32 321 |
两 手　　　　　　　　　　　四 围　　　摸 转

0 1 6 1 | 2 3 | 5 3 5 02 | 2 3 2 1 |（1 35 231 | 5235 231）|
　　　来，摸 转　来。

2 2 3 2 | 1 7 6 5 | 2 2 3 2 | 1 7 6 5 | 3 5．6 | 1．2 3 5 |
好 像　勒 浪，　好 像　勒 浪，　棺 木

3532 232 | 2． 1 |（1 35 231 | 5235 231）| 6 1 6 5 3 | 323 3 |
里。　　　　　　　　　　　　　　　　　　母　亲，

| 3.532 5 | 5. 65 | 3.532 321 | 0 1 0 | 6 1 2 | 535 6 1 6 |
娘　啊　　　　喊　弗　　　　　　　　应，喊　弗

| 5 0 2 232 | 2 - | (1 35 231 | 5235 231) | 2 232 | 1217 6 |
应。　　　　　　　　　　　　　　　　　　　汪　嘟　汪　嘟，

| 2 232 | 1217 6 | 3 5.6 | 1.2 35 | 5 0 2 232 | 2 - ‖
喊　我　救　命，　救　命　救　　　　　　　命。

（十三）哭妙根笃爷

哭妙根笃爷

包公巧断红楼镜宝卷（选段四）

王丽娟 宣唱
周　琴 记谱

1=E 2/4

| 3332 112 | 1 63 5.5 | 653 5 61 | 6 53 5 | 3 26 1 23 |
哭一声么儿子么 好宝 贝，你 鲜龙 活跳么 到此 地。今朝你闷声

| 1112 1 63 | 5 66 | X X | 3553 3335 | 653 5 61 | 5 6 6 ‖
弗响 么离我 去呀，（白）啊呀，儿子啊 想不到我 白发人要 送你个黑发 人啊。

（十四）祝寿曲

祝寿曲

包公巧断红楼镜宝卷（选段五）

王丽娟 宣唱
金献武 记谱

1=F 2/4

| (6 6 3 35 | 232 1 7 | 656 7 6 | 5 5) | 3. 532 |
　　　　　　　　　　　　　　　　　　　　　　　1.叫　一　声
　　　　　　　　　　　　　　　　　　　　　　　2.好　小　姐
　　　　　　　　　　　　　　　　　　　　　　　3.叫　一　声

吴地宝卷

| 3 5 3 2 | 1 1̂6 1 2 | 3 5 3 2 3 | 6̂ 6 3 3̂5 | 2 3̂2 1 7 |

好小姐　俸是个福气人，　　配上个　姑爷
前世修来个好呀么好福气，　　郎才　　女貌
好小姐　俸是么笑盈盈，　　看你个　心里响

| 6̇ 5 7̂ 6 | 5 (5) | 6̇ 6̂1 3 5 | 2̇ 7 6 | 6̇ 6̂1 3 5 |

是一个好人品，　　一张　　方面孔　还有两只
一对好婚姻，　　姑少爷　将来是　有出息勤个
真呀么真开心，　　将来嫁到　周家门　呱呱叫个

| 2̇ 7 6 | 6̂ 6 3 3̂5 | 2 3̂2 1 7 | 6̇ 5 7̂ 6 | 5 — ‖

大眼睛，　鼻梁　　生得　　笔呀么笔笔挺。
做大官，　好小姐　一品　　少呀么少夫人。
大媳妇，　伲呀个　小姐修来个好福分。

（十五）四季歌

四季歌

三线姻缘宝卷（选段）

赵　华 宣唱
金献武 记谱

1=G 2/4

| 3 3̂2 3 3̂5 | 1̂6 5 3 | 2· 3̂2 | 1 1̂6 1 2̂3 | 1̂6 5 3 |

爹爹爱我是掌　上　珍，　父女哪有母女

| 6̇ 5 — | 6 1̂ 5 | 6̇· 1̂2 3 | 2̂1 1 5 | 6̇ — |

亲，　　我终　有　心事　万万　千，

| 6̇· 1̂2 3 | 2̂3 2 1 | 3̂ 5 | 3̂ 5̂6 1̂ 6 | 5 — ‖

老父　面前　难言　啊。

（十六）吴江调

吴江调一

包公巧断红楼镜宝卷（选段六）

王丽娟 宣唱
朱光磊 记谱

1=F 2/4

6 1 | 6 5 6 5 | 6 - | 1 1 6 5 | 5 3 2 | 3 - | 3 5 6 |
日落　西山么　　夜黄里格昏呕，　　火头

3. 5 1 2 | 3 5 2 1 | 1 6 | 5 | 6 - | 3 5 5 3 2 | 5 3 2 1 |
凿子　拿起　　来呕。　　　　我搭俫两人　倒棺

1 1 0 2 | 1 - | 3 5 6 1 | 5 6 1 2 | 5 3 2 1 | 1 6 5 | 6 - ‖
材，　　穷人　马上　要发　财。

吴江调二

新郎产子宝卷（选段）

赵　华 宣唱
金献武 记谱

1=A 2/4

1 1 1 1 6 5 | 6 6 5 | 1 1 6 5 | 5 3 2 | 3. 3 |
听得伲老相公　一声　喊，　　我

1 6 5 | 3 5 1 2 | 3 5 2 1 | 1 6 | 5 | 6 - |
要紧勿杀　跑出　来。

5 5 5 3 | 5 5 3 3 | 5 3 2 1 | 1 6 3 2 | 1 - |
今朝是么八月月半中秋　节，

1 6 5 | 3 5 1 2 | 3 5 2 1 | 1 6 | 5 | 6 - ‖
丰盛佳肴伲早准　备。

吴地宝卷

（十七）银绞丝

银绞丝一

包公巧断红楼镜宝卷（选段七）

1=F 2/4

王丽娟 宣唱
周　琴 记谱

```
3. 5 3. 2 | 1 2 1 | 6 65 35 | 6 - | 2 2 2. 3 |
叫 一 声 么 好 小 姐， 你 呀 么 你 听  好。  伲 姑 爷 个

5 65 3 | 1 16 3 32 | 1 - | 1 16 56 17 | 6 - | 1 16 56 17 |
人  品  实 在 么 不  像  腔。  头 上 向 吭 头  发    一 只 么 癫 痫

6 - | 5. 6 1 2 | 6 1 6 5 | 3. 5 2 3 | 5. 6 3 2 | 1 - ‖
头，  眼  睛 么 生  来  眼 白 还 大  小。
```

银绞丝二

报花名（选段）

1=F 2/4

赵　华 宣唱
金献武 记谱

```
3 5 3 2 | 1 2 1 | 6 1 6 5 3 5 | 6 - | 2 2 |
正 月 梅 花 是 新 春， 二 月 杏 花 白 似 银， 三 月

3. 5 3 2 | 1 6 3 2 | 1 - | 1 1 16 567 | 6 - | 1 1 16 567 |
桃 花 红  灿  灿， 四 月 蔷 薇 叶 里 啊  青， 五 月 石 榴 红 澄

6 - | 5. 6 1 2 | 6 1 6 5 | 3 5 2 3 | 5. 6 3 2 | 1 - ‖
澄，  六  月 荷  花    结 莲  芯。
```

（十八）醒世曲

醒世曲

双奇冤宝卷（选段）

归金宗 宣唱
朱光磊 记谱

1=C 2/4

| 6 6 1 2 2 3 | 5. 6 | 1 1 2 1 | 6 — | 1 2 1 |
有　一　个，　叫　冯　洪　春，　　　开　爿　格

| 6 5 | 1 2 1 6 | 5 — | 6 5 3 2 3 | 5. 6 |
小　店　在啊家　门。　　养　个　伲　子，叫

| 3 5 2 3 | 5 — | 2 2 | 3 5 3 2 | 2 3 2 1 | 6 — |
冯啊小　宝，　　生　得　实啦在　弗　像　人。

| 3 3 | 2 3 2 1 | 6 1 2 3 | 1 — | 3 5 3 2 | 1 2 1 |
有　人　说拉俚　十　样　景，　有人说俚弗像人。

| 5 3 5 5 6 | 1 2 1 | 3 3 5 | 2. 3 2 1 | 6 1 2 3 | 1 — ‖
从小婚配末　侯玉娥，生　得格标　致又美啊十　分。

（十九）三角板

三角板

包公巧断红楼镜宝卷（选段八）

王丽娟 宣唱
葛润子 记谱

1=C 2/4

(0 3. 6 5 6) | 6. 3 3 2 6 1 6 | 6 0 0 3 | 6. 3 3 2 6 1 6 |
　　　　　　　1.陈　金枝啊陈金枝，　　　俫　养　出一个小小人。
　　　　　　　2.陈　玉英啊陈玉英，　　　俫　养　出两个小小人。

(3. 6 5 6)

083

吴地宝卷

6 0 (3.656) | 3261 216 | 6 0 (3.656) | 1 3 5321 |
当然勒浪周家门，　　　　　　　要在周家门里

6132 | 1 — | (5321 656) | 6.332 616 |
要顶香烟根。　　　　　　陈玉英啊陈玉英，

6 0 0 3 | 6.332 616 | 6 0 (3.656) | 3261 616 |
　　(3.656)
倷　养出两个小小人。　　　　　一个送到陈府门，

6 0 0 6 | 6336 1 | 5321 361 | 1 — |
　　(3.656)　　　　　　　　　　　(5321 656)
让　陈本林老爷　只有假子呒假孙。

6.332 616 | 6 0 0 3 | 6.332 616 | 6 0 0 |
　　　　　　　(3.656)　　　　　　　　　(3.656)
陈玉英啊陈玉英，　倷　还有一个小小人。

3261 616 | 6 0 0 | 61 361 | 5321 32 | 1 — |
　　　　　　(3.656)
一个送到王家门，　让个　十样景　死在阴间闭眼睛。

6.11 6216 | 1 5 5 | 0 0 6 | 3321 56 | 1 — ‖
　　　　　　　(525 3652)　　　　　　(5321 656)
大家看我公不公，　　　我　包公巧断红楼镜。

第四章 吴地宝卷的文本特征

吴地宝卷有刊印本，也有手抄本，以手抄本为其当下存在的主要形式。宝卷内容丰富多彩，并以文学性较强的神佛故事、历史记载、民间传说为主要内容。虽然故事性是宝卷吸引听众的一大要素，但在传统意义上，宝卷所承载的劝人为善的精神才是其根本的功能主旨。

第一节 宝卷的文本形态

口头状态的宝卷会因宣讲者、时间、地点的不同而变化，具有不稳定的特性。通过手抄与刊印，宝卷被转化为曲本形态，内容与形制更为稳定，传播范围更为广泛。吴地宝卷的曲本形态在不同发展阶段均有一定的特征，按照版本形式大致可以分为两类：一类是刊印本，包括木刻本、石印本，主要作为宗教宣传本和俗文学读物流通；一类是手抄本，主要是民间宣卷艺人传抄所得，是为宣卷台本。现在吴地宝卷艺人手中的宝卷以手抄本为主。

一、宝卷刊印本

从历史上看，早期佛教宝卷与民间教派宝卷多以刊本形式传世。这部分刊本大多仿照佛经、道经的刊本形式，采用大字经折本，装帧严整精美。至明代，部分民间教派在得到贵族官僚的支持后获得了在皇家内府印刷经卷的资格，其刊本装帧的质量也有了大幅度的提高，多为具有华丽缎面的梵夹装。至清康熙以后，各地书局大量刊印民间宝卷。这些宝卷多采用线装，以深黄色或深蓝色的厚重纸张作为宝卷封面，卷名则题写于封面左上方。同时，在封面后面的扉页正中间印有宝卷名称，右上方注明出版年月，左下方注明刊印宝卷的单位。（图 4–1）

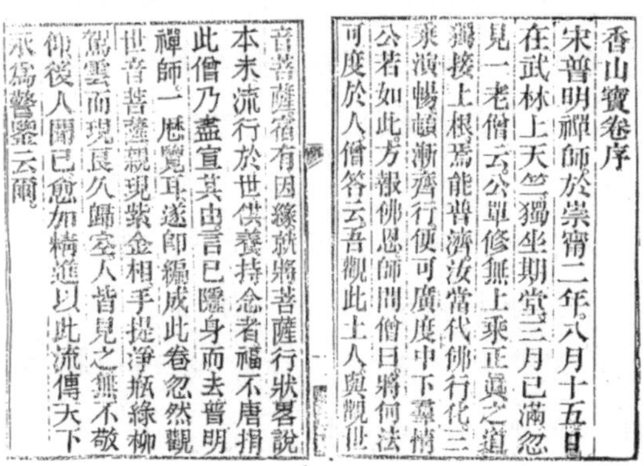
香山寶卷序
宋普明禪師於崇甯二年八月十五日
在武林上天竺獨坐期堂三月已滿忽
見一老僧云公單修無上乘正眞之道
獨接上根焉能普濟汝當代佛行化三
乘演暢頓漸齊行便可廣度中下羣情
公若如此方報佛恩師問僧曰將何法
可度於人僧答云吾觀此土人與觀世
音菩薩宿有因緣就將菩薩行狀畧說
本末流行於世供養持念者福不唐捐
此僧乃盡宣其由言已隱身而去普明
禪師一歷覽耳遂即編成此卷忽然觀
世音菩薩親現紫金相手提淨瓶綠柳
駕雲而現良久歸空人皆見之無不敬
仰從人闡已愈加精進以此流傳天下
永爲警眾云爾

图 4–1 木刻本《香山宝卷》（局部）

民国时期，吴方言区石印本宝卷盛行。与刊本不同，石印本宝卷多采用一页两面的印刷方式，且不具有刊本的界栏、鱼口等特征，页面也相对较小。石印本宝卷较多采取包背装，部分石印本宝卷还会在封面绘上图画以吸引读者。石印本的扉页一般会写上宝卷名称或加题出版者姓名，个别宝卷还会标注主要内容。比如，上海文益书局印行的《绘图双珠凤宝卷》在扉页右侧题写了内容概括："文必正卖身投靠，霍定金女扮男装"。扉页背后是版权页，所记内容较为复杂，一部书的出版机构、出版时间、发行单位及定价都会在版权页有所标识。（图4-2、图4-3）

图4-2　石印本《何仙姑宝卷》封面　　图4-3　石印本《何仙姑宝卷》正文（局部）

石印本宝卷是印制发售的文艺类商品，为增加其可读性并吸引读者，很多宝卷都会在卷首部分附上插图。插图内容或为描绘人物，或为描绘情节。带插图的宝卷会在卷名上加上"绘图"二字以彰显与其他宝卷的不同，如《绘图鸡鸣宝卷》《绘图双剪发宝卷》等。

石印本多为江浙地区书局刊印，印刷量大，作为通俗文学读物，其发行区域已经超出了吴语地区。经由专业出版机构整理改编的石印本宝卷，文本的文字水平较高，对宝卷文学质量的提高和宝卷文学的普及起到了积极作用。

石印本宝卷虽然内容丰富，但有一个普遍的缺点，就是字号较小，密密麻麻，不易看清楚。木刻本字体较大，没有石印本的缺点。但木刻本最晚也是民国时期出版的本子，年代久远，容易损坏，不易保存。真正保存下来的木刻本，本身就有文物价值，故不会被艺人拿去宣唱。所以，真正适合宣卷实践的其实是手抄本。

二、宝卷手抄本

手抄本大多数是宣卷艺人个人所制。这些抄本多为宣卷师徒之间传授的"秘本",由宣卷艺人自抄或请人代抄。由于抄写宝卷被民众认为具有积累功德、发愿祈福的功效,故仍旧有部分宗教气息浓重的"佛卷"由信众传抄,供奉在寺院庙宇里。

虽然受条件限制,手抄本与刊印本相比,装帧没有后者来得正式和精美,却保留着自身的特色。手抄本可以分为传统手抄本和现代手抄本两种。传统手抄本比较讲究,将每张纸对折成相连的两个页面,再将许多个相连的两个页面用棉线逐个装订起来,棉线的扎法与页面的装帧同线装书类似。现代手抄本则简单得多,或者将一叠纸装订起来用于手抄,或者直接用学生练习本手抄。只是由于抄写的时候仍旧用竖排,必须从右往左写,故装订时要在抄本的右侧装订,或者将学生练习本反个方向,从封底开始开立封面。

手抄本的封面比较简单,一般而言,先竖排题写卷名,在封面右侧记下抄录的时间,一般使用农历,比如"岁在丁丑年古历七月中旬""癸未年春月立"等;并在封面底部署名,写上"某某沐手敬抄"字样,或者直接写下抄写人的姓名。有时候,还会写上抄写人的郡望或者所在宣卷社社名。(图4-4)

图4-4 宝卷手抄本

手抄本的文字多用毛笔小楷书写,方便阅读,偶尔也会用行书。文字的字号较大,方便艺人宣唱。但由于抄录人的文化水平限制,手抄本中会有很多异体字、俗字及同音错别字。尤其是一些精深的用典或者吴语方言的冷僻用字,艺人往往只要求做到音同即可。因为在宣唱宝卷的过程中,同音的错别字听众是听不出来的,对于宝卷宣唱的流程并不会产生多大影响。

三、宝卷的排版

宝卷正文内容大多繁体竖排，主要有说白与唱词两大部分，说白和唱词单独分段。

唱词部分字号较大，两句一竖行，保留的页眉和页脚也较宽。唱词多为七言句，可以套用当地的宣卷基本曲调来演唱。在实际宣唱中，每两句要和一声佛号，佛号的和法因地区而异，因所套曲调而异。但在宝卷书写中，佛号省略。此外，有时候在七言句中会多加几个字。这要分为两种情况。第一种情况是在七字句前面加三个字，比如"小姐呀""妹妹呀"，表面上看变成 10 个字，其实是三、七的格式，演唱时前三个字单独处理，后七个字仍旧依照宣卷曲调来唱。第二种情况是在七字句里面加衬字或者其他实字，导致七字句变成七字以上的多字句。在这种情况下，演唱的旋律仍旧依照七字句来处理，本来一字多音的地方改为多字多音。所以，即使文字有所增减，也不会影响宣卷演唱，反而会打破原来七字句的单调感。（图 4-5）

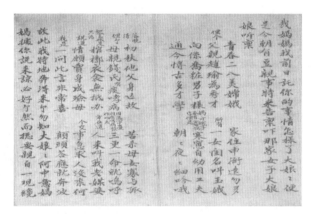

图 4-5 《金不换宝卷》（局部）

说白部分字号较小，行数根据实际情况可长可短，文本为散文形式，保留的页眉和页脚也较窄。全文几乎没有标点。有的宝卷脚本考究一点，在说白部分有断句的圈点，使艺人在宣唱时不至于发生断句的错误。说白部分包括故事情节的叙述和人物的对话。一般而言，对于唱词部分的内容，艺人不大修改，而说白部分的内容，则可以进行较大的改动。尤其是那些讲述民间故事的卷本，艺人们会根据实际情况进行可长可短的发挥，甚至可以夹杂自己的评论。故不同地区或同一地区不同传人的同名宝卷唱本，在唱词上可能会高度一致，但在说白上则多为大致类似，其中细节部分各有特色。

在后出的宝卷中，也有部分手抄本是横排的。比如锦溪宝卷中有部传统作品《王华买父》。锦溪老艺人王秉中的《王华买父》卷本，不但文字是横排的，而且文字上还标

明了说、唱、各类角色的提示,更像是现代的舞台剧本。这样的变化,正是宝卷由传统宣唱向现代表演转化的表现。(图4-6)

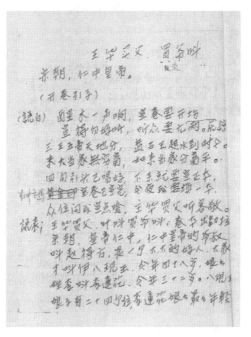

图4-6 《王华买父》(局部)

宝卷的篇幅可长可短,视宝卷内容而定。宝卷中的部分小卷以时事新闻、滑稽唱段为主,内容简单,篇幅短小,如《螳螂做亲宝卷》只有300余字。而文学故事宝卷因故事情节曲折、内容丰富,需要分卷、分品进行编写,因此字数也相应较多,可达八九万字。无论字数多少,宝卷都要遵循韵散结合的结构,依照格式书写。

第二节 宝卷的文学价值

吴地宝卷大多是民间口述文本,但在形成过程中也有文人的参与,可谓俗文学的代表。从文学的角度看,吴地宝卷具有韵散结合、人称多变、刻画细腻、起兴自然等特征。

一、文本内容韵散结合

宝卷正文的内容既有韵文,又有散文。说白用散文,唱词用韵文。韵文以唱为主,散文以说为主。演出过程中韵散结合,说唱交错。从全篇来看,有的宝卷散文占比大,可以说是在散文中穿插着韵文;有的宝卷韵文占比大,可以说是在韵文中穿插着散文。

吴地宝卷

宝卷的唱词主要为七言韵文形式，偶尔也有五言、十言，偶数句押韵。由于是民间文学，宝卷在押韵上并不严格，只要在口语上具有共同的韵母，就可以押韵，甚至两个不同韵部的字混押的情形也常有。比如《香山宝卷》中有一段唱词，其文如下：

妙庄皇帝登天下，有道君皇治万民。
百仪山河居一统，万象交参贺太平。
休论皇帝多有道，听说宫内正宫人。
名称宝德为皇后，圣贤佛母降凡廷。
天生美貌都端正，仁德心慈世莫论。
三十六宫齐恭奉，七十二院总钦尊。
虽在后宫为皇后，不生太子小储君。
前后亲生三个女，三个女子告知闻。
大姐妙书为第一，第二名称号妙音。
第三妙善年最小，父母偏惜掌中珍。

上述唱词都是七字句，偶数句押"真文韵"。这是宝卷中最为常见的韵文形式。而十字句的形式偶尔也会出现，比如《碧玉簪宝卷》中有一段唱词，其文如下：

叫一声，我的妻，你不答声。
摸你身，满身冷，哪得还魂？
看看妻，只少气，害我分离。
你爹爹，为了你，告清冤气。
哪知道，一场空，枉费心机。
你在阴，我在阳，不成夫妻。
哪晓得，恶孙婆，弄出是非。
我的妻，舍不得，看看惨凄。
求天地，拜神灵，要报分明。
我思想，无好处，短见要寻。
想起来，惹双亲，眼泪盈盈。
叫贤妻，妻不应，如刀割心。
恨孙婆，老贱人，害死伤心。
不该应，逼死你，闺阁千金。
鬼门关，等上我，伴你同行。

上述的十字句，使用了三、三、四的格式，也是偶数句押韵，抒发了主人公悲恸的心情。在韵脚上，这一段唱词混押了"鸡栖韵"和"真文韵"。

需要指出的是，在实际演出时，有些地区的宝卷宣唱并不完全依照唱本，有些与故事情节关联较远的唱词就被逐渐淘汰。韵文部分的省减为说表腾出了时间，使得民间宝卷宣唱者的故事讲述更加充分和自由，宝卷的文学属性和娱乐功效得以进一步提升。

二、人称转换灵活多变

宝卷宣唱时，宣唱者既是故事陈述者，以宣卷先生本来面目示人；又可以在说表中现身，起一下故事中人物的角色，以故事中人物的口吻来说话。在吴地宝卷的演出实践中，对于说表中现身的尺度，不同地区艺人的把握有所不同。同里宣卷、昆山宣卷起角色比较足，模仿苏州弹词中起角色的方法，说到官员、太太、书生、小姐等人物时，都要使用中州韵；而胜浦宣卷、河阳宣卷则不太起角色，最多在语言上稍微做一语气的转换，说到官员、太太、书生、小姐等角色时多用当地方言，不用中州韵。但无论起角色充足与否，宣卷先生的第一人称和故事人物的第一人称，以及宣卷先生称呼故事人物的第二人称、第三人称都非常灵活。比如同里赵华、章凤英宣唱的《雪里产子》，讲到梅士俊的娘想要让儿子梅士俊早日成亲，有这样一段说唱，其文如下：

[自白] 小伲子今年十七岁哉！老男人勒浪辰光，小伲子老早配好亲，伲格媳妇姓刘叫刘惠英，书香门第好出身。倒不如实梗，趁年底空闲，让我搭小伲子商量商量，早点拿小媳妇今年隔寒讨进门圆仔房，到开年一巧末，生个孙子、孙囡，也好传宗接代。

[唱] 想到此间主意定，

望准伲子书房门。

[表] 老太婆决发决发到小伲子书房门前一看房门关紧，举手碰门。

[白] 儿啦！

[白] 呃。

[白] 快点开门。

[表] 俆勒碰门，我再说格小伲子梅士俊。

在这段说唱中，自白、唱是以老太太第一人称的口吻，而第一段表则是以宣卷艺人第一人称的口吻，老太太变成第三人称；第二段表是以宣卷艺人第一人称的口吻，老太太变成第二人称。老太太在第一人称、第二人称、第三人称之间自由转换，天衣无缝。这种人称的转换，是基于宣卷艺人"跳进跳出"的不同。艺人起老太太的角色时，老太就变成第一人称；艺人以自我宣唱者的形象示人时，老太太就变成第二人称和第三人称。

用第二人称的时候,老太太和艺人之间的关联度似乎比用第三人称的时候更加紧密一点。所以,人称的转换完全是为演出服务的。在宣唱宝卷的过程中,宣卷艺人通过人称的自由切换,可以获得更好的演出效果。

三、人物刻画细腻生动

宝卷在人物的描绘上极为生动,无论是外貌描写还是心理描写,都以细腻的笔触缓缓展开,从而展示人物丰富的情感世界,塑造出个性鲜明的人物形象。

比如《双玉玦宝卷》讲述林子文被奸人陷害,身陷囹圄,其妻苏氏被奸人强娶,苏氏万般不从,被锁在冷房之中。其中有一段唱词描写苏氏被锁在冷房中时的心理,十分凄惨动人,其文如下:

苏氏女,在冷房,两泪淋淋。
想起来,奴命苦,好不伤心。
奴在此,叫救命,无人答应。
哪一个,作好事,搭救奴身?
倘若是,相公们,前来相救。
保佑你,进科场,得中头名。
小姐们,她前来,救奴苦命。
戴凤冠,穿霞帔,去做夫人。
年老人,进冷房,把奴来救。
保佑你,活到了,一百余春。
家人们,救了奴,把冷房出。
回家去,相谢你,百两花银。
使女们,丫鬟等,救奴性命。
奴与他,拜姊妹,一母所生。
奴说长,又说短,无人答应。
并没有,一个人,回答一声。
四更里,哭到了,五更之后。
鸡又啼,狗又叫,天色大明。

这段唱词唱出了苏氏的各种希望和希望的破灭,为后文的上吊自尽和春兰丫头相救埋下了伏笔。之后,苏氏历经曲折,到了义父顾鼎臣家中,换了一身打扮,一下子苦尽甘来、容光焕发,其文如下:

乌云发，挽起了，翠环云髻。
龙头钗，光耀日，左右分明。
百宝花，巧装成，当头插起。
紫金环，坠耳门，内嵌宝珍。
身穿着，团花袄，芙蓉锦绣。
外罩着，缎披风，颜色天青。
飘飘带，挂香球，风吹扑鼻。
束一条，八幅裙，上挂金铃。
小金莲，正三寸，大红弓鞋。
赛天仙，与玉女，降下凡尘。

这段唱词描写十分细腻，既叙述了苏氏的非凡容貌，又暗示了顾家的富贵荣华，同时为林子文冤狱的平反埋下了伏笔。

宝卷通过对苏氏心理活动和穿戴样式的细腻描写，既展示了人物复杂的内心世界，又预示了人物未来命运的展开，从而增强了文本的文学张力。同时，这样的描写也能使宝卷在宣唱时激起听众的心理共鸣，引发其产生相关的情感体验，从而增强宝卷的艺术感染力。

四、起兴手法浑然天成

宝卷的文本善于运用文学性的修辞，如宝卷中常常使用起兴的手法，就是先说其他事物，再引向所要论述的事物。在文本开头运用"兴"可以起到烘托作品气氛、协调韵律、确定韵脚的作用。比如在《孟姜女宝卷》中，孟姜女千里寻夫，过关唱曲，以十二个月起兴，唱出自己的苦处，其文如下：

正月里来是新春，家家户户点红灯。
别人家夫妻有团圆日，孟姜女丈夫造长城。
二月里来暖洋洋，燕子双双梁上飞。
衔泥忙把巢来做，孟姜女孤单苦凄凄。
三月里来是清明，家家户户去上坟。
别人家坟上飘白纸，孟姜女坟上冷清清。
四月里来养蚕忙，村姑提篮去采桑。
想起我夫万喜良，蚕丝哪有我情长。
五月里来石榴红，我与喜良已相逢。

池畔良缘拜天地,棒打鸳鸯各西东。
六月里来热难当,蚊虫飞来叮脑堂。
宁可叮奴千口血,莫叮奴夫万喜良。
七月里来七秋凉,孟姜女替夫缝衣裳。
针线扎在蓝衫上,刺我心肝牵我肠。
八月里来雁门开,仰望孤雁传书来。
闲人只说闲人话,哪有孤雁带信来?
九月里来是重阳,重阳美酒菊花香。
满满敬我我不喝,要我饮酒人成双。
十月里来稻上场,家家牵砻新米尝。
想着我夫万喜良,我泪水拌饭口难张。
十一月里雪花儿飞,孟姜女万里送寒衣。
天上乌鸦来领路,地下无钱步难移。
十二月里来忙过年,杀鸡宰羊闹喧天。
别人家夫妻同饮三杯团圆酒,孟姜女思夫又一年。

此处由十二个月起兴,由每个月的场景想到丈夫万喜良,深刻地表达了孟姜女对丈夫万喜良的思念之情,令人听后不免动容。

第三节 宝卷的劝世精神

宣讲宝卷在吴地有着悠久的历史,至今在苏州大部分地区仍然具有较强的生命力。宝卷的题材主要来自宗教故事、历史记载和民间传说,这三种类型又以宗教性的劝世精神为主导,故其内容大多围绕积德行善、善恶报应等价值观展开。在传统意义上,宣唱宝卷的目的并不是讲述一个奇异故事,而是通过奇异故事来教化世人,劝人向善。

一、宝卷首末的劝世主旨

许多吴地宝卷直接把劝化世人写入宝卷的文本,并在宣唱时不断加以强调。比如《三官宝卷》一上来就表明了劝世的主旨,其文如下:

三官宝卷初展开,诸佛众帝坐当坛。
大众念佛同声贺,一年四季免三灾。

《灶君宝卷》的开头处也有劝世的言辞,其文如下:

一家之主灶皇帝，查察人间善恶人。
恶言恶语都记得，好言好语奏天庭。
灶君宝卷今日宣，奉劝世人早回心。

灶神能察知人间所有的善恶，每个人的一举一动都躲不过他的眼睛，世人应当早些回心转意弃恶从善，如此才能得到福报。

除了开头之外，在宝卷的结尾处也会再次强调劝世的精神。比如《雪山宝卷》的结尾如此写道：

合国朝臣同行道，苏佑王珍上天堂。
如今宝卷宣完成，人人听见快修行。
离恩割爱修行道，免落阴司地狱根。

宝卷结尾再次点题，通过神道设教的方式让听众弃恶从善，行善积德。

二、宝卷正文的劝世要素

除了宝卷的开头和结尾之外，在宝卷的正文中，无论是讲述什么奇异故事，都有若干劝世要素的存在。这些要素包括因果报应、地狱惩罚、神道相助等。

从因果报应上看，吴地宝卷中的人物命运各有不同，但冥冥之中都受到因果报应的制约与支配。赏善罚恶报应不爽，行善者得福，作恶者遭殃。小人或有得志于一时，然而命运一定会给予其应有的惩罚。

在常熟地区广为流传的《杏花宝卷》中，杏花因父母双亡，从小就在太守家当仆人，时时遭到主母痛打，自己常年忍饥挨饿。但是她一心向佛，每日在灶前烧火时把残留在稻子上的谷穗剥下来攒着，拜托书童来兴把米卖掉，买个观音像回来供奉。来兴拿了米后陡生恶念，将米换了酒肉，把吃完的肉骨头装起来，骗杏花说观音像漆水未干，不能打开袋子，而这袋子肉骨头后来又害得杏花遭到太守的毒打。杏花的哭声被观音听到了，观音立刻上奏玉皇，把用肉骨头充作观音的来兴用天雷打死，后又把杏花接到了天庭。一心向佛的杏花最终脱离苦海升上了天庭，而亵渎神灵的来兴则受到上天的惩罚。这样的对比直接体现了善恶修行与否对一个人命运的影响。在宝卷中，因果报应的力量无比强大，甚至可以扭转一切，不管现实生活中个人境遇如何，在因果规律的支配下，恶人总会受到惩罚，善人总会受到奖赏。又如在《延寿宝卷》中，主人公金本中本来只有阳寿九年，后来由于不断行善，屡次被添加阳寿，最后活到100岁才坐化升天而去。

家喻户晓的陈世美故事在吴地宝卷中也有所记载，宝卷的名称是"陈世美宝卷"。在陈世美进京赶考前夕，妻子秦香莲十里相送，劝他勿被美色迷了心智，否则将来一定会遭受苦难报应。谁料陈世美得中状元之后就将父母妻儿忘得一干二净,在妻子儿女来寻他时反而对他们痛下毒手。秦香莲告到开封府,包拯为他们伸张了正义,用铡刀将陈世美铡为两段。秦香莲则善有善报,其子长大后才华超群,金榜题名,最后宝卷在阖家欢乐的气氛中结束。宝卷在结尾处这样说道:

编成一本劝人卷,善人听了心欢喜。
也有善人记性好,回家讲把大家听。
听了宝卷心向善,恶人结果没收成。
经也完来卷也完,佛也欢来人也欢。

善有善报、恶有恶报的理念又一次被印证。抛弃家庭的陈世美受到惩罚,善良正义的秦香莲终得好报。这种固定的范式使听众反复接受因果报应的暗示和教化,促使其在日常生活中行善积福。同时,因果报应还给听众提供了一种能够把握自身命运的稳定感——面对风云变幻、无法预知的命运,只要自己循着行善积德的道路走下去,就一定能够获得福报,过上幸福的生活。

从地狱惩罚上看,行恶者堕入地狱是恶有恶报最为具象的表达方式。地狱是恶报的物化象征,凝结了无数民众最为深沉的恐惧。在宝卷中随处可见对地狱的描写,如流传颇广的《游地府》(也作《游十殿》),就是《香山宝卷》的附属小卷。妙善公主因不肯招亲而被父亲拿弓弦绞死之后在阴间游历了阿鼻地狱、炮烙地狱、挖眼地狱、刀山地狱等。宝卷以妙善公主在地狱的经历见闻为主干,描述了她游历地府时所看到的种种恶人,以及他们所承受的各类酷刑,警告世人生前不要为非作歹。其中有部分唱词如下:

劝君快快存公道,莫做贪财爱宝人。
阳间做尽亏心事,善恶簿上记分明。
在生常做行善人,仙童仙女出来迎。
镬汤炉炭已行过,锯解地狱又来临。

地府的酷刑与人世的恶行一一对应。在游地府末尾,妙善公主不肯喝下孟婆汤,与孟婆讲让她莫忘此段经历,回阳后以此来规劝凡人积善修行。

又如《王大娘宝卷》,讲的是家财万贯的王大娘家中样样不缺,只是良心不好。宝卷中这样状写王大娘:

一不烧香念佛敬重天地神明,其二欺穷贪富,三是大斗进、小斗出、重利盘剥。更是谤佛骂僧,做尽坏事。她在前世修道积德,故今世发财。今世不修,前世修缘也枉费了。

于是菩萨变作一和尚来点化她,她反而怨恨和尚。由于王大娘生前作恶多端,她死后命运陡然翻转。牛头马面先押她进了土地庙，将她浑身打得鲜血淋淋。她先后又被押到十殿中，各殿大王痛责她在阳间的罪孽并处以相应的刑罚。宝卷细致地描写了她被押到各个殿中所受到的酷刑，她一点点慢慢地受折磨，最终魂飞魄散，肉身破碎，并被投入蚊子、昆虫中去轮回，永世不得超升。这种种描写让人毛骨悚然，警示世人莫要行恶，以免堕入地狱。

对于如何逃离地狱的惩罚，宝卷也指出了明确的路径：行善积德，吃斋拜佛。比如在《幽冥地狱宝卷》中有以下内容：

老祖又问曰："当初有群男女鬼犯并无阻碍，尽向金桥而过，他们在阳间作何功德？"狱主答曰："男鬼常常斋僧布施，修桥补路。女鬼在生，广吃常斋，真香不断，参拜诸佛。寿终归阴，因此不受爱河地狱之苦。"老祖听说大喜："吾劝世上男女，早办前程，自修自度，脱离苦难。"

即使是在最危急的情况下，行善积德也总是会获得意想不到的效果。地狱存在的最终目的并非纯粹为了惩罚恶行，而是为了震慑恶行，故地狱也是劝人向善的一种手段。

从神道相助上看，这是善有善报精神的又一体现。在《红杏宝卷》中，主人公周姬娘和她的父母曾经沦落到危在旦夕的境地。周姬娘被贪污的官员捉去关在监狱里，而她的父母年老体衰，在破庙中奄奄一息。这时各路神佛纷纷出马，庙中的善财童子拦下黑白无常，对他们说："你若把人带走，世间之人只说观音不救苦人。"同时，观音上奏玉皇大帝。玉皇大帝让善才带去红杏果一只，解救老夫妻两人，太白星君也奉旨托梦给当朝皇帝解救周姬娘。可以说，神明的帮助直接扭转了他们一家的命运。

在常熟地区流传的《猛将卷》中，主人公佛圣为报答娘亲养育之恩的塑像在雨中倒塌，宝卷中说：

且说佛圣周围一望，并无黄泥装塑亲娘泥像，号啕大哭三日三夜。玉帝闻知，便差太白金星下凡。金星随即下落，问道："小弟弟为何啼哭？"佛圣道："老公公，我前三日拿黄泥装塑亲娘身像，如今雨落全无。"金星说："重新去挖黄泥，再塑亲娘形象，你拿松毛、柏枝搭屋，身像就不损坏也。"

在主人公佛圣无助的时刻，太白金星出面指引他如何重塑泥像，可见神佛对主人公佛圣无微不至的照顾与帮助。

常熟《东平孚应王宝卷》讲述了张继善夫妇广行善事，看经念佛，老来得子，生下孩子张官宝的故事。张官宝在拜师过程中受到女娲娘娘指点，拜到了师父玉鼎真神。宝卷中说道：

玉鼎真神收其徒，传授妙法又传咒。
二刀三枪真本领，八九玄功不老丹。
练得金刚并铁体，武曲星君本领强。
不表官宝山中事，再宣家中父母亲。

张继善夫妇不见儿子回家，四处寻访儿子，寻不着儿子，正要投河自尽，又得到隐居的姜子牙的指点。

一位老翁手拿鱼竿正在钓鱼，这老翁道："来者何要投河轻生？你儿子回来怎样交代？"张继善闻言，了断轻生之念，走上前去，问个究竟是也。

张继善上前去攀谈，看见鱼钩好痴呆。
钩子不弯无饵食，怎把鱼儿钓上来。
钓鱼老翁回言答，贵人在上听原因。

张继善、张官宝父子纷纷获得神佛帮助，张官宝又在神佛的帮助下学习武艺，最终辅助姜子牙兴周灭商，建立了伟大的功业。

宝卷中的主人公一心向善，最终会得到神道或明或暗的庇佑。这也暗示了听宝卷的人们，只要行善积德，一定会得到他人的相助。生活中很多善有善报的例子，并非靠神道得以回报。孟子说："得道多助，失道寡助。"让好人有好报，这是每个人在道德心灵中必然期许的事情，宝卷只是以神话的形式讲出了每个人心中普遍的道德愿望。

综合因果报应、地狱惩罚、神道相助三个要素来看，善有善报、恶有恶报是贯穿宝卷的终极内核。这条规则稳定而恒常，对每个人都平等，在不公和压迫横行的世间承载着人们对公平的渴望及对来世幸福的希冀。在这条规则的世界秩序下，人的遭遇和命运都变得有因可循：今生的苦难来自前世的报应，而今生只要多修善积德，来世就能富足安乐；贫富和地位的天堑并不是永久的，只要多行善事，来世或者后半生就能得到回报。这就为普通民众提供了一条改变人生处境的道路，从而在一定程度上抚慰了人们的心灵。

地狱场景是因果报应中恶有恶报的具象表现，作恶者死后会堕入地狱，根据其作恶的程度饱受折磨。宝卷中种种阴森可怖场景与刑罚的展现，其目的在于充分激发人们心中的恐惧情绪，从而引导他们弃恶从善、改过自新。

神道本身就是宝卷故事不可缺少的重要内容。因果报应的践行离不开神道，人物命运走向的转变需要外力的作用，而这个外力往往来自神道。神道扭转一切的强大力量也让人们产生敬畏之心——头上三尺有神明，即使做坏事没有被他人看见，也会被神道看见。

然而，在现实生活中，一心向善却受尽苦难的民众往往不会有神道相助，他们的命运也不会因为他们的善心而有所改变,那民众会对宝卷中的故事产生怀疑吗?宝卷已经提供了答案:神道虽然并不是每一时间都有能力关注所有冤屈之事,但善人在死后和来世是一定会得到福报的。这个答案对行善的不同结果做出了自圆其说的解释,使因果报应的规律形成了一个完整自洽的链条。

三、宝卷本身的劝世功效

吴地宝卷中还有许多专以劝善化俗为宗旨和内容的作品,如《消灾延寿宝卷》《十王宝卷》《因果宝卷》《劝世宝卷》等。它们一般以劝化之语而不以故事为主要内容,是专为劝世而写的。比如《劝世宝卷》分为五个部分:劝母恩,老来难,十大劝,忍字高,酒色财气劝世歌。每个部分都富有说唱文学的特色,趣味性和感染力十足。

在宣唱宝卷的过程中,无论是宣卷还是听卷都被认为具有积累福德的功效。常熟的《印应雷宝卷》卷首有言:

印应雷宝卷始展开,大众诚心念如来。

诚心念佛宣好卷,一年四季免三灾。

在宝卷的流传过程中,无论是诚心宣唱宝卷者还是诚心听宣宝卷者都能免除灾祸,抄写和刊印宝卷也都被视为功德。这就形成了一种良性的循环:宝卷劝人积累功德,而听宣宝卷和抄写刊印宝卷则被认为是积累功德,于是更多的宝卷得以面世和传播,而宝卷传播到民众中之后又会有更多的民众受其影响去做听宝卷与抄宝卷的事情。宝卷的劝世功能与流传功能相互促进,极大地推动了宝卷在民间影响力的扩大。

宝卷宣唱的场景往往是重大的宗教节日和民间活动。宗教节日主要指佛教中的各个菩萨诞辰、出家日、成道日等。民间活动则包含广泛,无论是婚丧嫁娶还是小儿满月、周岁都可以请宣卷班子去宣唱宝卷。

宝卷的表演集中在庙、村、私宅外的帘棚等地方,一人念唱,班子中的其他人接声,听众也可以主动接声,场面气氛热烈,老少咸宜。它以民众乐于和易于接受的形式传播着内容,而这样"亲民"的传播方式也让宝卷所隐含的劝世意义更加容易走进人心。故事里的悲欢离合直白地打动着听众的情感,当听众沉浸在故事中时,他们对隐藏在故事背后的价值体系自然也就会熟悉继而产生认同感,宝卷也就在这样的过程中潜移默化地影响着听众的精神世界,从而实现对民众精神进行劝导的作用。

第五章　吴地宝卷的文本评析

宣卷是我国普遍存在的一种民间讲唱文学形式，说唱宣卷的底本即为宝卷。吴地宝卷主要分布在苏锡常和浙江北部一带，以张家港河阳、常熟尚湖、吴江同里、昆山锦溪、苏州胜浦等地最为集中和典型。吴地宝卷用吴方言演唱，故事丰富多彩，曲调优美动听，是受人民群众普遍欢迎的民间文艺表演形式。苏州至今流传着众多优秀的卷本，所唱内容涉及吴地的风土人情、神话传说。依照扬州大学资深宝卷研究专家车锡伦先生的分类，吴地宝卷可以分为祝祷法事、宣教劝善、神道故事、凡人修行、民间传说、时事新闻、开篇小卷等七个大类。祝祷法事类宝卷以祝祷仪式和法事活动为主要内容；宣教劝善类宝卷以劝恶扬善、宣扬宗教义理为主要内容；神道故事类宝卷以神、佛、仙等各类神道身世故事为主要内容；凡人修行类宝卷以世俗之人修佛证道为主要内容；民间传说类宝卷以民间流传的故事和传说为主要内容；时事新闻类宝卷以真实性、实效性的流行事件为主要内容；开篇小卷类宝卷以篇幅短小的趣味之作为主要内容。

这些宝卷通过合辙押韵、通俗易懂的宣唱形式，融合道德教义、宗教义理、神道故事、民间传说、时事新闻等内容，既丰富了百姓的日常生活，又起到了潜移默化的教化功效。以下，我们将依据以上分类原则从吴地宝卷中挑选代表性卷本，进行简要评析。

第一节　祝祷法事类

祝祷法事类宝卷是指进行与宣卷活动相结合的祝祷仪式和法事活动时所使用的宝卷。它们多用"经""科""科仪"一类的名称。主要可以分为两类：一类是用于宣卷过程中的仪礼活动，如请佛、送佛用的《请送仪》《请佛偈》《送佛偈》，为佛点灯、上香、上茶用的《请送佛灯科》《十烛香偈》《上茶偈》等；另一类主要用于法事活动，如为人祝寿时用的《八仙上寿宝卷》《八仙卷》，为斋主解结所用的《散花解结仪》等。

一、《请送仪》

常熟宝卷中有较为丰富而完整的请佛、送佛科仪。在斋事开始的时候，宣卷先生会把诸佛菩萨请进来，待斋事圆满后再送回去。以下为常熟宝卷《请送仪》的"请佛"部分。

念诵《炉香赞》

念诵《大悲咒》

念诵《心经》

念诵《祝愿偈》

南无婆娑世界，三界大师，四生慈父，人天教主，千百亿化身，本师释迦牟尼佛。

坛中香烟缭绕，佛前灯烛辉煌。拜请诸佛之根源，世上之命脉。此香出世，两仪未判之前，参星未动，日月未全，天率根盘，三界内外，叶浮三千大千世界之中。由是涓于今日之吉日，虔诚拈香，蒸在炉中。奉请上、中、下三界贤圣，西天、东土历代祖师，南朝门下刘、李、周、金四殿侯王，本县城隍，当方土地，家堂圣众，司命六神，一切虚空过往神祇，皆来听法。仗此清香，虔诚拜请：

斋主虔诚初上香，拈在金炉贯十方。
巍巍堂堂超三界，普天同庆尽称扬。
斋主虔诚二上香，谢天谢地谢三元。
祈求佛华天宝日，唯愿人杰地灵常。
斋主虔诚三上香，谢师答祖报爹娘。
替天行道生丞相，恭礼金容大法王。
又把真香炉内焚，一路香烟四路分。
三路香烟迎三界，一路灵山迎世尊。
再把真香炉内焚，先请天地两大神。
森罗万象传香信，诸天诸地降来临。
再把真香炉内焚，又请阿弥陀佛尊。
大势至菩萨传香信，四大金刚降来临。
再把真香炉内焚，拜请如来佛世尊。
三千诸佛传香信，五百罗汉降来临。
再把真香炉内焚，奉请延寿药师尊。
药王药上传香信，药车十二降来临。
再上好香炉内焚，奉请当来弥勒尊。
阿难、迦叶传香信，黄眉童子降来临。
又把真香炉内焚，拜请文殊菩萨尊。

吴地宝卷

金吒、木吒传香信，身骑青狮降来临。
又把真香炉内焚，奉请普贤大士尊。
峨眉童子传香信，身骑白象降来临。
再把真香焚炉心，奉请南洋观世音。
善才龙女传香信，鹦哥鹦鹉降来临。
再把真香炉内焚，迎请上界玉皇尊。
金童玉女传香信，诸天上圣降来临。
再把真香炉内焚，奉请天宫星主尊。
日宫月府传香信，满天星斗降来临。
再把真香炉内焚，奉请西池王姥尊。
七衣仙女传香信，八洞神仙降来临。
再把真香焚炉心，奉请南极老寿星。
鹤、鹿二童传香信，福、禄二星降来临。
再把真香炉内焚，奉请玄天上帝尊。
邓辛、张陶传香信，龟、蛇二将降来临。
再把真香炉内焚，奉请三元大帝尊。
唐、葛、周三将传香信，考校曹官降来临。
再把真香炉内焚，奉请东岳大帝尊。
左右丞相传香信，合股朝官降来临。
再把真香炉内焚，奉请千圣小王神。
周神总管传香信，殿前太保降来临。
再把真香炉内焚，奉请并天大帝神。
副将周仓传香信，关平托印降来临。
再上明香炉内焚，奉请水仙明王神。
四大龙神传香信，褚六大人降来临。
再把真香炉内焚，奉请幽冥地藏尊。
庞公、目连传香信，十殿慈王降来临。
再把真香炉内焚，奉请炎王佛世尊。
妙乐天尊传香信，黑风仙师降来临。
再把真香焚炉心，奉请上方山好母亲。

肖公太君传香信，玉环圣母降来临。
又上明香焚炉中，奉请兄弟五灵公。
田公田母传香信，身骑白马降来临。
再把真香炉内焚，奉请五位福夫人。
丫鬟使女传香信，身登彩轿降来临。
再把真香炉内焚，奉请上方山七官人。
马公马金传香信，中界符官降来临。
再把真香炉内焚，奉请石落大仙神。
铁扇公主传香信，挑担童子降来临。
再把真香炉内焚，奉请猛将刘大神。
禁锢八作传香信，庄前太保降来临。
再把真香炉内焚，奉请杨戬二郎神。
哮天大帝传香信，哪吒太子降来临。
再把真香炉内焚，奉请总管金大神。
丧司开道传香信，七丧七飞降来临。
再把真香炉内焚，奉请飞来城隍神。
北庄城隍传香信，太宁庄上降来临。
再把真香炉内焚，奉请西湖巡查刘大神。
李兴马夫来传信，赵大、蒋生降来临。
再把真香炉内焚，拜请血光大灵神。
禁忌使者传香信，合殿神祇降来临。
再上明香炉内焚，迎请南朝祀典神。
刘、李、周、金传香信，四殿侯王降来临。
再上明香炉内焚，奉请本县城隍神。
六房书吏传香信，合堂皂快降来临。
又把明香炉内焚，奉请当方土地神。
耳只纠察传香信，殿前鬼判降来临。
再把真香炉内焚，奉请虚空过往神。
监坛使者传香信，虚空神圣降来临。
上、中、下三界都请到，请出家堂香火神。

住宅六神亲降赴，门神护尉镇家门。
再把真香炉内焚，迎请东厨司命君。
炊火童子传香信，七十二灶降来临。
再把真香炉内焚，奉请五路大财神。
招财童子传香信，利市仙官降来临。
诸佛齐齐降佛场，佛堂里面再焚香。
焚香奉请诸贤圣，贤圣空中降吉祥。
今日佛前求忏悔，家门吉庆降祯祥。
不知虚空多少佛，望佛慈悲降坛场。
弟子不知佛祖尊卑职，各分上下坐安身。
请佛圆满归炉香，炉内香烟降吉祥。
请来菩萨摩诃萨，摩诃般若波罗蜜。
请佛已周全，诸佛降坛前。
停停开宝卷，赐福广无边。
南无登宝座菩萨摩诃萨，阿弥陀佛。

常熟地区《请送仪》中的"请佛"部分，主要功能是邀请诸佛菩萨、各类神道。这类民间科仪融合了佛教和民间宗教的成分。比如，前文中的《炉香赞》《大悲咒》《心经》《祝愿偈》都是佛教早课的内容，而"南无婆娑世界，三界大师，四生慈父，人天教主，千百亿化身，本师释迦牟尼佛"也是佛教徒早课绕佛时所念。在嫁接了佛教早课内容之后，就开始宣卷的"请佛"环节，所请的神道，有佛教的，有道教的，也有民间宗教的。这些神道，是以老百姓日常信仰中所熟悉的对象为标准的，故无论何种派别，只要和老百姓日常生活息息相关，一概不能得罪，都要请来。这样的仪式，与其说是以神道为主体，不如说是以老百姓生活为主体。仪式既有庄严隆重之感，又充满了实用的功效，通过邀请所有神道来保证日常生活每个环节都有福佑，蕴含了民众对美好生活的向往。

二、《散花解结仪》

常熟地区的《散花解结仪》记载了散花解结的科仪。解结，就是斋主眷属身上有今生前世的怨结，要请佛菩萨相帮解开，从此怨仇冰释，诸事顺利。解结时，要向佛菩萨供养仙花，以示酬恩。以下为《散花解结仪》的"散花"部分。

先念《散花赞》，其词曰：

散花奉献，海棠丹桂，牡丹芍药共蓬仙，秋菊与春梅，荷花池艳，朵朵结金莲。南无花奉献菩萨。

再念《散花偈》，其词曰：

明王如来，散花解结。

伏以扶花者，具性自洁，具质本真，迎时送序，结果成瑜。今日献花有偈，法众宣扬散仙花，散明花，遍十方，法界散仙花。请众散，明散散仙花。

春散仙花夏散莲，秋散芙蓉共水仙。
莫道冬天无花散，蜡梅花开放世尊。
轻轻托出一盘来，盘里鲜花两样开。
左边开出红芍药，右边开出牡丹来。
金炉里面烟腾腾，五路财神踱进来。
左手托棵摇钱树，右手送只聚宝盆。
常熟城里种西瓜，藤到苏州城脚下。
觅渡桥上花开放，杭州城里采西瓜。
本命星官红堂堂，珍珠白米斗中藏。
登科发禄中间挂，称心如意保安康。
吾散仙花铁拐李，一脚高来一脚低。
走路犹如白鹤飞，上天不用上天梯。
东方甲乙木香花，南方丙丁火山茶。
西方庚辛金丝花，北方壬癸水仙花。
吾散仙花吕洞宾，头戴飘飘一方巾。
身背雌雄两把剑，终南山上斩妖精。
春炉圆圆供佛前，蜡钎方方摆两边。
夫妻双双同到老，子孙兴旺接香烟。
散花功德最无穷，佛坛上摆根水烟管是白铜。
吃烟好像龙取水，喷出烟来像条龙。
散花散去又回来，散得仙花朵朵开。
斋主虔诚来供奉，合堂大众尽消灾。
弥弥菩萨看山门，面孔常常笑三分。
笑人不笑别一个，只笑凡人心不平。
赵钱孙李荔枝花，周吴郑王黄菊花。

吴地宝卷

冯陈褚卫蕙兰花，蒋沈韩杨杨柳花。
散花散到佛门前，肚里吭昇一点点。
想来想去吭啥散，咀搭鼻头牵呐牵。
一群苍蝇蓬蓬飞，一只东来一只西。
问你要到何处去，癞痢头上吃东西。
吾散仙花不为难，隔壁勿见一只老大鸭。
啥人拿来还得我，大家落点汤呷呷。
红个花，绿个花，看看又像虚浮花。
今朝一夜勿曾困，轧实有点眼睛花。
一只香炉三只脚，念佛□□尽困着。
打昏打来飞机叫，问问原还勤困着。
大众散花吾收花，收在西池王姥拿。
待等来年生枝节，生枝生叶再生花。
大众散，明散散仙花。

金莲花，银莲花，双双童子去端云香花，吹吹去，满天香，香花飘，飘在佛前拿，大众散，明散散仙花。

仙人洞，洞神仙，仙人洞里有神仙，八洞神仙来上寿，西池王姥献蟠桃，大众散，明散散仙花。

金也一枝花，银也一枝花，香花来供养，供养佛台前，愿求斋主寿长长寿年，大众散，明散散仙花。

散花散到几时休，坛内功德还未周。
莫道大众无花散，解冤释结免怨忧。
南无求解结菩萨摩诃萨。

这段"散花"唱词紧扣主题，列举了海棠、丹桂、牡丹、芍药、秋菊、春梅等各类仙花，并善用花开的时节与各类花的寓意来寄托人们的美好愿望。以花贯穿全卷，不仅体现出仪式的庄严隆重，更为仪式增添了一丝唯美清新之意。唱词后半部分非常诙谐幽默，类似南方童谣，听来妙趣横生，别具一格。

三、《筵科》

河阳地区的《筵科》宝卷，是待筵上方山太姆、五圣灵公和五位娘娘的科仪，其中部分唱词如下。

献扇：
执扇洁白七寸长，庚寅巧画在中央。
圣母饮得花红酒，扇一扇来降吉祥。
献手巾：
四月清和日渐长，花蚕吐丝做茧墙。
缫丝娘子功夫用，织成手巾献娘娘。
献花：
桃花杏花并李花，玫瑰芍药共山茶。
金菊花开芙蓉放，娘娘爱看牡丹花。
献妆：
五殿娘娘貌堂堂，梳妆爱搭白玉霜。
南来宫粉多搽到，胭脂一点点面庞。
献镜：
玻璃明镜照圣明，红红绿绿锦凤仙。
凤冠霞帔宫裙带，宝珠环帔赴花筵。
献三牲：
东天日出海门开，江上渔翁钓起来。
钓起金鳞鲜活跳，供养灵公笑颜开。
乌猪一只赞称名，他是上界卷帘星。
只为拱塌黄河坝，保安杀宰献通灵。
金鸡报晓大天明，扑翅啼出好声音。
千门万户多叫醒，斋主供奉献神明。
献团圆面：
团圆米粉像白霜，寿面条条银丝装。
献饮食：
神农制造在人间，舜王历山种福田。
秋收粒粒皆珠玉，炊成白饭谢神天。
献剪刀：
剪刀形像燕尾翎，良田铸造到如今。
今辰献与灵公用，三世冤孽尽剪清。

吴地宝卷

献檀香：
旃檀甘霜得多年，一木漂漂海外边。
净手焚香金炉内，秽污逐出九重天。

献黄钱千元：
柴门虽种田不严，全用竹木做黄钿。
切成千元敬天地，世人烧化种福田。

献荤汤：
头品鲜汤碧波清，汤浮狮子像麒麟。
雪落簇出如茶样，中央好像牡丹心。

献素汤：
清汤五杯如月明，筵前供养五通灵。
五湖四海一勺水，照得邪魔尽逃清。

献茶：
茶是南山百草仙，世间贫富买来煎。
玉杯金盏来供献，供献观音太君前。
茶是南山采将来，仙茶供献上金阶。
茶是人间不可无，客人先把香茗呼。
三樽先献筵前圣，卖时仙茶引先开。
昔年六月刘家作，卢仝七碗岂能无？
茶是世界第一仙，千枝万叶在树间。
凤凰飞来呈祥瑞，仙鹤衔献太君前。
刘伶醉后一杯茶，虎丘山上长生芽。
采来先献筵前去，绝品鲜甜处士家。
今日请来大灵公，神明赫赫真威风。

唱《苏州景致》：

斋主敬通灵呀，唱只苏州景。苏州景致多得较较关呀，让还么，虎丘顶有名呀，慢慢里唱来么，唱呀唱你听听呀。

到了头山门呀，看见二仙亭。五十三参参参是观音呀，千人么，石畔贞娘坟呀，新种那桃花么，红呀红喷喷呀。

开船去游春呀，灵岩搭天平。观音山轿子么，人呀么人抬人呀，走过么御道到范坟呀，沥沥那个泉水么，泡呀泡香茗。

走过一线天呀，再翻上白云。望见太湖，白呀白腾腾呀，下船么，一脚转回程呀。岸上那电灯么，亮呀亮晶晶。

枫桥寒山寺呀，夜夜听钟声。五百贤士，多是沧浪亭呀，七塔么，八幢好风景呀，殿上么，尽是念佛人呀。

金阊门银骨门呀，馆内闹盈盈。两旁地摊，摆得密层层呀，烧香那，香客求子又求孙。

画师倪云林呀，堆塔狮子林。北寺宝塔，总共有九层呀。护龙街，相对正门呀。三清那个殿内么，闹得轧挣挣。

夜来出阊门呀，坐部小四轮。留园里厢，散呀散散心呀。松柏么，同春第一景呀，仔细那个看看么，共有十八景。

西园大丛林呀，大殿仿灵隐。五百罗汉，尽呀么尽装金呀。隔壁么，还有花园景呀，放生那个池内么，湖呀么湖心亭。

两边大旅馆呀，客商尽来看。只只房间，客人都轧满呀。苏台么，西门顶好看呀，惠中那个旅馆么，尽住大官员。

城内有花园呀，城外有戏馆。新戏布景，让还顶看呀。铁路么，饭店大菜馆呀，块半那个洋钿么，真呀真合算。

坐只小龙船呀，荷花塘里转。官人小姐坐仔么一大船呀，豁拳么，吃酒真热闹呀，苏州那个景致么，唱呀唱不完。

唱《十二月古人花名》：

正月梅花占百魁，秦琼受吐意徘徊。
湘枝一念无故更，后来落得赋齐眉。
二月杏花仲春天，六国封侯喜容颜。
当初与弟回家转，父母妻子不周全。
三月桃花朵朵开，昭君娘娘去和番。
一朝抛却刘天子，哀哀哭出雁门关。
四月清和是蔷薇，朱买臣讨个不贤妻。
崔氏嫁与张石匠，马前泼水两分离。
五月石榴满园红，西施献进吴王宫。
伯嚭谗言真厉害，屈害忠良伍子胥。
六月荷花透水开，六郎盗骨转回来。

吴地宝卷

兄弟相会葫芦谷,各诉衷肠哭哀哀。
七月凤仙铺满阶,牛府招亲蔡伯喈。
赵五娘剪发街坊卖,麻裙堆土哭哀哀。
八月中秋木樨黄,貂蝉园内拜上苍。
王司徒巧施连环计,董卓奸臣一旦亡。
九月菊花黄似金,董永卖身葬父亲。
槐荫树遇天仙女,织纱完贵天赐金。
十月芙蓉引小春,喜良奉旨筑长城。
孟姜女千里寒衣送,哭倒长城见夫君。
十一月内来瑞香开,吕蒙正破窑好孤单。
投斋却遇癫僧笑,雪里空归哭哀哀。
十二月来雪纷纷,李逵大闹北京城。
燕青误入花园里,武松醉打蒋门神。
筵前斟酒:
酒行初献贺圣明,红娘游玩赏元宵。
薛仁贵跨海征东去,手提方戟定唐朝。
酒行二献是新春,千般花放斗芳菲。
刘知县落难投军去,三娘产子苦凄凄。
酒行三献景色清,蝶儿园内翩翩飞。
金殿王六来比武,狄青小将去征西。
酒行四献是清和,小儿口唱太平歌。
王飞虎是名上将军,山川斩将去巡游。
酒行五献是端阳,赵云马上一条枪。
刘使君过当阳道,军前夺马反西京。
酒行六献荷花香,龙舟风送闹宣扬。
曹操逼走华容道,诸葛算计妙法超。
酒行七献七秋凉,汉朝妙算是张良。
韩信十面埋伏阵,未央宫内寿不长。
酒行八献木樨黄,花红美酒敬娘尝。
甘露十二为丞相,太公八十遇文王。

酒行九献是重阳,重阳美酒菊花香。
伍子胥是名上将,过只昭关定主张。
酒行十献引小春,昭君和番泪纷纷。
可恨奸贼毛延寿,别了汉皇十八春。

河阳宝卷中的《筵科》,向神道进献了执扇、手巾、鲜花、妆粉、明镜、三牲、团圆面、饮食、剪刀、檀香、黄钱千元、荤汤、素汤、茶水,还给神道唱《苏州景致》《十二月古人花名》的小调,并给神道斟了10次酒。献器物时所唱的词,通俗易懂,具有浓郁的生活气息;所唱《苏州景致》《十二月古人花名》的小调,又是从苏州小调里截取的,完全世俗化的。而10杯酒的唱词竟然内嵌了10段典故,这些典故都是老百姓日常所熟知的。虽然整个过程是敬神的仪式,但就唱词而言,没有多少超越性,完全是生活化的。

第二节 宣教劝善类

宣教劝善类宝卷以宣扬教义和道德教化为主要内容,劝诫世人"诸恶莫作,众善奉行"。宣教劝善类宝卷大多是说教文字,内容多兼容儒、佛、道三教之因果报应、忠孝节义、积善济世等思想,宣扬并歌颂仁爱、忠信、忍让、孝悌、温良、慈善、节俭等品德,揭露鞭挞欺诈、贪婪、淫邪、凶狠、诽谤等不良品德。

一、《劝世宝卷》

张家港沙上有《劝世宝卷》,基本上都是劝人行善的唱词,包含了《报母恩》《老来难》《十大劝》《忍字高》《酒色财气劝世歌》等。现选录《十大劝》《酒色财气劝世歌》如下。

十 大 劝

一劝世人孝为本,黄金难买父母恩。
孝顺生的孝顺子,忤逆养的忤逆人。
老猫枕着屋脊睡,都是一辈传一辈。
为人不把二老敬,世上你算什么人?
二劝媳妇孝公婆,孝敬公婆好处多。
给你看门又干活,又是你的看娃婆。
孝敬公婆免灾祸,后来会把孝名录。
我说这话你不信,以后你也当婆婆。
三劝公婆莫心偏,闺女媳妇都一般。

吴地宝卷

闺女不过常来往，媳妇常在你面前。
又做饭来又生产，铺床叠被把饭端。
虽说女儿对你好，能在面前孝几天？
四劝兄弟要互敬，你们本是同胞生。
兄要忍来弟要敬，有点家产不要争。
有事互相多商量，要学桃园三弟兄。
千万别信谗言语，信了谗言坏事情。
五劝世人莫好强，争强好斗惹祸殃。
要学先人张百让，后增金人福寿长。
众人都要想一想，百忍百让万年扬。
大家想想世上人，强硬之人不久长。
六劝夫妻要互敬，相亲相爱过一生。
有事夫妻多商议，不可任意胡乱行。
妻尊夫来夫爱妻，夫善妻贤度光阴。
和睦家庭人人敬，莫叫二老挂心间。
七劝妯娌要相和，和睦妯娌有担波。
你做饭来她烧锅，比你单独强得多。
要是吵嘴把家分，各人干得各人活。
遇事两家不相问，亲戚邻居笑呵呵。
八劝嫂嫂和姐妹，姐妹本是一门客。
常在一起多和气，亲戚走得热哈哈。
九劝青年男女生，读书学习下苦功。
下定决心把书念，考场争取第一名。
再劝廿四五岁正当年，人家打架莫上前。
三拳两拳人打坏，拉拉扯扯去见官。
打得轻了给人治，包工养伤花你钱。
打死人命要治罪，绳捆索绑下进监。
别说你是人命案，奸淫烧杀不容宽。
爹又哭来娘又盼，妻子老少泪涟涟。
东邻西舍为你叹，亲戚朋友挂心间。

要想居家见一面，杀人场上把命还。
你要听了我的劝，勤俭持家香又甜。
多打粮来多挣钱，多卖余粮多存款。
利国利己有贡献，有德有才人敬爱。
国家提拔你当官，当了官来要廉政。
作弊受礼落坏名，当官要学包文正。
你要不听我的劝，祸到临头后悔难。

酒色财气劝世歌

酒是杜康造传流，能和万事解千愁。
成败好坏都因酒，吕洞宾醉倒岳阳楼。
李白贪酒江心丧，刘伶大醉卧荒丘。
盘古至今流于世，酒迷真性不回头。
色是妇女八宝壮，贪恋娇娥不久长。
纣王贪色失江山，周王伐殷动刀枪。
董卓好色长安死，吕布贪色下邱亡。
人若过分把色贪，袖里藏刀暗损伤。
财是世间养命根，白银买动黑人心。
朋友为财把仇结，父子兄弟亦无情。
邓通为财铜山死，石崇豪富花财贪。
堆金积玉如山厚，死去不带半分文。
气是心头一把火，为人莫把闲气生。
斗殴官司都因气，卖尽产业不饶人。
霸王争气乌江死，韩信死在未央宫。
劝君莫要闲气生，争名夺利一场空。

　　《十大劝》以民间歌谣的形式对子女、媳妇、公婆、兄弟、好强之人、夫妻、妯娌、嫂嫂姐妹、青年、壮年之人、官员进行劝慰，希望大家做人和睦、勤俭持家，最后才能让人敬爱、利国利己。《酒色财气劝世歌》则劝人莫要酗酒、莫要好色、莫要贪财、莫要斗气。唱词的语言日常化、通俗化，贴近百姓的生活。这种朗朗上口的唱词，虽然是说教，但由于举的都是老百姓身边的事例，或者是老百姓熟悉的历史典故，故十分容易在百姓中广泛传播，并发挥其社会教化的功用。

二、《三世因果经》

沙上宝卷中还有一部《三世因果经》，该经假托佛陀所说之偈颂来讲述因果报应的教义，其文如下。

《因果经偈》曰：

看经念佛似良方，礼忏修行如药王。
富贵贫贱皆由命，前世各修各得福。
有人若能受持者，世世福、禄、寿三全。
善男信女听言因，听念三世因果经。
三世因果非小可，佛言真语实非轻。
今世做官为何因？三世黄金妆佛身。
三世修来今世受，紫袍玉带佛前求。
雕刻佛像塑菩萨，容貌端正盖世人。
莫说做官皆容易，前世不修何处来？
骑马坐轿为何因？前世修桥补路人。
穿绸穿缎为何因？前世施衣救灾民。
有穿有吃为何因？前世茶饭救穷人。
无吃无穿为何因？前世不舍半毫分。
住高楼大厦为何因？前世造庙砌凉亭。
福、禄、寿三全为何因？前世救济受灾人。
相貌端正为何因？前世花果供佛前。
聪明智慧为何因？前世吃素念佛人。
贤妻美妇为何因？前世佛前结彩灯。
夫妻长寿为何因？前世长幡敬佛前。
父母双全为何因？前世敬重孤独人。
无父无母为何因？前世忤逆不孝人。
多子多孙为何因？前世开笼放鸟人。
…………
莫道因果无人见，远在儿孙近在身。
前世修福今生享，今世修德后世受。

有人受持因果经，消灾免难寿延长。
有人讲说因果经，事事如意得称心。
有人高唱因果经，生生世世得聪明。
有人印送因果经，灾凶横祸不临身。
若是因果无处应，善恶赏罚如何分？
若人念佛勤念经，同生西方极乐行。
若是深信因果经，事事件件得称心。
三世因果说不尽，上天不亏善心人。
三宝门中福好修，一文喜舍万文收。
预修牒账是存款，曹官才是还债清。
有经有忏还受生，功德圆满债还清。
经忏寄在禄宫库，世世生生福不休。
若问前世事，今生受者是。
若问后世事，今生作者是。
若问因果何时报，远在儿孙近在身。
若是仍然无报应，来生一定有报应。
善男信女听知音，印送长经吉星临。
能送十本身强壮，如送百本福寿增。
如送千本无灾难，愈多相送愈得善。
多多益善福星临，世代儿孙家道兴。
一人传十十传百，永世不到地狱门。
福、禄、寿三星，贺佛保长生。

沙上地区《三世因果经》的风格与《劝世宝卷》有所不同。《劝世宝卷》是现实主义的，而《三世因果经》是超现实的。《三世因果经》以道德为线索，创造了三世的因果关系：此世的福报是前世的行为决定的，而来世的福报则是此世的行为所决定的。其核心是此世，让人们对此世人生境遇之优劣不要太在乎，而要将精力放在修来世的福报上。也就是说，不要太在意物质条件，而要专注于道德实践。就这个意义而言，此宝卷是神道设教，在教化上仍具有积极意义。

第三节　神道故事类

　　神道故事类宝卷在吴地被宣卷人称为"圣卷",其宣唱对象主要是神、佛、仙等各类神道身世故事,其中大多数神道与世俗生活具有紧密联系。有些宝卷宣唱的神灵是全国性的,如《先天原始土地宝卷》《灶君宝卷》《财神宝卷》《十王宝卷》等;有些宝卷宣唱的神灵是地方性的,如《猛将宝卷》《太姆宝卷》等。这些宝卷主要产生并流传于吴地供奉该神灵的地区,并在该地区的庙宇中持续被宣唱,这就进一步加强了该神灵信仰的影响。在神道故事类宝卷中,既有正统宗教佛教、道教中的神灵,又有民间信仰的神灵。但是,即使是佛教、道教中神灵的故事,也是取材于民间传说,与正统经典上的记载有很大不同。

　　相较于祝祷法事类、宣教劝善类宝卷,神道故事类宝卷的内容更为生动,表现出更强的文学叙事特征。这类宝卷虽然讲的是神道故事,但故事的实质则表现了人世间普通人的道德情感,应该是借着神道来寄托人们对社会和人生的美好期望。

一、《香山宝卷》

　　《香山宝卷》是吴地宝卷中最重要的宝卷。该卷叙述了观世音菩萨的成道故事:兴林国妙庄王的三女儿妙善公主看透红尘一心向佛,拒绝了父亲要她招亲的要求。妙庄王大怒,将其紧锁在后花园。妙善公主仍旧不从,毅然出家,皈依佛门。妙庄王火烧寺院,妙善公主祷告上苍,施法保住全寺僧尼。妙庄王将妙善公主绞刑处死。妙善公主的魂魄游历地府,并被送还阳间。妙善公主还阳后,潜心在香山修道。妙庄王则触怒神明,招致恶疾,只有求得香山仙人手眼入药,方能痊愈。国人差人前往,获得仙人手眼,妙庄王果然转危为安。妙庄王亲赴香山答谢仙人,才知仙人竟是三女妙善公主。妙庄王大为感动,祷告上苍,妙善公主得以恢复全貌。妙庄王诚心忏悔,誓愿出家修行。妙善公主舍手眼救父,感天动地,被报以千手千眼,世称"观世音"。以下节录《香山宝卷》妙庄王亲赴香山答谢仙人的片段,其文如下:

　　　　妙庄皇帝亲临惠州澄心县,乃观香山,二十里之遥,远见紫云锁碧岫,花雨降青天,千峰老岳秀,万嶂不知秋。皇乃扎下銮驾,与诸宫眷步往登山。只见旃檀峰顶紫竹林中果有草庵一所,便令百乐齐鸣,果品珍馐,抬至山前,各持香花,拜至仙所。皇乃顶金冠,执玉简,挂龙袍,到炉前三上香,稽首百拜,跪地曰:"朕今先焚宝香,后供清斋,聊表寸忱。愿赐慈悲,俯垂洞鉴。"尔时仙人端坐岩上,寂然无言。

万山不隔今宵月，一片清光分外明。
皇帝仰观仙人面，仙人端坐不抬身。
手眼舍却形躯别，庄皇难识骨肉亲。
满面血尘无手眼，不言不语实难论。
皇帝当时开金口，告言仙姑听原因。
朕因自身生病患，可怜仙姑损伤身。
粉骨碎身恩难报，救得残君草命存。
特办香斋来供养，合朝面谢大仙恩。
思量别无酬大德，一炷心香表凡情。

皇曰："朕是山河大地之主，一国万姓之皇。感大仙之德，远来面谢。缘何无声寂然？"皇乃惭颜而退，再令皇后宫眷拜问仙人。且看如何？

凛凛威光混太虚，天上人间总不如。
皇后便入庵中去，合宫官眷后随身。
点烛光耀照山谷，焚香烟升结云亭。
拜罢近前亲观看，仙人满面血和尘。
两眼乌珠都剜去，又无双手见刀痕。
皇后便使香汤浴，香汤沐浴认虚真。
再三仔细心思忖，如同妙善我儿身。
皇后哭得肝肠断，一声哭死再还魂。
我儿离别经九载，阿娘眼泪未曾干。
几番梦中寻妙善，哭声惊动六宫人。
日间不餐夜不睡，愁忧成病没精神。
在宫不敢高声哭，父皇闻知怒生嗔。
千般快乐浑不喜，一心思忆我儿身。
若是我儿休藏隐，依实说与母亲闻。
此时仙人回言答，告言慈母听知闻。
奴思养育恩难报，出家学道为双亲。
若不是娘亲生女，谁肯将刀割自身？
忍痛受苦都不论，一心要救父皇身。
皇后是奴亲生母，天教与娘再相逢。

吴地宝卷

欲要捧娘无了手，举目抬头少眼睛。
皇后听得哀哀哭，一声哭死在山中。
合宫满朝齐下泪，哀声高震上天闻。
庄皇见说心胆碎，振头摸耳失精神。
弹指叫屈方懊悔，这场惶恐羞煞人。
自恨当初无先见，有眼何曾识好人。
空掌山河为帝主，枉做君皇号圣人。
朕若早知灯是火，回光返照出苦轮。

皇曰："好个香山境，花开满地锦。山树添翠色，古洞白云深。山境如此，朕未终信。"当与朝臣曰："那时妙善弓弦绞死，被虎拖去，并无形踪。焉有她在？"朝臣奏曰："善恶无报，乾坤有私。这仙人正是公主。"皇曰："既是妙善，上天感应。令她再生手眼，端严如旧。"

依然不会空惆怅，说尽山云海自清。
妙庄皇帝亲下拜，叩头拱手诉原因。
果然是朕亲生女，皇天不负孝心人。
再生手眼如旧日，朕舍声名做道人。
百拜道言由未了，忽然平地起青云。
须臾云开红日现，清光明亮境和春。
仙人端然如花绽，殿前二九貌重新。
骨肉相逢哀哀哭，衷肠诉向父娘闻。
天上有星皆拱北，人间无水不朝东。
万古有天能盖地，当然子孝奉双亲。
奴因生死事最大，抛离父娘去修真。
若不割爱离父母，万劫千生道不成。
无挂无碍平等理，忘人忘法了脱身。

此时仙人身如净琉璃，内现真金像。乃云收风静，峥光耀目。忽然仙人容貌端严，胜前二九。所谓：昭昭乎天日在上，荡荡乎佛祖有灵。奉教之者，可不惧乎！

亲证无为观自在，放去收来总自然。
仙人果证无生道，乾坤草木尽沾恩。
释梵诸天皆欢喜，万圣千贤贺太平。

菩萨掀开龙宫藏，阐扬妙法露真情。
严父婆伽六十八，卯年卯月卯时辰。
慈母正宫名宝德，算来天寿父同春。
奴奴妙善二十八，二月十九巳时辰。
为因宫中无太子，特来报答父娘恩。
普愿回心行正道，无常不怕国皇亲。
今得人身非容易，失却和身何处寻。
千生万劫难遭遇，降驾草庵宿有因。
生死大事非小可，光阴能几莫朦胧。
得到宝山须采宝，莫教空去再来难。

这一段是《香山宝卷》的故事高潮，妙庄王夫妇答谢仙人，发现仙人竟然是自己的女儿妙善公主。而妙善公主也在这一段中由无手无眼的残疾状态一下子显现出琉璃身、真金像，成为观世音。应该说，这样的观音得道传说完全是中国化的，与传统佛教的关系相距甚远。但这样的故事在江南民间颇具影响力，妙善公主持志坚定、慈悲待人的形象在江南民间早已深入人心。宣卷先生宣唱到此，听者都会感激涕零。

二、《太姆宝卷》

《太姆宝卷》在吴地的影响力仅次于《香山宝卷》。太姆是苏州地区独有的地方信仰，特指对苏州上方山太姆、五显灵公及五位娘娘的崇拜。其宝卷内容大概为：上界蜘蛛精修炼为太姆娘娘。太姆娘娘变成萧员外妻子并与他生了5个孩子。五兄弟在山洞里遇到仙人，学会了仙术。与此同时，太姆娘娘动了杀心被上界惩罚。五兄弟学完仙术后寻找母亲，半路上帮助王员外抓了妖怪。王员外最初答应造庙酬答，后又食言，于是五兄弟放火逼他履行诺言。随后五兄弟找到观音，得知母亲在铁围城，就去铁围城救出母亲，偷了蟠桃去除母亲的杀心。五兄弟又遇五姑娘作恶，学了停风咒后，打败了五姑娘并与之成亲，居住在扶桑国沉香树下。隋唐年间，泗州城水灾，观音菩萨捉水妖救灾，找太姆借沉香树造塔镇妖。太姆与五子借出沉香树后无处栖身，就搬到苏州上方山成神。以下节录观音捉拿水妖，太姆献出沉香木造塔镇压，自己移居苏州的片段，其文如下：

却说泗州百姓遇难，玉皇大帝就派观音菩萨下界降妖伏邪。菩萨立即腾云驾雾，下凡化作一个和尚，手敲木鱼来了解灾情。

和尚各家来化缘，三日三夜无半分。
家家人家关大门，街上不见生意人。

发财人家住进城，中户人家爬高墩。

最苦贫穷老百姓，全家性命勿留存。

观世音就召城隍土地汇报泗州情况，土地道："菩萨，据说龟山水妖欢喜吃面，开爿面店，引俚出来。"菩萨就差旱陀城隍在泗州城南开爿面店。果然水妖被哪吒三太子引往面店。水妖一见便要吃面，但一想：是否设计来捉牢我？便手一抛，变出七七四十九与他一样的水妖，一起来店里吃面。

老板娘是观世音，看清正身在角落头。

伽蓝盔甲穿在身，混在中间勿出声。

旱陀城隍来下面，热气潜烫香喷喷。

水妖狼吞虎咽吃，添嘴落腮吃干净。

还要想吃第二碗，哪知肚里出事体。

哪知面一到肚里，水妖顿时痛得在地上连连翻滚。哪知这是菩萨用十二根铁链条吹了口仙气，变成这碗面，来捉住你妖。

观世音，巧计生，锁住龟山水妖精。

佛法变成穿肠锁，妖怪无法逃出身。

痛恨水妖害百姓，把它除在河中心。

妖精除在碧河里，送给鳌鱼做点心。

倘若妖精再出世，造只宝塔葬你人。

宝塔虽然容易造，河水岸头一样平。

河中有水塔要塌，菩萨摇身一变，变成一个标致的姑娘，把手中一只钵头抛入水面，就讲："啥人能把水中这只钵头甀沉，吾就与他结成夫妻。"路过人一看，哪个人不想甀钵头？来一道，去一道，个个全来甀钵头。

泗州河边人轧人，个个拿砖甀钵头。

甀仔一年六个月，钵头总在水面汆。

砖头石头上起来，填得岸头一样平。

兴工动土把塔造，就缺沉香做塔心。

本地呒处有沉香，扶桑国内取宝珍。

妖精交给土地管，菩萨驾云就动身。

东渡来到扶桑国，沉香树下见五灵。

太姆娘娘出来迎，拜见观音大士尊。

恩师今日来寒地，未知到来啥原因。

菩萨含笑开口说，特借沉香做塔心。

太姆娘娘一听菩萨来借沉香树，便道："恩师开口，我伲不会不肯。但沉香做塔心，我们一家如何安排？"观音道："太姆娘，沉香借我造塔葬水妖，你家全部来苏州福地为神，接受苏州地上万民香火。"太姆一听，万分高兴，一口答应。菩萨一声令下，命风伯雨师把沉香连根拔起。海龙王出宫帮忙，令虾兵蟹将把沉香木送到泗州河边。这时吕纯阳仙师云斗里经过，用木尺一量，真巧十二丈做塔心。菩萨动用佛力，来造七层宝塔。吕纯阳用金葫芦结顶，一齐压住龟山水母。泗州城内外一片欢乐，齐来帮菩萨造塔，之间夯声一声连一声，塔层一层连一层。

头一层宝塔来造成，塔墙打得一簇齐。

黄旗插到云端里，云驾扎得接青云。

第二层宝塔来造成，名山细石载来临。

内拿索来吾拿绳，青砖白线条条清。

第三层宝塔来造成，造塔工匠本领深。

层层宝塔角角翘，只只角上挂铜铃。

第四层宝塔来造成，四面侪是豁圈门。

万字栏杆紫红藤，角上狮子来装金。

第五层宝塔来造成，四面塔门亮晶晶。

风吹铜铃汪汪响，石雕白鸟朝凤凰。

第六层宝塔来造成，层层塔里点明灯。

雕刻狮子滚仙球，鲤鱼翻身跳龙门。

第七层宝塔来造成，沉香木头做塔心。

吕洞宾先师来经过，金葫芦结顶放光明。

观世音菩萨做领头人，七层宝塔造完成。

宝塔造好，压牢水妖，永世不得翻身。洪水退出三丈六尺，个个百姓拍手叫好。

观世音菩萨坐莲台，水妖你且听原因。

二月廿一生日到，兴风作浪雨倾盆。

若要妖精再出世，除非塔顶倒我身。

夏至难遇端阳日，百年难逢岁朝春。

吾再说佛家语言不失传，太姆一家到苏州。

山塘一直来得快，顺风相送看虚真。
千人石上来造庙，东山土地勿答应。
五灵嫌得山低小，山低不比树木高。
然后来到灵岩山，当家和尚勿吃荤。
登仔一年六个月，猪头三牲勿看见。
五灵再往西北行，中峰山上受香烟。
虽然人家来念佛，尽是素斋无荤腥。
佛堂上，灰尘多得无淘成，庙外菖蒲出得密又兴。

母子六人心中十分烦恼，心想观世音菩萨不讲信誉。一天，菩萨来看望他们，五灵围牢菩萨，要讨还沉香树。菩萨道："沉香树给你们，塔要塌，水妖又要出世，给百姓又带来灾难，绝对勿会给你们。关于香火，苏州西南上有一块风水宝地，你们到此处造庙受香愿，此处定能香火越烧越旺。"五灵道："哪哼去？"

菩萨说道勿要紧，离宫别处再可兴。
横山一路朝南走，木渎胥口向东行。
龙泉渡口来摆渡，横塘朝南二里路。
五灵沿塘朝南行，上方山勒面前存。
五灵四周望一望，此山仙景实在灵。
前有石湖朱雀水，后有横山玄武灵。
青龙水急通大海，何山白虎高峰登。
一条玉路通山顶，四处风铃夜啼鸣。
七层宝塔七只角，青松翠柏乐荫荫。
太姆娘娘塔里登，通灵护国太夫人。
满山造庙真热闹，楞伽改名上方山。

其实，苏州上方山上祭祀的是五通神。在民间传说里，五通神并不是正路的神道，其淫人妻女，又借债滚利。苏州上方山有借阴债的习俗，借债者虽然一时能发迹，但子子孙孙都要还本付息，故祭祀五通神属于淫祀。清代名臣汤斌曾捣毁五通神像，去除了迷信之风，但五通神的信仰在苏州仍旧根深蒂固。《太姆宝卷》将五通神换成五显灵公，重新编写了他们的身世，通过观世音的关系把他们由邪神改写成正神。这样一来，就可以顺着民间信仰进行正向的引导，不失为一个万全之策。

三、《财神宝卷》

《财神宝卷》讲述五路财神做生意的故事。商朝纣王时,天界紫微星下凡化作兄弟五人合伙经商。他们在红毛国贩卖中国杂货,又携带红毛国货物回国售卖,还辗转去杭州卖扇获利。五人得到一把能扇出各种福气的金龙扇,进贡给君王后被封为五路大将军。自此,民间便将五人的生日正月初五定为财神生日。《财神宝卷》全文篇幅较短,故照录如下:

财神宝卷初展开,且喜今年造化来。
春有桃花杨柳绿,夏看池内碧莲开。
秋来丹桂飘香远,冬季梅花报岁开。

且说五路财神出于商之末时,上界五位灵童下凡,大将姓杜名平生,居住于杭州,二将李四、三将任安、四将孙立、五将耿彦。这五人都是同年、同月、同日、同时而生,都是正月初五日生,却在苏州城中结拜弟兄是也。

五福财神下凡尘,应该结拜弟兄称。
好比一母同胞养,游春玩景在苏城。
看看铜钱将用尽,大哥开口说分明。
坐吃山空从古说,要做生意过光阴。
四个弟兄称有理,商量凑本做生意。
闻说山塘耍货好,贩来各处变金银。
兄弟五人多高兴,行来一径出阊门。
山塘桥下望西去,各爿店内闹哄哄。

且说五位弟兄来到苏州城外,走到山塘耍货店内。店主看见,连忙出来迎接,说:"客人,你们是否要买耍货?"弟兄说道:"是的,要买耍货。"店主道:"请你们开笔细账过来,我可照账而发。"杜平道:"待我来说。你替我写下来便了。"

大哥哥,说分明,店主记账。我要买,虎丘塔,牵线猢狲。
泥孩子,勃勿倒,吹哨瘪绷。转盘陀,摇荡鼓,蹩蹩洋人。
虎面面,木刀枪。竹头叫叫,竹丝灯,红彩灯,小西洋镜。
小胡琴,小仙苗,小花棒槌。洋老虫,叫哥哥,铜响铃铃。
木叫哥,小葫芦,像生果子。春宫图,画画张,仕女佳人,
小灯笼,小木鱼,木花小船。烟匣子,香烟缸,印花手巾。
皮包袱,小席枕,水晶眼镜。小皮包,小风琴,小脚踏车。

吴地宝卷

打火机，计算机，圆珠钢笔。牛筋包，照相机，变色眼镜。
钢笔帽，小算盘，水盂笔架。扎心线，油板刷，红绿头绳。
铜戒指，铜项链，黄杨木梳。铜销片，木如意，假金环子。
铜痰盂，小木梳，黄杨如意。象牙筷，走马灯，碗气洋人。
骨头针，铜丝针，玻璃洋镜。香油瓶，丝袜带，引线针窠。
咯嘴杯，凉牙膏，牙刷捂舌。檀香扇，自动伞，铁马叮当。
细茶壶，什锦碗，白锡酒壶。金边茶盛，酱油盆，瓷器花瓶。
弟兄们，抬头看，哈哈大笑。往里看，有几个，古董寿星。
纸头做，小和尚，肩挑铜板。铜板上，写明白，花肉三斤。
弟兄们，心大喜，一齐买到。叫店主，算了账，交付花银。

且说五位弟兄买完则要货，结了账，付清银子，立刻喊了五只大船，装好货色，等到顺风，斋了利市，当天祝告一番，随即开船，往别方而去便了。

弟兄祝告开船行，开往一径出阊门。
祝告神明来护佑，风篷扯起就行程。
顺风望向东南去，上海口子到来临。
一阵狂风三尺浪，艄公唬得失三魂。
数日行程海洋里，东南西北来知闻。
行得一月收了港，未知此地啥国城。
弟兄上岸来访问，乡村去问过路人。
看见前面人一个，连忙走去问一声。
说话一些听不出，子规鸟叫一般能。
头上多生红毛发，此地何处啥乡村。
回言此地红毛国，远隔商朝数万程。
五人闻听心着急，回船各自望前程。
祝告神明来护佑，救我弟兄转回程。
上界仙童来转世，五福财神放光明。

且说红毛国，国皇名叫哈哩啰，又名积福国王。其日早朝，来见万岁的是一位解神星象的左丞相，名叫哈嘌哩，下跪奏曰："今有南朝五福星官带来很多宝贝货物，现在停在海边，伏望狼主招来见驾便了。"

那国王，即准奏，出旨一道。差番将，江边召，弟兄来临。

跟番将，来见驾，狼主喜欢。问弟兄，你带来，宝贝多少？
寻数里，送与我，赐你金银。弟兄们，听分明，同声答应。
那国王，又出旨，再差番将。叫差官，到江边，搬上来临。
那狼主，一见了，中原耍货。心大喜，一齐收，赏赐五人。
珊瑚树，碧玉碗，美玉连城。犀牛角，水湖锣，无价之宝。
赏琉璃，并琥珀，夜明珠子。水晶球，明如灯，万万金银。
五弟兄，谢国王，开船回家。到海边，告神明，又下江心。
随顺风，无耽搁，回归本国。一径过，钱塘江，自省来临。
钱塘门，船来歇，带缆上岸。回到了，大哥家，拜见双亲。

且说五福财神于红毛国内将货物变换了无数金银宝贝，回家巧遇重阳佳节，菊花开放，弟兄们在大哥家中住宿，日日到杭州城中游玩。其日却从城隍山经过，看见朱小三行中有一个卖扇子客人，货多难卖，况且夏天已过，秋天到了，扇子是卖不忒哉。而且客人还有要紧之事在身，故而高贴条子：有人要买扇子，按照七折计算。弟兄们看见，就和他商议，说道："照批发价，五折计算，一齐卖给我。"卖扇子客人立刻就答应。弟兄五人即便算账，付清银子。客人回家，扇子仍旧寄在朱小三行中，但等来年夏天就可以卖扇子便了。

五福财神下凡来，上天感应赚金银。
纣王无道登天下，四时冷热不均匀。
立冬天气交十月，冷冬天气小阳春。
蛀虫蚂蚁重出世，知了渐渐叫高声。
人人尽说真奇怪，个个都说热杀人。
百岁老人未经过，起九天气汗如淋。
日照当天狗奔舌，树头不动半毫分。
路上行人撑洋伞，街坊倒有卖凉枕。
弟见此刻心欢喜，栈里宝扇发出门，
随到小三行中去，七间店面尽开门。
栈里发出芭蕉扇，只见毫光现现能。
扇上金龙来出现，二龙戏水上边存。
扇子上面飞金字，金龙宝扇果然真。
弟兄个个哈哈笑，此扇世间罕真闻。

吴地宝卷

拣定大号三千把，一同奉献圣明君。
就将宝扇来呈上，君皇一见喜欢欣。
文武百官都扇到，余多百姓众人分。
老人扇子金龙扇，老运亨通寿增高。
男子扇子金龙扇，出门常遇贵人缘。
出门生意通四海，四季钞票进门来。
女人扇子金龙扇，纺纱织布有衣穿。
纺个纱来像丝线，织个布来像杜绢。
读书扇只金龙扇，一举成名中状元。
农民扇只金龙扇，五谷丰登好收成。
商人扇只金龙扇，四季钞票赚不完。
工人扇只金龙扇，称心如意说不完。
各样工作多顺利，奖金一年领不完。
小孩扇只金龙扇，关煞开通勿要管。
裁缝扇只金龙扇，男女喜事做不完。
中年人扇只金龙扇，样样生意赚金元。
小本重利称心做，天天利润数百元。
斋主扇只金龙扇，年年月月涨财源。
今日宣了财神卷，日想夜想笑勿完。
君皇见了哈哈笑，就封护驾大将军。
五方五路大财神，各州各县造庙门。
装塑五路财神像，招财利市两边分。
正月初五正生日，家家供养大财神。
财神宝卷宣周完，福也增来寿也增。
经也完，卷又完，八仙台上卷收圆。
年月日时添吉庆，一年四季保平安。
会上因缘三世佛，文殊普贤观世音。
财神菩萨摩诃萨，摩诃般若波罗蜜。
志心称念，会上因缘。
今日了愿，四季平安。

南无财愿聚宝藏菩萨,阿弥陀佛。

《财神宝卷》虽然是讲五路财神的故事,但主体部分并无任何神通,其核心思想是人世间的商贸买卖。做生意本来就是通过互通有无来获取利润。五路财神将苏州山塘街的要货低价买进,再到红毛国高价卖出,又从红毛国获得当地极为低廉而在中国却被视为宝贝的货物。此外,他们还在秋冬低价买进扇子,然后在热天卖出。这些都是利用空间、时间差异获得利润的手段,也是经商获利的常规方式。虽然宝卷中出现了具有神通的芭蕉扇,但可以将之视为经商手段高明的浪漫主义的比喻,其实质还是教人常规的经商之道。

四、《灶王卷》

《灶王卷》讲述了灶王下凡的故事。玉帝封昆仑山上的圣母元君为灶皇,解决凡人放火、生灵涂炭的乱象,并嘱咐灶王制作善恶账本以记录户主的行为,于腊月二十四上奏天庭,作为玉帝奖惩的依据。今录其下凡的片段,其文如下:

陈氏下昆仑,玉帝得知闻。

变化来劝善,世上免祸根。

灶王宝卷初展开,灶君皇帝下凡来。

灶上要点香和烛,虔诚恭敬免消灾。

却说灶君皇帝出在昆仑山上,名曰陈氏老姥,在昆仑山上修道。再说上界玉皇大帝看到下界虽然成了世界,生了万物,世上万民百姓耕种土地,收入五谷,但没有火种煮成熟食,百姓吃生物身无力气,面黄肌瘦,心里忧愁。

上界看到凡间人,世上没有火来焚。

虽有米麦并黄豆,只有生吃腹中存。

五谷生吃人无力,怎做经商买卖人?

钻木取火终难得,弄得面黄不成人。

再说妙行真人出班启奏玉皇曰:"下方有个陈氏老姥住在昆仑山,修道已有数千年,已经修成了火石,能取火。伏望我皇敕旨一道,将他宣召到天宫,叫他去下方散播火种,普救万民百姓。"玉皇准奏,即差妙行真人前往昆仑山上去宣召便了。

玉皇敕旨下天门,妙行真人到昆仑。

宜召敕谕陈氏姥,散播火种救凡人。

老姥一听急煞人,快救下方凡间人。

立即离开昆仑地,火光先到南天门。

灵官天将都来接,灵霄拜见玉皇尊。

三跪九叩称万岁，深深八拜谢皇恩。
　　敕赐金凳相对坐，便问先天及火根。
　　玉皇见了心中大喜，便问老姥："你在昆仑修道已修成火种，下方凡民虽有五谷六畜，但没有火种烧熟，都吃生物，不能干活。现在请你到下方去发出火种，救度凡民。现今封你为东厨司命九灵皇帝，能上通天堂，下达地祇，又要叫你记清人间贫富贵贱，降祸赐福都归你判断。每家每户都要记清。"灶君领旨谢恩而去是也。
　　老姥领旨谢皇恩，敕封司命下天门。
　　化为五色灶君样，来到人间喜人心。
　　东方青帝灶君皇，身居住在岁星宫。
　　详记人间善恶事，每月廿四奏天庭。
　　南方火德赤帝君，萤感宫里记吉凶。
　　专查人间善恶事，详详细细奏天宫。
　　西方白帝君，身住太白宫。
　　查清世间事，赏善罚恶定吉凶。
　　北方司晨官，名曰黑帝君。
　　人间凶恶事，灶君皇帝奏天官。
　　中央真宿宫，名叫土德君。
　　记清人间事，逢到廿四奏九重。
　　却说陈氏姥立即化为五方帝君，分成青、黄、赤、白、黑，来到下界，再化各家灶君，详记每家善恶之事。
　　灶君奉旨下凡尘，变化火石救凡人。
　　社公灶母家家有，灶夫灶妇再化人。
　　灶子灶孙各户住，灶家眷属保延生。
　　再说妙行真人奉旨下凡，变化一个道人，指点凡人道："现在不要你们钻木取火了，玉帝分派一位灶君菩萨下凡，你们各家各户灶上造殿一只，每逢初一月半焚香点烛，奉拜灶君，常行善事修行。灶君有一块火石，赐给你们使用。"众人一听，个个喜欢，立即叫匠人灶上造殿一只，逢期烧香是也。
　　灶君菩萨便化身，变块火石救凡人。
　　从此每家都有火，不吃生食煮熟吞。
　　灶王老爷下凡，有两大功能。其一，给人间带来火种，食物由生吃变成熟吃。其二，记录每户人家言行，便于上天降祸赐福。前者处理的是民生问题，后者处理的是道德问题。民生问题是生存的底线保证，道德问题是生存的预期发展。宝卷以生动形象的故事，道出了人民群众既要物质生活又要精神生活的美好期望。

五、《鱼篮宝卷》

《鱼篮宝卷》是记述观世音神迹的神话传说。金沙滩上的人们不信神佛、杀生害命，玉帝大怒，欲水淹众生。观音菩萨得知后化作美貌的卖鱼女子，传授《莲花经》，并许诺谁能念熟《莲花经》就与谁成亲。张黑虎为娶卖鱼女子，苦背《莲华经》，最后得以与卖鱼女子成亲。成亲当日，卖鱼女子凭空消失，显现为观世音，劝大家常念《莲花经》，可以消灾免祸。这里节录一段观世音化作卖鱼女子的唱词，其文如下：

且说观音菩萨慧眼遥观下界金沙滩人民有难，要犯水灾之厄，大士慈悲之心，要下界救度凡人。

可怜养育儿女娘辛苦，投一个生不非轻。

恳求玉帝生慈念，包代一日劝修行。

劝得一方心向善，修行吃素来修行。

玉皇大帝来听从，听便大士劝修行。

且说大士领了玉旨，驾云来到金沙滩上，按落云头，摇身一变，变了个卖鱼人。手提鱼篮一只，内放淹死鱼二条，来到街坊，一路叫喊卖鱼便了。

一路叫喊鱼来卖，并无一人来答应。

身上衣衫千补丁，腰里束一根稻草绳。

头发蓬松不像人，脚上鞋子无后跟。

观音变得真难看，一边跑来嘴里哼。

眼睛长得像绿豆，一张阔嘴露牙根。

两条死鱼有臭味，拿一只鱼篮手中拎。

口喊卖鱼无人问，人人看见打恶心。

且说观音大喊卖鱼，一连喊了三天，也没有人来问。大士一想：就这样喊到年也没有人来问的，立即一变，变了一个美貌女子，十分风流。

观音大士显威灵，又变了个美千金。

生得不长又不矮，勿壮勿瘦爱煞人。

一双眼睛绿沉沉，面如桃花红盈盈。

头发挽起蟠龙髻，插只金钗耀眼睛。

吴地宝卷

八字眉毛分左右，三寸金莲像红菱。
满身打扮真正灵，玉手提篮向前行。
行来阵阵香风动，好像仙女下凡尘。
十字街坊身立定，顿时来了许多人。

且说观音来到十字街坊立定，不一会来了许多人。大家都说这位小娘子长得真风流好看。

青丝头发蟠龙髻，头上金钗耀眼睛。
八字眉毛分左右，三寸金莲像红菱。
一身打扮真好看，鱼篮一只手中拎。
一人传十十传百，大家来看卖鱼人。
肉眼凡人不识人，哪个认得观世音！
瞎子来看卖鱼人，手拿拐杖乱打人。
驼子来看卖鱼人，揩手轧断脊梁筋。
哑子来看卖鱼人，指手画脚闲不清。
搭子轧得跑不快，掮起拳头打开人。
胖子轧得抽长气，瘦子轧得汗淋淋。
姑娘嫂嫂与小人，小人轧得喊娘亲。
街上人骂乡下人，乡下人骂街上人。
少爷轧散少奶奶，丫头轧散老娘亲。
老头子轧得喊不清，娘子轧得喊夫君。
公公轧散大孙子，姐夫轧散二连襟。
癞子来看卖鱼人，身上腊雪轧干净。
地上落得一大片，老太婆看见大开心。
拿得粪箕就来畚，拿转去就当芝麻心。
聋子看见骂开声，妈妈你做圆子心。
拿得畚箕地浪拚，妈妈一见喜欢心。
长脚蚂蚁大起衔，衔到洞里当点心。
不表大家看千金，再讲一个姓张人。

这段文字表面上讲的是观音下凡化身，其实道出了人们嫌丑爱美的心理。观音先变邋遢卖鱼人，没人愿意搭理他；后来变成美貌卖鱼人，人们争先恐后地来观看。这种夸张的手法，颇具喜剧效果，让人看后忍俊不禁，其实文辞中暗有讽刺之意，揶揄了那些只注重外貌、不看内在本质的人。

第四节　凡人修行类

　　凡人修行宝卷与神道故事宝卷是故事类佛教宝卷的两个分支。相较于专述神佛修行的神道故事宝卷，凡人修行宝卷聚焦于世俗之人修佛证道故事，经典代表作品有《贤德宝卷》《贤良卷》等。此类宝卷以讲述女性修行的故事为多，大抵是由于女性的生存境况普遍劣于男性，又较男性更有慈悲之心，更易与此类宝卷中的人物产生共鸣。另外，这类宝卷中还有在个人生活方面有突出成就进而成仙得道的故事，其宣唱的更多是通过行医等方式拯救某一地区百姓于水火的人物，如《延寿宝卷》等。常熟宝卷中的师娘宝卷系列是凡人修行类宝卷的重要组成部分，以下将结合属于其中的《贤德宝卷》《贤惠卷》片段进行评析。

一、《贤德宝卷》

　　《贤德宝卷》宣唱的是常熟尚湖地区曹三妹成仙的故事。曹三妹年轻时得神相助，获得了治病救人的能力，能够判断出是何鬼神作祟，灵感非常。但官府认为其蛊惑人心，将其抓入牢狱。曹三妹始终不愿放弃，若穷人有病求助，曹三妹不取分文，甚至解囊相助。曹三妹百岁仙逝后，得仙童引路，跳出六道。后还指点其孙媳妇曹和根继续行医。该宝卷较为简短，故全文收录，内容如下：

贤德宝卷始展开，诸圣尊尊降临来，

能消三灾并八难，诚心祈求不染灾。

盖闻世事茫茫如花之露，红尘滚滚似水面浮沤。奉劝眼前大众及早回头向善，免受阴司轮回之苦。劝君持斋把戒，白日上天堂是也。

再请佛友焚炉香，听我逐一说端详。

古来风景天生就，灵山毓秀出贤良。

后有虞山高松秀，前有西湖白浪洋。

湖甸烟雨春三景，小船来往慢洋洋。

也有种田为生计，也有经商在外乡。

也有捉鱼为活计，朝出暮回苦非常。

和风作雨来搏斗，吞饥受寒不细详。

苦中作乐买饭酒，因有夜夜卧醉乡。
闲言杂语休细表，略谈村上女贤良。

且说乃清朝光绪皇帝时间，在湖甸村上出了一位视香妇女，姓曹，名叫三妹。她自从二十八岁起有神圣护助，借口传言，有关亡祖先灵等，无有不准。如果有病去请她视香者，巫判出一切鬼怪作祟等，无有不灵。只要以她口判送出鬼祟等，病患速瘥。因此四处传扬，如活神仙一般。并且有人家求她视香，酬劳随意，并无计较。如穷人有病相求，不取分文，而且还要开囊助急。故此人人称扬，家家颂敬是也。

湖甸村上女巫人，姓曹名字三妹称。
虽者身为视香女，广行方便度众生。
一心一意为善念，艰苦朴素是根本。
从来不穿绫罗绢，布衣粗饭度朝昏。
贫富前去求她判，不分彼此一样能。
有鬼有案亲口判，并无诳言唬他人。
从此名声传四海，人人称赞曹仙人。
救病除邪是她愿，谁知法度不容情。
因此身受牢中苦，铁窗风味苦万分。

且说乃曹氏三妹自从吃了女巫视香之饭，治病如神，声名远播。谁知官府闻知，说你等人是巫师邪教，宣扬迷信，蛊惑人心。故而把曹氏三妹拘禁在案。在三妹她存日之间，共拘禁过二十八次，受监禁之苦。特别是最后一次，拘留的日期最长，盈月有余。后期满释放回家，仍操旧业。总之，她一心治病，心坚如铁，志笃不移。如果本人不能治病救人，除非双目紧闭，方能罢休便了。

曹氏三妹出监门，半悲半喜转家门。
回家仍做视香女，救病扶危在心中。
自有神圣来护佑，身康体健喜满胸。
虽受二十八次监中苦，仍旧鹤发童颜体格丰。
寿年延增一百岁，仙童接引极乐中。
阴曹地府皆知晓，不受轮回十八重。

且说曹氏三妹延寿一百岁，瞑目归天。自有仙童接引，玉女相送，因此不受六道轮回之苦。阎王启奏地藏王菩萨陛下，立即敕命使者，着曹氏三妹承受前职，在当地尚湖一带空中游行，治病救人。暗中借口传言，指点曹氏后裔，传授衣钵，并附语道，协同西湖巡查刘大神一同行云治病救人是也。

曹氏三妹高寿终，瞑目归天童女送。

地藏菩萨速敕命，承受前职救凡人。

暗中指导孙儿媳，承接我的香烟根。

却说曹氏三妹瞑目归天，受职之后，暗中教导孙儿媳，借口传言，承接她的视香判断治病救人之职，叫声孙媳妇："和根，有我太婆前来各处护佑，你大胆口判。"

…………

那和根弄得没有办法，只好在大难之中艰苦救人，今后有朝一日得成正果，有报答享福便了。

和根弄得无法想，只得依从太婆身。

当时一日来答应，患病好转要饭吞。

天天日日出去看，接引西方也登程。

善有善报从古说，恶有恶报古来闻。

倘有人家来斋献，肉山酒海四时新。

斋主还愿香不绝，备筵酒席恭敬曹仙人。

且说曹氏太婆同孙儿媳和根到了阴司，不日六道轮回，敕赐西湖巡查刘大神、曹氏三妹、和根三人为空中游行神，一同往来在尚湖一带，日夜视察，治病救人，新兴仙人十分灵验。斋主了愿，特备花筵一席，坐在小花厅，香烟一席便了。

贤德宝卷宣完满，诸圣尊尊尽喜欢。

神欢年月添吉庆，春夏秋冬定太平。

会上因缘三世佛，紫竹林中观世音。

在台菩萨摩诃萨，摩诃般若波罗蜜。

曹三妹与曹和根治病救人，终成正果。虽然她们的治病救人是以巫术的超自然形式，但巫术只是手段，其死后封神、跳出轮回并不是由于她们具有巫术，而是治病救人、行善积德的结果。

二、《贤良卷》

河阳地区的《贤良卷》，讲的是刘大根修行成神的故事。宝卷较长，今录其求师、救人的部分，其文如下：

那谈氏夫人生产一子，三朝满月，亲邻庆贺，取名叫刘大根，生得容貌非凡，人品端正，自小有侠义气概便了。

吴地宝卷

一周二岁娘怀抱,三周四岁离娘身。
四书五经都不读,跟了父亲船上登。
兄弟二人常做伴,大根年交十六春。
大和年交二十岁,央媒媳妇结成婚。

再说长子大和成亲完备,生男育女,各自生炊,另立门户,吾且不表。再说大根年交十六,终日不做营生,天天自顾吃酒散乐畅饮便了。

再说大根贤良子,终朝在外闲游行。
水上生活捉鱼蟹,卖钱沽酒度朝昏。
忽然想起心头事,出外游玩访师身。
回家告别爹和母,带了行李便登程。
此时正遇春三月,百花开放好春风。
乡村妇女挑野菜,儿童对对放风筝。
士人闲眼观春景,少妇提篮上新坟。
虞山风景果然好,青松古柏密层层。
大根一路往前走,湖甸早在面前存。
行来已到顾山镇,顷刻走进酒店门。

且说大根来到顾山镇上,闲看十分热闹,走进酒店,将身坐下,便叫店家倒壶酒来,二样酒菜。小二连忙侍奉。大根接杯就饮,连吃数杯,吃得半醉。忽然来了二个好汉,一名叫赵大,无锡县内祝塘人氏,年纪二十三岁;一名叫蒋生,北汉人氏,只有一十九岁,也进店中饮酒便了。

大根吃得半酣醉,忽然到了二个人。
年纪稍长名赵大,身材短小叫蒋生。
谈谈讲讲来进店,嘻笑吟吟坐定身。
忙喊店家拿酒吃,鱼肉荤腥一大盆。
烧鸡炒肉加辣味,其味无穷乐十分。

且说赵大、蒋生二个好汉亦在店中吃酒,金童星大根看见二人有侠义之心,立起身来走到二人桌旁,便问:"二位英雄,今日巧遇一起,尊姓大名?府中居住何处?到此有何贵干?"赵大立起身来回言答道:"小弟姓赵名大,祝塘人氏,他姓蒋名生,北汉人氏,来到顾山访师到此。未知英雄尊姓大名?府上哪里?"大根回言:"小弟世居常熟西门外,尚湖边上人氏,姓刘叫大根,今年二十岁,也是访师到此。"赵大道:"真真有缘，真巧个来。刘兄，吾有一言告察，未知刘兄意下如何？"大根道："请教，无有不从。"赵大道："吾想我们三人到此都是访师，不如大家结拜兄弟便了。"

赵大、蒋生开言说，刘兄意下若何能？

真是三人多有义，顿时结拜弟兄称。

情投意合同饮酒，赛个桃园结义人。

忙请店主来算账，付清酒钱就动身。

来到东街大弄口，访问姓钱老师门。

且说三人走到钱家，便问："老师可在家否？"那边回言道："在内。"三人走到里面，急忙跪下叩头求拜。老师道："三人到此有何贵干？"回说道："吾等三人拜投老师学习武艺。"钱老师就收了三人在此学习拳法、枪刀、剑战，时时教练。不觉光阴如箭，日月如钩，在此已有三年矣。

三人住在老师门，不觉过了三年春。

拳法精通无可比，诸般武艺件件精。

其年正遇三春节，各处赛会做戏文。

大根启口开言说，大哥贤弟叫连声。

目下三月春光好，风和日暖要出门。

拜别老师身朝外，带了单刀就动身。

且说兄弟三人谢过师父，随即动身，专在陈市、长泾、陆家桥一带盘桓。其日来到北汉镇上，正遇迎春赛会，实在闹热。但见红男绿女，成群结队。三人走到中街，看见酒店，走进店堂坐定，便唤店家沽酒买菜，搬荤运上台，三人畅饮便了。

三人吃酒乐开怀，又见店家添酒来。

鱼肉荤腥鸡鸭蛋，荤荤素素摆满台。

中午吃到下晚后，巡风开道闹盈盈。

人头济济真闹热，又见众人拥上来。

耳听救命一声喊，兄弟三人立起来。

兄弟三人听得人群之中救命声，便问为什么，闲人说道："老兄休管闲事，此一班人多有武艺，常抢夺人家妇女。"金童星道："大哥，二哥，吾们在此袖手旁观不可。为人在世，见难人不救，不算义气了，应路见不平拔刀相救便了。"

兄弟三人来喝问，不可在此乱纵横。

清平世界多广阔，朗朗乾坤出强人！

吾等在此来阻挡，拳打众人各逃奔。
泼皮个个都不见，只留一位女佳人。
兄弟上前来盘问，你是乃方何处人？
小姐住哭回言答，小女顾山街上人。
爹爹名叫孙益德，独养女儿在家门。
名叫秀英十八岁，出门游玩踏青春。
若得送奴归家转，多谢三位大恩人。

兄弟三人打散众人，护送孙秀英回家。孙老夫妻忙备酒筵款待。三人宴毕之后，夫妻两人取出五十两银子酬谢三人。兄弟三人再三不受人家纹银，即刻起身辞别孙老夫妇，赶路便了。

宝卷故事，既有菩萨低眉，也有金刚怒目。或许因为主人公是年轻男子，刘大根成神并不是因为晨钟暮鼓、拜佛诵经，而是因为路有不平、拔刀相助。刘大根的形象，就是一条顶天立地、闯荡江湖的汉子。他一生保存了淳朴的原始生命力，仗义待人，事后封神。封神与否，这是神话的包装，但这部宝卷的流传，起码说明人们十分欣赏这种淳朴的生命力量。

相较于神道故事中的神佛修行而言，上述宝卷中的师娘显然没有取得超越性的成果。尽管这些宝卷中常有凡人修行被封神的唱词，但其成神的底气不足。譬如曹三妹，她最突出的功绩就是悬壶济世，最后得到的修行结果"空中游行神"也只是跟着"西湖巡查刘大神"的虚衔。再比如《沙上宝卷》中的《欺贫爱富卷》，全篇仅有结尾唱词中的"二人修到功完满，白日升天见帝君"一句涉及吉有才夫妇二人修佛证道的成果，宝卷中占更长篇幅的是吉有才在世俗生活中的成就，如所生二子齐中举人、做生意大赚银两得以翻身等。宝卷文本中所体现的神灵形象在"从义行到修行"这一方向上发展得并不充分。神道故事中的神佛大多是在发生大型天灾人祸时降临，救众生于水火之中，譬如瘟疫、水灾、战争等；而以上所录宝卷的主角造福的对象范围比较局限，大多是对某一社区的百姓有治病、送子等方面的护佑功能。这些宝卷将佛理寓于具体事件中，对故事和人物的描述大于对佛教经义的传唱，通过故事性的叙述表达了世俗百姓的部分生活愿景，因此比专于阐释宗教义理的宝卷有更强的文学色彩。

三、《延寿宝卷》

《延寿宝卷》讲的是主人公常年孝敬爹娘、行善积德，将本来要夭折的生命延长至一百岁，并最终白日飞升的故事。增福增寿是民众普遍的愿望，故这类增寿宝卷十分受欢迎。不但有男版的延寿，还有女版的延寿，更有全家人的延寿。《延寿宝卷》是男版延寿，其大致情节为：东京城内金本中命定9岁而终，因虔心念佛，尽孝行善，寿命一延再延，并官至一品，儿孙满堂，至百岁之时，被接往西方。这里节录金本中割肉疗亲的片段，其文如下：

金本中，到佛堂，双膝跪下。焚宝香，金炉内，略表虔心。
从头说，祈神明，合掌祷告。众神圣，来护佑，双亲病体。
我本中，自今年，年方九岁。为父母，年纪老，病染其身。
我父名，叫金良，贪嗔病重。母生毒，难医治，怎得安宁。
父母亡，儿没主，无投无奔。我本中，自今日，要发虔心。
解开带，脱了衣，将刀割腹。取一心，挖一肝，要救双亲。
一刀去，血淋淋，昏昏倒地。伤心痛，无可耐，命赴幽冥。

再说金本中年方九岁，取心肝救母亲，不觉身归阴府，直至秦广王殿前。抬头看，只见上面写明"阎罗宝殿"，本中一见，吓得魂不附体，即时低头，俯伏在地。阎王问曰："谁家小孩子擅入冥府？"本中回言道："大王听禀。"

本中跪下将言说，只为双亲病染身。
父母贪嗔命不久，医药无效病转深，
父母死时儿难舍，剖腹取心救双亲。
愿祈父母年长寿，为救双亲发孝心。
小生今年方九岁，剖腹取心报育恩。

且说阎王笑曰："九岁孩童，能行大孝。"忙写具表章，申奏玉皇。

玉帝见奏心欢喜，难得儿童发善心。
自古至今人难比，少有孩童发孝心。
速令延他十年寿，延他父母百年春。
南斗六司增福寿，生死案上改延增。
行孝之人有此报，龙天不负孝心人。

且说金本中死簿上注"九岁而亡"，判官举笔，上写道："剖腹取心救双亲，大孝。遵上玉帝敕旨，南斗北使府宫增寿一十九岁。"阎王吩咐本中回去还魂，父母百年长寿。本中拜别阎王，梦里醒来，如同梦里一般便了。

刀在手，心在手，腹上刀痕。明晓得，自亲身，归阴地府。
见阎王，保父母，百岁长春。醒回来，汗淋淋，如同梦里。

将一片，灵芝身，煎汤煮药。父母吃，便见好，身体康健。
贪嗔病，才得好，周身康泰。无名毒，都好了，立刻轻身。
父病好，母毒消，家门欢喜。见心年，敦父母，百岁同去。
春夏去，秋又来，残冬已到。霎时间，几年景，弹指光阴。

四、《芙蓉宝卷》

《芙蓉宝卷》是女版延寿，情节为：天庭被明朝卜尚书之女卜芙蓉一生行善感动，不断为其延寿增福。于是她由命中注定的8岁身亡一直活到百岁，最终飞升西天。这里节录卜芙蓉卧冰求鲤的片段，其文如下：

不宣增福延寿事，再说卜家门内情。
一家人口多快乐，朝欢暮乐过光阴。
不觉已过多时节，小姐今当十八春。
陆氏夫人年纪老，发寒发热要归阴。
头疼脑涨了不得，扎脚捶胸难过辰。
陆氏思想鲜鱼吃，芙蓉听说卓然惊。
三九之中河冻断，哪有鲜鱼街上存。
家人便到城中去，六门走转并无鱼。
此时鲜鱼无处买，回家说与小姐听。

家人说道："此时街坊上买鱼，四处寻到，并无鲜鱼，只得回家报与小姐知道。"小姐听说，两泪交流，无可奈何，只得自家卧冰求鱼，哀告苍天便了。

家人买鱼空回转，告禀贤哉小姐听。
差我街坊将鱼买，并无鲜鱼怎生能。
三九天光连底冻，没有鲜鱼街上存。
芙蓉小姐含悲泪，卧冰求鱼孝慈亲。

且说这芙蓉小姐含泪说道："此时三九天气，大河连底冻断，待奴自到江边，卧冰哀求龙神水府便了。"

贤小姐，泪纷纷，自到江边。卧寒冰，求鲜鱼，伤心苦切。
江边上，来跪下，凝土焚香。告龙宫，水府神，听诉原因。
我住居，浙江省，衢州府内。长山县，吾长生，姓卜芙蓉。
奴今年，十八岁，学其孝道。为母亲，身有病，想吃鲜鱼。
此时光，三九天，街上无鱼。想当初，有孝子，王祥卧冰。

卧寒冰，求鲜鱼，天赐鲤鱼。奴芙蓉，望天地，大发慈悲。
保佑母，身康健，病根痊愈。卜小姐，来祝告，跪拜神明。
身立起，解衣衿，衣衫脱落。脚三寸，冰上立，肉身睡下。
卧寒冰，惊动了，水府龙神。龙王闻，有孝女，睡卧江心。

且说芙蓉小姐困在冰上，孝感动天，惊动东海龙王，在水晶宫内心惊肉跳，行坐不安。龙王道："想以海上有屈事。"忙叫巡海夜叉速到海上查明。夜叉不多一时就来禀道："龙王，我们四边寻觅，并无别事，只有一个小小女子卧在寒冰之上，名叫芙蓉。只为母亲病患沉重，服药无效，求神不灵。母亲思想要吃鲜鱼，如今冰冻断河，大小鱼样并无买处，为此卧冰求鱼。"龙王曰："善哉善哉，世间少有此等孝女，难得难得。待我不免奏上玉皇便是。"龙王又差巡海夜叉："快去赶大鲤鱼付与孝女救母便了。"

夜叉领旨赶鱼身，赶出鲜鱼跳上冰。
豁喇一声非小可，唬得芙蓉胆战兢。
四面团团来观看，只见鲜鱼跳上冰。
起身便把鱼来捉，上岸穿衣回转程。
拿鱼急忙回家转，欢喜走来进厅门。
走到厨房拿刀剖，切碎鲜鱼分骨身。
将鱼切了七八块，鲜鱼淋淋满地存。
芙蓉见鱼伤心处，就对鲜鱼说原因。
不是奴今来杀你，只为母亲把你吞。
吃得你身娘亲好，八德池中救你身。
我若修行成正果，先度恩鱼出苦轮。
说罢了时将鱼煮，煮好鲜鱼奉母吞。

且说芙蓉小姐拿鲜鱼烧汤，奉上母亲："鱼汤在此。"母亲吃下。

一口鱼汤来呷下，顿时病体减三分。
二口鱼汤来吃下，病体已然去七分。
三口鱼汤来呷下，满身清爽病除根。
四口鱼汤来吃下，身体移步出房门。
看见母亲心欢喜，拜谢天地佛神明。
不宣芙蓉救母好，再说龙王奏表文。

且说东海龙王将芙蓉卧冰求鱼救母一事奏上玉皇。玉皇见表，连称"善哉""善哉"：

"凡间难得有这样孝女。"即刻批文一道,就差延寿星官快到卜家,去增她卜芙蓉阳寿十年。再差福禄寿星官延他父母百年长寿便了。

五、《合家增福延寿卷》

《合家增福延寿卷》是全家版的延寿,记述了陆文俊孝敬双亲,行善积德,导致由贫变富,全家增寿,最后一门六代人同时白日飞升的故事。这里节录陆文俊解人危难的片段,其文如下:

且说状元一路游玩,看见前面有所草房,内有一男一女号啕大哭,便问:"你们二人为何啼哭?"那二人说道:"相公,小人姓张名百福,夫人吴氏,同庚,四十岁生一女,名叫秀英,年方十八岁,尚未出帖,我自小撑船为业。"

我百福,叫相公,想着撑船好伤心。
贩卖绫罗生意经,银子交付我妻身。
我同客人来上岸,盗去银子苦伤心。
老板板面不用情,赔还绫罗雪花银。
我今思想无可奈,寻其短见命归阴。
四十五两雪花银,还有绫罗赔偿清。

状元道:"百福,我替你赔还,再给你三百纹银,你看如何?"百福连称"善哉""善哉"。状元交付百福银子。百福老夫妻商量要报答状元救命之恩。老夫妻拿状元名字写好一张,供在长生桌上,日日焚香,祈求状元长生不老。那灶君菩萨一听,奏上玉帝知道便了。

值日功曹奏天庭,启奏状元善心人。
相救老汉张百福,赐我三百雪花银。
玉皇见奏心欢喜,世间少有这等人。

玉皇敕旨差南北二斗将陆氏一门每人共增阳寿十二春,不可有误。

《延寿宝卷》《芙蓉宝卷》《合家增福延寿卷》的故事原型与框架实为一类,只是针对不同地区特点、不同斋主类型进行了改编。如三篇故事中都包含主人公为了救父母而身归阴府求阎王的情节和神仙祝寿的情节。《延寿宝卷》和《合家增福延寿卷》都是男延寿,而《芙蓉宝卷》是女延寿,故《芙蓉宝卷》相比于前两者增添了主人公为了侍奉双亲而不愿结婚这一情节,以彰显其孝心。从现在的视角看来,割肉疗亲、卧冰求鱼都是愚昧而不可行之事,但其共同体现的牺牲自己、成就他人的道德精神则具有教化意义。若单就此道德精神的实质而言,此类宝卷仍然具有现实价值。

第五节　民间传说类

　　民间流传的故事也是吴地宝卷创作的重要题材，如人们耳熟能详的孟姜女、梁山伯与祝英台、白蛇传、董永孝子、秦香莲、沉香救母等故事。还有部分民间故事起源于古史记载，但在民间流传，因此也成为民间传说类宝卷的题材。此类宝卷以吟唱的形式传述这类民间故事，并赋予这类故事一定的神道色彩和说教劝善的意味。

一、《孟姜女宝卷》

　　孟姜女是江南地区流传已久的民间故事，说的是秦始皇造长城，要活埋一万人，听说万喜良一人可抵一万人，只要活埋万喜良一个人，就可以保证长城永固，于是秦始皇派人捉拿万喜良，万喜良逃入孟姜女家后花园，与孟姜女成婚。成婚后，万喜良被官兵捉走，坑死于长城之下。孟姜女千里寻夫，唱曲过关，哭倒长城，终见亡夫尸骨。秦始皇见孟姜女美貌，欲招其入宫。孟姜女提出条件，要修筑万喜良坟墓、兴建万王庙宇，并让秦始皇亲自祭奠。秦始皇全部答应照做。在祭祀之时，孟姜女自焚而亡。在《孟姜女宝卷》中，孟姜女和万喜良被说成是天上的仙姑、仙童，为救万民而下界投生，死后重回天庭，位列仙班。现录孟姜女下界投生片段，其文如下：

　　经也开来卷也开，孟姜女宝卷讲起来。
　　不讲前朝并后朝，单讲仙童仙女下凡救万民。
　　各位善人静心听，能消八难免三灾。
　　合堂善人齐心贺，诸佛菩萨送福来。
　　紫金炉内把香焚，斋主福也添来寿也增。
　　若问此卷根源来，万古千年传下来。
　　要问卷中名和姓，我从头到尾讲分明。

　　且说孟姜女一卷，在秦始皇造万里长城时代流传下来。秦始皇造万里长城之事，皆是惊天动地，劳民伤财，民不安宁。且表那天宫，此日正是冬至佳节，天门大开，诸天朝贺。十洲三岛、诸仙圣众，因是佳节，各去游行三界不提。单表仙姬宫，有七位仙女，所管人间蚕桑等事。还有斗鸡宫一位仙童，所管人间禾苗等事，也游至南天门前。恰逢七仙姑亦到南天门，同往下界一看，只见下界杀气冲天，民受大害。仙童对七仙姑讲："善哉，善哉！我看下界杀气冲天，有秦始皇要建筑万里长城，伤害万民。我同你下去解救万民之灾祸，不知仙姑意下如何？"仙姑答道："仙童此念差矣。"

吴地宝卷

你我所管天宫事，不必去管凡间情。
见死不救非天心，万民有灾莫看轻。
担灾担祸慈悲念，定要下凡走一遭。
七姑一听无言答，眼看仙童下凡尘。
仙童一径下凡去，苏州地方去投生。
仙女心中多挂念，同和仙童下凡尘。
仙童下界投胎去，十月满足要临盆。
投做万姓后代根，老来得子宝和珍。
取名喜良万家根，合家人等喜十分。
员外名叫万天心，夫人郑氏本同根。
老来得子心欢喜，梅香常抱不离身。
不表仙童喜良事，再说仙姑忠义人。

且说仙姑亲见仙童下凡，念道："此去一定不妥当。虽说男女有不便之事，在天宫总为一殿之臣。他顿发慈念，愿救万民，顶灾顶劫，自己当身，让万民少受一点苦。我也表一遍心，助仙童一臂之力。"仙姑当即下凡，驾起云头往北而来。

离别天宫到凡尘，即刻来到松江城。
面前就是华亭县，一派恶气不堪闻。
怨气腾腾冲霄汉，红尘滚滚浪层层。
苦海无边何日了，白浪滔滔爱河深。
我不愿血河浪借胎来投，另生机关生凡尘。
云端四面来观看，孟家庄上有瓜藤。
藤上结下大冬瓜，不免借瓜来投生。
随借水木进入身，遁入瓜中坐定身。
不说仙女瓜中坐，再宣孟家员外身。
田园村庄说不尽，全县财主第一人。
家中并无男和女，少个传宗接代人。
有钱无子总无益，无男无女苦十分。
员外心中生烦恼，太太劝慰丈夫身。
李氏夫人发善心，斋僧布施救穷人。

且说孟家庄上有一个姜氏婆婆，年近八十，无男无女，孤苦非凡，专门向孟员外借柴借米，心还不足。今日要讲这个冬瓜，本是孟员外家佣人孟兴种的。因为瓜藤牵到姜家屋基地上，生出这个大冬瓜来。姜家老太早有此心，要采这个冬瓜，不料被孟兴先来采去。姜氏老太出来争夺冬瓜，说道："我老生多日服侍，才能够长出这样大的冬瓜，你如何现现成成这样采去……"孟兴道："哎！你这个老太婆好没道理，此一棵冬瓜藤是我孟兴亲手种的。你想要夺此冬瓜，太无道理。"那个姜婆婆就起狠心来打孟兴，孟兴弄不过姜婆，就请地方上地保来判理。地保说："瓜藤是孟家种的，应该是孟家的。"姜婆说："虽是孟家种的，冬瓜生在我姜姓地上，是我老身多日服侍起来的，到今朝如何我不好采这冬瓜？"地保说道："两面说来都有道理，也罢，依我断来，两家对分，你们看如何？"孟兴听了心想，吃一点小亏算了吧，就拿出一把刀来。哪知仙女坐在瓜中就着急起来，就在瓜中大叫，要求地保从边上剖来，"待奴出了瓜胎再为分派。"地保听了一声叫喊，大吃一惊，三人吓得抱头乱跑。那地保大着胆问个究竟："你是什么妖怪？快快说来我听。"

  仙女当时来回答，回禀地保听原因。
  奴乃非是别一个，非是怪来非是精。
  仙姬宫中称七姑，七姑星中第七名。
  我今下凡非为别，仙弟下凡有难星。
  因此下界来投胎，我不愿血河浪借胎生投。
  借此冬瓜为生母，再寻娘家抚养恩。
  地保听了稀奇话，立刻剖瓜看分明。
  剖开冬瓜来观看，果然端坐女孩童。
  盘膝打坐真佛相，齿白唇红世无双。
  眉清目秀天下少，巍巍体态尽斯文。
  姜婆一见双手抱，欢天喜地谢神明。
  孟兴一见慌张了，忙报员外得知闻。
  员外夫人全来看，见此女孩喜欢心。
  天赐孩童孟家福，抱了女孩转门庭。
  气得姜婆无路走，跳脚拍手大骂人。

  且说姜婆看孟员外抱了女孩童回家，气得无路可走，急忙到县衙门去告状。县官问清事情，细查孟家、姜家都无子孙，故而争执。县官一看，姜婆年近八十岁，孤苦伶仃一个人；孟家是百万富翁养得活。即使仙女下凡投生瓜中作亲娘，她原是孟家地上种而寄在姜家地上生。县官说道："据我看来，姜婆只好作寄母，可把两姓并作一个名字，女孩儿就叫孟姜女吧。你们看如何？"二家都赞成。

在孟姜女的名字中，"孟"是排行，如孟、仲、叔、季等；"姜"是姓。"孟姜女"的本义应该是姜家大小姐的意思。但在宝卷中，老百姓给出了一个民间的说法，孟姜女是冬瓜所生，该冬瓜是孟家地上种，姜家地上生，故而生母姓孟、寄母姓姜，因此叫孟姜女。这样的故事，生动有趣，充分显现出吴地人民的想象力和幽默感。

二、《窦娥宝卷》

《窦娥宝卷》改编自元杂剧《窦娥冤》，但将原来的悲剧结局改成了大团圆的结局。山阳县蔡廷文与窦娥幼年定亲，后来蔡父亡故，窦娥之父窦端云欲进京赶考，便将窦娥过门至蔡家。而蔡廷文外出，落入东海之中，与龙女成婚三年。窦娥与婆婆相依为命。赛卢医欲谋害蔡婆婆，被张留儿救下。蔡婆婆就将张留儿与其母亲接回家中同住。哪知张留儿垂涎窦娥美貌，下毒羊肚汤，欲毒死蔡婆婆，没有想到羊肚汤被自己母亲误食，导致自己母亲呜呼身亡。张留儿诬陷窦娥下毒，窦娥被问成死罪。行刑当日，六月飞雪，监斩官只得停刑，上报朝廷。这时窦端云考中功名，任钦差大臣，四处查访，捉拿了赛卢医和张留儿，审清了案情，昭雪了冤情。两恶人最终被天雷劈死。蔡廷文龙宫还阳，得中状元，与窦娥再续姻缘。现择取《窦娥宝卷》中大团圆的结局部分，其文如下：

且说案情审完明白，便将留儿、卢医二犯收进牢中候旨定夺。窦娥当场释放回家。哪知天神不容，顿时狂风大雨，雷部师者吊出二犯，天雷打死。案情完毕，差人去请蔡婆与媳妇后堂相见，一悲一喜，如梦觉醒。人人都说皇天有眼，不欺善人。母女两人拜谢天地已毕，忽然圣旨到来，宣选按院进京。亲母、女儿回府不表。提表廷文进京得中状元，游街三日，奉旨回家探望母亲完婚是也。

状元今转到家门，窦娥小姐结成婚。
脱却皇都归家转，思念家中老母身。
路上行程不必论，按院相请进衙门。
问说情由通一遍，窦公听了卓然惊。
翁婿二人归家转，多少官员尽来迎。
蔡婆、窦娥喜欢心，心中疑惑不分明。
状元回家望亲母，窦娥相见泪淋淋。
悲中生喜有天命，谢天谢地谢神明。

那状元奉旨完婚成亲，已过了一月，便对妻子说："在世个人定要正道，不贪不爱。这皆是前生好修，今生才享福。今生不修，来生不能享福。我今思想选了一个幽雅的地方，要造一座寺院，装塑一堂西方佛圣。我与你朝朝焚香点烛，看经念佛，以作来生之福，未知夫人意下如何？"那窦娥道："丈夫此言真是有理，做妻也想在心。我想前生造孽多端，故而今生早丧母亲。父亲为了功名，抛离儿女，使儿女受了冤枉，屈坐监牢，吃尽磨难。若无苍天救我，哪有今日一天？相公修心，妾身也愿。"那状元就在盘陀山上砌造寺院，装塑佛像。又将龙皇公主送他的如意明珠挂在佛前，日夜光明。

　　金炉不断千年火，玉盏常明万载灯。
　　状元夫妻同皈依，朝暮焚香诵妙经。
　　卷中再提前情事，龙宫公主也修行。

　　且说蔡状元在水晶宫三载，如今公主身孕，十月怀胎，生下孩儿，长成六岁，很是聪明。那日问母亲："我的爹爹在何处？"公主回答道："儿呀，你爹分别六载，如今考中状元，他就是你的父亲。"孩儿道："何不请他回宫？"母亲道："儿呀，当初临别之时，为娘赠他如意明珠，叫他挂在佛前。待等功成果满，明珠光透天门，与你孩儿早早修行，亦登菩提，可以到天宫父子相会是也。"不表龙宫事，再表状元情。

　　状元辞职广修行，母亲、妻子也诚心。
　　端云想起前情事，早丧妻子苦伶仃。
　　我今现在身荣贵，也是前生结善根。
　　贤婿如今辞官职，在家学道诵莲经。
　　我今也要朝中去，辞官纳印转门庭。
　　投靠贤婿家中去，同修学道办前程。
　　小姐见爹回心转，状元心中喜十分。
　　两家同归一家去，同修学道同看经。
　　朝朝焚香夜念经，朝拜南洋观世音。
　　若有一日成正果，普及双亲一片心。
　　修只六年功成满，白日升天上天门。
　　母子二人成正果，龙华会里见夫身。
　　一门六人都成道，万代流传直到今。
　　窦娘吃尽苦中苦，龙华会里顶头名。
　　留、卢二人心毒狠，天雷打死不超生。
　　善恶到头终有报，皇天不负善心人。
　　经也完来卷也完，二廊佛客要记牢。

经卷已经宣完成，二个恶贼没有好收成。
今日宣部窦娥卷，听卷之人尽喜欢。
佛劝神劝天吉庆，劝众为善保安宁。
已上良因三世佛，文殊普贤观世音。
诸尊菩萨摩诃萨，尊尊菩萨赐福来。
愿以此功德，普及于一切。
宣卷增福寿，念佛保平安。
南无消灾降佛菩萨，阿弥陀佛。

《窦娥宝卷》的大团圆结局让善人有善报、恶人有恶报，最终窦家和蔡家一共6口人都成道。这样的改编是宝卷的特色，一方面顺应了广大群众的心理要求，另一方面也能更好地发挥宝卷的劝世功能。

三、《鹊桥宝卷》

《鹊桥宝卷》讲述了牛郎织女的传说。牛郎织女本是天上的牛郎星与织女星，因为在天庭不甘寂寞，相约下凡。王母知道后，大发雷霆，将牛郎星贬下凡间，在牛家庄投身；将织女星打入云房，终年穿梭织锦。金牛星为其讨情，也被贬到人间，变成一头水牛。王母去佛国听经三日，织女趁隙逃出天庭，下界寻找牛郎。经水牛提醒，牛郎知道了自己的前世，与织女相认，两人在人间成婚。王母听经回来，发现织女逃跑，便派天兵天将来捉拿织女。天上三日，人间三年。织女已经与牛郎生了一男一女，终被天兵捉回天庭。水牛取下自己头上的角，化为星槎。牛郎挑上扁担，前后各挑一男一女，踏上星槎，上天寻妻。到了天宫，银河阻隔，牛郎与织女只能隔河相望。王母允许每逢七月初七架起鹊桥，可以夫妻相会、母子相会。现选录宝卷后半部分，其文如下：

且说，牛郎星下凡，是转化投胎。织女星下凡，是驾云而来。所以，织女认识牛郎，而牛郎不相识织女。再说，金牛星在旁看得清楚、听得明白是也。

织女肚里也起疑，莫把路人当知己。
反反复复想仔细，莫非牛郎抛前妻？
牛郎亦然细思量，看其面容苦悲凄。
牛郎跨牛回家转，织女来到碧莲西。
二人各自细思量，金牛开口说端详。

两人面面相觑，各自分手。织女到碧莲池思前想后。牛郎骑在牛背上，口吹箫，乐逍遥，一路回家，细细思量，自言自语道："说稀奇也真稀奇，今朝碰着年轻女。叫我牛郎哥哥声音细,不知与我前世是否有缘分?给我做了美娇妻。"乃只金牛闻听,开口说道:"我的东家,我告诉你,她就是织女,你是牛郎。你俩本是上界王母园中之仙。二十年前,由于触怒王母,贬你下凡,织女被锁进云房,长年织布,不许出门。至今,她逃出云房,驾云下凡,寻你为伴,明天你去碧莲池边找她是也。"

往日只嫌日落早,今宵偏恨月来迟。
牛郎清晨就起身,早餐不用就出门。
一直径往碧莲池,寻觅织女美佳人。
独自单等心里慌,四面观看不见人。
织女一夜心里闷,清早起身踏青春。
忽闻背后有人喊,回头就是牛哥身。
织女板面就动问,你道我是什么人?
牛郎当时回言答,你叫织女是仙人。
织女肚里心思忖,唤我真名不错分。

织女道:"你这个人,怎么知道我叫织女?"牛郎道:"我听人家讲,你叫织女。"又道:"是哪一个?"牛郎道:"我不告诉你。"织女问道:"你来做什么?"牛郎回道:"人家说你心肠太好。我来找你做……"织女逼着问:"做什么?讲出来,快讲快讲。"牛郎慢吞吞地讲出了三个字:"做新……做……"织女又逼着问:"到底做什么?"牛郎红着脸说道:"做新娘。"织女闻言,手帕掩面,心喜面红。

姻缘本是前世定,牛郎织女结成亲。
架上累累悬瓜果,风吹稻海浪金波。
夜静犹闻人笑语,到底人间欢乐多。
新婚要盼日落早,偏恨近夜月来迟。
我问天上弯弯月,谁能比过牛郎哥。
再问篱边老槐树,赠我娇儿花两朵。
闻一闻花香心也醉,尝一尝新果甜心窝。
听一听村中乡亲声,问寒问暖知心话。
看一看人家提笔写,画中人影舞婆娑。
何必借愁眉常锁,莫把青春来错过。
姐妹快点下凡来,巧手同绣好山河。

且说牛郎织女,婚后三年,生了一男一女,儿子叫灵云,女儿叫灵芝,合家欢乐。

吴地宝卷

休说他家过着幸福美满的凡间生活。再说王母西天听经回来,发现织女越窗逃跑,已到凡间,心头大怒,发兵追赶,将织女提上天庭,紧锁云房。牛郎见妻子被天将提走,痛恨心头。

可恨王母心肠狠,活拆夫妻痛悲忖。
王母狠心拿织女,活拆我俩好夫妻。
恨我胁下无双翅,不能乘风破云飞。
可恨王母无情义,穷追苦逼把人欺。
牛郎悲痛无良计,忍看我家各东西。
金牛取下头上角,速奔天宫去寻妻。
再说织女回头看,不见亲人泪如泉。
牛郎唤妻妻不应,茫茫无边上青天。
王母金钗划界线,银河阻隔难见面。
织女思前好苦凄,别时娇儿梦中甜。
丈夫面前未讲话,只留泪水未留言。
牛郎跨在牛角上,穿云飞雾紧向前。
期望夫妻重见面,村姑要你教织棉。
织女思量乡村女,村中人好水也甜。
我道永作春蚕把丝吐,一生终老在人间。
但见处处刀光现,不可再到于人间。

且说,牛郎带着两个小人,骑在牛角上,直到天宫,银河阻隔,前进不得。隔河相见,唤妻回来,难上加难。

隔河相见更悲惨,夫妻难忘百夜恩。
提高喉咙呼唤妻,生生死死到人间去。
你织布来我耕地,一对儿女望着你。
开口唤娘娘不应,日夜寻娘苦悲凄。
夫啊我要过河难上难,一河相隔万重山。
王母娘娘云中喊,每年七月七夕会一番。
指引喜鹊来引线,造好仙桥好过来。
每年七月初六夜,织女桥上飘过来。
牛郎织女来相会,抱头痛哭话一番。

二个小孩举胸怀，爹爹、妈妈勿停喊。
待等五更三点到，夫妻分手两分开。

且说，每年七月初六之夜，牛郎、织女相会一次，银河显现金桥一条，织女从莲花会里出来，飘飘走过仙桥，来到碧莲池边，夫妻相会，合家团聚。到来朝凌晨七月初七五更三点，夫妻分手，各守职位。牛郎被封为仙桥桥主，二个小人被封为银河仙桥桥童，即仙童、仙女。织女在莲花会里织布，织的是锦绣山河。从此牛郎织女世间闻名，万古流传也。

银河上面架条桥，喜鹊搭成是仙桥。
王母娘娘来指点，牛郎织女会一朝。
黎星起，晓星高，五更三点到来了。
织女忙把小人放，站起身来上仙桥。
牛郎后随来相送，跑着灵芝与灵云。
织女飘飘桥上去，明年今日再相逢。
黎星起，晓星高，五更三点跑仙桥。
织女桥上手来招，念佛娘娘跟只一大淘。
诚心修行桥上过，三心二意桥板摇。
走过仙桥莲花会，莲花会里乐逍遥。
今朝香客走仙桥，百年长寿福气好。
无灾无难光阴过，家门吉庆乐陶陶。
仙桥宝卷宣完全，香客人人福寿添。
春夏秋冬无灾晦，年年过的太平年。

这个宝卷版的牛郎织女故事基本上与一般民间传说相差无几，但最终又增添了佛教净土信仰的内容。在结局中，牛郎被封为仙桥桥主，两个小人被封为银河仙桥桥童，织女在莲花会里织就锦绣山河。这个莲花会，在宝卷中有时也称作"莲华会"，其实是指佛教净土信仰中的往生之所。《无量寿经》说："十方世界诸众生类，生我国者，皆于七宝池莲华中化生。"佛教认为，信众只要虔诚信仰阿弥陀佛，净土世界中就会生起九品莲花。人在凡间寿终后，就会从净土世界的莲花之中再生出来。老百姓搞不太懂这些教义，估计就把莲花会等同于仙境了。于是，念佛娘娘只要诚心诚意，就能走过仙桥，在莲花会里乐逍遥了。

四、《琵琶卷》

《琵琶卷》取材于《琵琶记》。陈留郡蔡邕与赵五娘成婚后,在父亲的劝说下赴京赶考。蔡邕考中状元后,被牛丞相看中,要将女儿许配给他。蔡邕不愿,说家中早有婚配,但牛丞相请来圣旨,蔡邕无奈,只好同意了这门婚事。此时,陈留郡正遇饥荒,赵五娘侍奉公婆,为了度过荒年,赵五娘将米粥给公婆吃,自己躲在厨房吃糠。公婆本来怀疑赵五娘躲在厨房偷吃好的,待发现赵五娘吃糠后,公婆羞愧万分。不久之后,婆婆与公公相继去世。赵五娘为了埋葬公婆,将自己的头发剪掉卖了,用麻裙包土自筑坟台。安葬好公婆后,赵五娘带着公婆的画像,背着琵琶离开家乡,去京城找蔡邕。最后,赵五娘找到蔡邕,皇帝感其品行,敕造孝妇牌坊。现选录宝卷的后半部分,其文如下:

夫妇三人重见礼,伯喈开言叫夫人。
多谢夫人真孝顺,天边哪有这种人。
牛氏夫人开言说,相公听吾说原因。
要请爹爹牛丞相,相求拜本奏朝廷。
不枉相公身高中,孝妇牌坊好造成。
不枉姐姐来孝顺,千年万载好留名。
伯喈一听夫人叫,多谢贤哉小姐身。
五娘一听心欢喜,小姐连连叫几声。
丈夫无情真无心,小姐贤德又贤能。
宝珠小姐开言说,姐姐何必此称呼。
姐姐大来我是小,理该姊妹两相称。
夫妻三位心欢喜,忽听梅香报一声。
丞相太师厅堂坐,要请小姐到高厅。
小姐听了心欢喜,相公姐姐听原因。
此刻同到厅堂上,拜别爹爹转回程。
小姐挽了五娘手,一同去见我爹身。
状元移步朝前走,二位夫人到高厅。

牛太师坐在厅上,小姐叫道:"爹爹在上,女儿拜见。"丞相问道:"儿呀!这位女子哪里来的?"小姐道:"这位就是相公结发夫妻,夫人名叫赵五娘。"太师道:"难得到此,可曾开正门迎接?老夫所生唯有一女,如今将赵五娘过继老夫名下为继女,不知状元意下如何?"伯喈道:"岳父大人,赵氏夫人拜见爹爹。"五娘上前叫声:"爹爹在上，女儿拜见一礼。"太师道："女儿罢了！"即唤梅香，吩咐厨房备酒一席，款待五娘。牛小姐道："爹爹上坐，女儿代替赵氏五娘前后哭诉一番。告禀爹爹听听了！"

赵氏大娘真真苦，孝顺公婆天下无。
公婆常吃白米饭，姐姐吃了糠糟共麸皮。
公婆双双弃世去，麻裙兜土葬公婆。
剪发街坊来变卖，殡葬公婆得上坟。
孝顺公婆多多少，五娘孝顺却难寻。
拜请爹爹来奏本，不枉五娘孝顺身。
孝顺牌坊造一座，千年万载好传名。
太师一听心欢喜，女儿说话甚聪明。
明天五更朝天子，当朝一本奏朝廷。
不宣三人心欢喜，丞相写本奏明君。

"龙楼日日，凤阁朝朝，老臣内阁大学士牛忠见驾，愿君万岁万万岁！臣谢万岁将新科状元蔡伯喈入赘我家，他结发妻赵五娘在家侍奉公婆，贤孝非凡。不料一年之内，公婆一齐丧亡。家内贫困，赵氏五娘剪发卖银，殡葬公婆。肩背琵琶，拿了真容，上京寻访丈夫。惟愿敕赐建造牌坊旌表，流传于世。"汉皇说道："依卿所奏，敕赐赏银万两，立刻建造孝妇牌坊。钦赐黄金万两，起造状元府厅堂房屋，着河南太守、知县，即日兴工起造三百六十间房屋，限三月完工。"人人称赞，个个传扬。蔡伯喈祖坟上竖起棋杆，一看坟上威风凛凛也。

劝人原要孝双亲，乃知皇天不亏人。
不宣状元谢恩事，君皇钦赐造牌楼。
楼房造得真齐正，大公看见喜欢心。
本该要打三不孝，如今一见喜十分。
不宣大公张广才，满心欢喜正开怀。
回文再言牛小姐，相公听我说原因。
今朝同到厅堂上，拜别爹爹回转程。
伯喈一听心欢喜，相公小姐到高厅。
小姐便把爹爹叫，父亲在上听原因。
女儿今日河南去，祖先坟上祭公婆。
今朝就要归家转，爹爹不必费心情。

吴地宝卷

丞相即便开言说，女儿听我说原因。
我今六十有三岁，送终告老女儿身。
公又死了婆又死，为何就要转家门？
牛小姐说道："爹爹在上，女儿去后，巴得我生下三男四女，顶立父亲后代香烟。"
牛太师道："说得有理。吩咐家人快些备马叫船，车轿一同行走。今日回去祭扫坟堂。"
牛小姐道："多谢爹爹了。"

家人便去来料理，舟航行李且完成。
厅堂上面来分别，太师丞相送行程。
夫人三位同拜谢，下了舟船不必论。
到县自有县官接，到府还有府官迎。
一路行程来得快，蔡家庄就在面前存。
夫妇三人来上轿，八排八杠到高厅。
伯喈夫妇来看见，广才大公到高厅。
手中执了过头杖，急急走来急急行。
五娘抬头来观看，双膝跪在地中心。
状元双膝也跪下，大公开口说原因。
张广才说道："蔡伯喈，你回来了，你到京得中了头名。
你爹娘，黄泉路，死也甘心。"
蔡伯喈，喜欢心，重开丧事。
众乡邻，大小官，吊奠门庭。
做功德，荐父母，四十九日。
蔡状元，为双亲，守孝门庭。

蔡伯喈吩咐家人，重新开丧。又请和尚、道士追荐父母，祭奠亡灵，做了四十九日道场。文武百官尽来吊奠，蔡伯喈同了二位夫人，重新守孝三年。

春去夏来秋又到，残冬过了又新春。
三年孝满京中去，金銮殿上谢皇恩。
皇封礼部尚书职，尽忠报国断分明。
不宣状元官清正，再宣赵氏大夫人。
叫声相公牛小姐，我今永不吃荤腥。
前世不修今受苦，不如今世早修行。

清净庵堂寻一座，烧香念佛诵经文。
一报公婆升净土，二报爹娘养育恩。
三保相公官清正，四保贤妹福寿增。
五愿早早生贵子，六愿儿孙代代兴。
七愿恩人张大公，八愿年年福寿增。
九愿一口长斋素，十愿西方路上行。
…………
琵琶宝卷宣完成，孝顺媳妇有名人。
状元七十来告老，修行念佛办前程。
牛氏夫人生三子，个个高官爵显尊。
大公也有齐天福，福也增来寿也增。
出只好心有好报，皇天不负善心人。
经也完来卷也完，佛也欢来人也欢。
人欢佛喜天吉庆，在堂佛客保平安。
为上良因三世佛，文殊普贤观世音。
诸尊菩萨摩诃萨，摩诃萨般若波罗蜜。
原以此功德，普及于一切。
修斋增福寿，消灾保平安。

《琵琶卷》除了延续《琵琶记》的情节之外，仍旧按照宝卷的传统，加上了善有善报的大团圆结局。赵五娘孝敬公婆，念佛看经，最后活到95岁，白日飞升。

民间故事类宝卷大多保留了民间传说中的主要情节，但往往会根据需要或当地的信仰加以改写，比如会加入菩萨、仙童等信仰元素，以增强民间故事所承载的道德教化功能，表达道德愿景。

第六节　时事新闻类

时事新闻类宝卷主要取材于现实中的真人真事，如表达对不合理社会现象的批判、记载昭雪的冤案等，具有突出的真实性和时效性。由于这类宝卷大多聚焦于某一地区的重要人物或重大事件，并由当地的宣唱者进行编演，故而呈现出鲜明的地域色彩。无论是天灾人祸还是冤假错案，在宝卷的改写中总会走向一个相对较好的结局，也恰恰是这样的结局表达了世俗想要寄寓在宝卷中的道德愿景。时事新闻类宝卷通过对时事的改写加工与宣唱传播唤起民众强烈的社会意识，具有较强的社会教化功能。

一、《山阳县宝卷》

山阳县即现在的江苏淮安。《山阳县宝卷》记载了清代道光年间发生在淮安的一段冤案。山阳县富豪方玉春病死，留下母亲周氏、妻子陈氏和儿子方宝林。方玉春侄儿方景生贪图方家财产，屡屡欺辱孤儿寡母。见要分家产不允，方景生遂伙同山阳县知县诬告陈氏通奸杀夫。县官收受贿赂，对陈氏滥用大刑。周氏闻得苏州巡抚为官清正，就去申冤。最后在苏州巡抚的帮助下，事情大白于天下。恶人受到惩罚，陈氏无罪释放，并被封为一品夫人，敕造节义牌坊。该卷内容较长，现摘录其中的片段，其文如下：

节义宝卷初展开，诸佛菩萨坐宝台。
合堂大众齐声和，一年四季免三灾。
佛前开法要诚心，善男信女听分明。
在堂大众弥陀念，赤心皈正和如来。
忽然一日无常到，万事全休一场空。
不说前朝古人事，再说年间时新闻。
大清道光圣明君，圣臣传位坐龙廷。
建了淮安山阳县，千家万户百姓人。

再说清朝年间，道光皇帝登坐江山，风调雨顺，国泰民安，不在话下。有一奇文出在淮安府山阳县方家庄，庄上有一家姓方名叫玉春，年方三十五岁，置办粮田八千七百余亩，典当四爿，有金银七八十万，号称豪富。自己捐纳州同，一生济贫行善。夫人陈氏名翠娥，年方三十三岁，甚是贤惠，所生一子名叫宝林，年方十三岁，聪明伶俐。祖母周氏在堂，年高八十三岁。一门孝顺，合家安康便了。

方家庄上方玉春，一生为善正经人。
当年夏天帐子不取利，冬天破袄利不生。
租米还来上斛利，银钱借出还本钱。
陈氏夫人多贤惠，孝敬公婆礼十分。
恭敬丈夫如亲友，爱惜孩儿宝和珍。
宝林官人延师傅，聪明伶俐必文生。
正是吃的珍馐味，穿的绫罗锦绣纹。
住的华堂高大厦，梅香使女服侍身。

合家老幼多快乐，玉春不觉病来生。
五月十八来得病，焦寒发热不非轻。
周氏太太多忧闷，陈氏夫人泪盈盈。
宝林读书无心绪，安童使女不安宁。
山阳县名医都请到，又请名医周士成。
此病漏底伤寒症，病入骨内实难医。
服药调治全无效，问卜求签总不灵。
延到下旬念三日，玉春一命见阎君。
夫人痛哭肝肠断，太太悲伤瞎眼睛。
官人哭泣双流泪，主意全无半毫分。

却说方玉春一生行善之人，不想得了漏底伤寒之症，服药问卜总是不灵，一病身亡。太太、夫人、官人痛哭，主意全无。幸有一个管账先生，姓张名锦文，为人正直，做事能干，一应大小事务托得便了。

管账先生张锦文，一生忠直能干人。
大小事务多托付，办理事情不差分。
衣裳棺木多完备，报知亲友族邻闻。
诸亲百眷都吊奠，棺木停在坟堂门。
孩儿天天哀哀哭，设灵供座在家庭。
六月初七三七到，陈氏夫人哭亡灵。
听见外面行人响，来了一个不良人。
此人就是嫡亲侄，名字就叫方景生。
枉为黉门秀才士，赌钱吃酒不成人。
堂前吃酒未解劝，婶娘不必苦忧心。
叔父虽然归天去，幸有贤弟方宝林。
不可今朝来啼哭，保重身体要康宁。
待等娶了媳妇身，婶娘就是快乐人。

且说方陈氏夫人思想丈夫三七之期，在灵前痛哭之时，侄儿方景生进来。景生的父亲名叫玉明，同玉春嫡亲兄弟。玉明夫妻二人俱亡，单生子名叫景生，枉做秀士，为人不正，吃着嫖赌俱全，拿自己一份家私已玩尽。他娶妻张氏，亦是贤惠，所生一子名叫春兴。只因行为不正，叔父在日不敢进来。今日叔父亡故，借脚进来。婶娘开言问道："侄儿，

吴地宝卷

你在家做什么？"景生道："婶娘不问之时犹可，你问起之时不瞒婶娘，现今小侄又一言难尽了。"

我今风扫地来月点灯，身上衣衫不成人。
弄得朝无呼鸡食，夜无屋里老鼠粮。
刮穿镬子圈圈等，镬盖常常起蓬尘。
陈氏婶娘亲听见，顿时发起一善心。
家中如此多贫苦，还比黄连苦三分。
倘然缺少米来借，缺少银两我负担。
日后兴隆还我本，利息不要半毫分。

却说方景生听了婶娘之言，心中思想：叔父在日之时，拉外头人十分行善，在侄儿面上分毫不肯借于我。如今叔父亡故，看他婶娘倒有点软心肠了，倒说道肯借米又肯借钱我。但是，我大手用惯个哉，问你借贷一点干得着啥事体？方景生顿时想起不良之心，打个主意已定，即便开言说道："婶娘呀！"

小侄自有一句话，你今在上听原因。
我父就叫方玉明，同叔玉春一父生。
我父母早已身亡故，小侄只得九岁春。
分家之事我不晓，为侄分得不均平。
叔父如此多豪富，小侄家中如此穷。
叔父在日有叔势，如今宝林兄弟称。
现今不怕叔母势，要拿家财重新分。
若有半句言不肯，定要相吵弄干净。
陈氏不听倒也罢，听了此言火直喷。
我道你今来学好，原来你来起黑心。
不想家财来荡尽，倒来欺瞒方宝林。
婶娘同侄来争论，惊动内边太太身。

再说婶娘同侄儿二人在厅堂上争论喧闹，内边太太晓得，出来便问："景生，你为何如此吵闹？"陈氏告诉一番，老太太听了大怒，说道："畜生，你如此无礼！你父玉明与玉春两人平半均分，我并无偏。你自己吃着嫖赌弄完家财，自己不好，况且你叔父在三七之内，不想照应婶娘，倒有如此言语，真真忤逆不孝了！"

太太顿时来发火，手拿拐杖打景生。

婆婆打我难回手，只得逃出大墙门。
景生移步下阶沿，肚内思想想计谋。
一头走来一头想，想条计策再理论。
行来走到己门首，走进书房两扇门。
坐定身来呆呆想，长吁短叹不绝声。
不想此事倒也罢，想着此事必要分。
重新家财来分我，万事全休不必论。
家私不分不必说，太太拐杖打上身。
肚内有点勿乐意，景生恶计害他们。

方景生勾结山阳县知县张松林和刑房师爷曹子斌，将陈氏拘捕，又买通烟鬼王以坤，让他假做奸夫来招认。陈氏宁死不屈，山阳知县欲将她屈打成招。其文如下：

你个妇人咬得紧，张爷高声骂你身。
你在娘家有通奸，结识奸夫王以坤。
嫁到夫家有来往，又是十年有余零。
谋杀亲夫独自干，奸情之事两相因。
以坤口供来招认，你要还赖总不能。
随即快快来招认，本县从宽二三分。
倘然依旧不招认，又要受了大刑来。
陈氏顿时火直喷，就骂瘟官张松林。
畜生与你来合计，又串助恶曹子斌。
买了奸夫来对质，定然害奴一命根。
你个瘟官来上任，家中也有妻子身。
便要逼我奸情事，你个妻子结识王以坤。
情愿与你来拼命，我勿做了臭名声。

且说知县弄得无可奈何，被方陈氏骂得横瘟官、竖瘟官，便对曹子斌说道："这个妇人十分厉害，如此大刑总不招认口供。倘然咬紧不招，我的前程也不保了，如何是好？"曹子斌道："老爷不妨。吩咐稳婆，端正皮裤一条，大雄猫一只，藤条一根，将陈氏上下衣服剥下，将皮裤着在身上，去拿大雄猫放在裤裆中，上下扎紧，就拿藤条打，大雄猫负痛，脚爪口咬，陈氏疼痛难熬，自然招也。"知县道："是个，不错。"随即吩咐稳婆，照依备办雄猫便了。

知县即便来吩咐，稳婆当心取端正。
陈氏衣衫都宽下，皮裤一条着在身。
又拿大雄猫一只，放在裤裆内面存。
下脚裤管来扎好，上身裤腰又束紧。
一根藤条拿在手，照打雄猫不绝声。
猫儿晓得冤枉事，内面不动半毫分。
外面打得正有劲，猫儿起火发死恨。
前后猫脚足一挺，皮裤裆内豁生能。
也不抓来也不咬，跳在正梁上面存。
知县搭了曹子斌，顿时看见吃一惊。
此案奇怪真难办，三更审到大天明。

且说知县听了曹子斌用了雄猫大刑，猫儿晓得案头冤枉，随即跳出裤裆衣。今天明大亮，曹子斌道："老爷，天已明了。"张松林心中思想：大刑重重总不招认，我的前程不保，倘然日后天穿地破，亦未可知性命如何？上了方景生当哉。好不烦闷，吩咐即便退堂便了。

陈氏族人与周氏太太一起去苏州的巡抚衙门告状。巡抚陈大人审明了冤情，将罪人一一伏法。其文如下：

却说巡抚大人收了状纸回转衙门，即发令箭一支，着淮安府将这班犯人立刻解到巡抚院门，不得有违。淮安府高永昌接了令箭，心中想道：山阳县虽则与我女儿亲家，然而他一则自己贪赃，串了方景生屈告陈氏，二来又将棺木更换，叫我四品黄堂难以包庇了。即便发下一道大签到监中吊出方陈氏，拿下一班恶党，一一招认明白，亲自解到辕门投递是实了。

江苏巡抚陈大人，升堂审理一事情。
淮安知府来通报，上前一一细禀明。
下官奉着大人命，拿到一众犯罪人。
原告妇人方周氏，被告山阳知县身。
景生会同曹子斌，以坤搭只姓沈人。
原告方门陈氏母，一一交代点分明。
现在辕门来伺候，请令大人施法行。
大人即便来吩咐，尽到丹墀上面存。

山阳知县呈原卷，心中吓得怦怦能。
大人即将原卷来观看，先叫奸夫王以坤。
你通方门陈氏女，谋死亲夫事情，
一一从头来直说，如若虚言斩你头。
以坤心中自思想，奸情只得认在身。
通奸之事实情说，谋死亲夫不知闻。
大人即便高声喝，你这恶徒王以坤，
诬陷官家良妇女，该当何罪在其身？
吩咐一声来捆绑，法场处斩要号令。
以坤听见斩首魂飞散，顿时启口禀原因。
让我细细来实说，饶我狗命一个人。
老爷呀，景生眼看婶娘家财大，要害陈氏婶娘身。
设计谋杀亲夫事，搭我斟酌这段情。
景生送我白银三百两，买我当奸夫做对证。
当时我还不答应，晓得日后有祸根。
他说串通师爷曹子斌，串通知县张松林。
拿我奸夫来摆样，汗毛不缺半毫分。
句句真言是实话，并不虚言哄大人。
大人一一都听见，顿时大骂不良人。
贪钱冒奸真可恶，一刀之罪不非轻。
又问山阳张知县，为何合通方景生？
枉做七品为知县，不想保国与安民。
无凭无据来诬告，屈害方门陈氏身。
良心摆在肋肋上，你有何言对我呈？
知县听见抖不停，勉强上前禀事情。
单说不知其中事，尽是生员方景生。
出首进纸来告状，单说不得勿提审。
伏望大人是明镜，笔下超生感大恩。
以坤口供招明白，景生与你合通行。
串通害民充军罪，买奸情由大罪名。

吴地宝卷

一刀难免无常事，休怪我爷不容情。
又问看守坟堂沈三宝，更换棺木是啥人？
一一从头说实话，免去刑罚受苦辛。
三宝心中来思想，不能瞒过陈大人。
只得上前来直说，大人在上听原因。
前日主翁方景生，同赵一贵、钱二珍。
买了鱼肉并酒菜，来到坟堂饮杯巡。
定于七月初四日，吊棺相验看虚真。
我家叔父方玉春，并无伤痕在其身。
曹二蜡扦钉有伤迹，两棺更换瞒众人。
并无一点是虚话，不信但问方景生。
大人一一来听禀，顿时拍案骂高声。
串通一党无王法，四人同罪正该应。
大人就问方景生，枉为秀才入黉门。
贪得婶娘家财大，串通知县乱五行。
天地良心四个字，全无一点在于心。
第一串通诬告罪，第二买奸罪不轻。
第三更换棺木事，共有三件大罪名。
正法凌碎迟割死，自作自受自害身。
又问师爷曹子斌，为何合串知县用极刑？
你心属奸全无礼，一刀之惨罪不轻。
此时两人无回答，只得上前求开恩。
一桩大案疑难事，大人审得碧波清。

且说陈大人一桩疑难大案审得清明如镜，速将尚方宝剑出示，吩咐刽子手将张松林、曹子斌、王以坤三人推出辕门斩首；拿方景生零碎割死，磨骨扬尘；又将沈三宝父子两人绞死，又捉拿赵一贵、钱二珍两人到案后绞死，以正王法，不得违背。陈大人又对淮安府高永昌说："山阳县是你的属县，如此犯法，你难免有失错之罪。我姑念你初次为官，也不追究。方周氏同媳妇陈氏着你送回家，将方门陈氏受屈伤痕请医调养，将两口棺木调正，不得有误。"淮安府急忙谢恩："下官听令。"发鼓三通，即便退堂。陈大人即将一班恶党按法律治罪，又将方陈氏受屈守节事情一一写表章奏明万岁。万岁洪恩浩大，发下诏书一道，封赠方陈氏也。

《山阳县宝卷》详细记录了一个冤案。这个冤案应该是在道光年间真实发生过的，并流传到了各地。宣卷艺人创作了这个故事，一方面满足听众的猎奇心理，让听众详细了解案情的各类细节；另一方面也是为了伸张正义，体现惩恶扬善的淑世精神。

二、《开桥宝卷》

《开桥宝卷》讲述了发生在无锡的一桩事件。清代嘉庆年间，无锡地区的乡绅盲目迷信风水，将无锡西门显映桥河水阻断，结果严重影响了当地的农业灌溉，导致农作物收成欠佳，民不聊生。无锡钱家桥支塘村监生支凤带领当地百姓开坝，反抗官绅的不合理举措，却反遭乡绅陷害入狱。最后遇到贵人相助，才使沉冤得以昭雪。该卷内容较长，现摘录其中的片段，其文如下：

自从盘古立乾坤，三皇五帝到如今，

一治一乱天下定，世事纷纷说不尽。

唐宋元明多不说，承起万年归大清，

传至帝皇第五代，嘉庆君皇坐龙廷。

且说本朝大清顺治帝登基，一统天下，传至第五代，是嘉庆皇帝登位。其岁十九年，天时大旱，半载无雨，田苗涸死，年岁大荒，人民遭难。且说无锡西门钱家桥支塘村上有一监生，姓支名凤，表字豪铭，娶妻秦氏，夫妇同庚。年交四十，所生三子，长子六官，次子八官，幼子九官。家有良田三百余亩，开三小店，面店、油车、肉店。为人忠直慷慨，一心济贫救苦也。

南无会上圣众王菩萨，阿弥陀佛。

支塘村上支阿凤，为人良善十分忠。

十九年份遭大旱，天宫无雨落空中。

朝晨看看乌云起，日高三丈起大风。

四方并无云一点，明清皎洁好天宫。

算来半载无雨落，树头晒得尽焦红。

市河里面蓬尘起，田内青苗像黄葱。

街坊上面无生意，十分冷落万民穷。

金、锡两县遭大难，则为干旱年时凶。

支凤店中呆呆想，左思右想无路通。

且说支凤在店中想道：天时大旱，雨滴全无，心中昏闷。其日出外，一路闲游，走

吴地宝卷

到无锡西门，来到显映桥上一看：南通太湖，白浪滔滔；北面一看：水滴全无，桥南、桥北水高低相差一丈有余。嗄！有此缘故！何不开通此桥？上保钱粮国课，下救万万生灵也。

支凤起念要开桥，来到无锡县里跑，
手呈名帖来通报，知县抽身忙相邀，
挽手同行花所进，分宾坐定饮香醪。

且说无锡县韩爷与支凤为何相好？只因嘉庆十七年间，饭箩村有桩人命无处破案，幸与支凤查明破案。因他忠直善良，所以结为弟兄，十分亲近。当下饮酒言谈。韩爷道："支兄为何愁容满面？有何不乐之处，请道其详！""吓，韩兄听禀呐！"

支凤启口说原因，韩兄难道不知闻？
如此干旱无雨落，四方寸草不生根。
民间田稻多涸死，小弟心头愁十分。
今日游到西门外，显映桥上看分明。
桥南水通太湖里，桥北无水起蓬尘。
高低一丈有余外，金、锡稻苗尽枯根。
皆为此桥来隔断，害却民间万万人。
只要开通桥一座，水放流通救万民。
相烦韩兄出告示，申报上司动工程。
韩爷听说眉头皱，难惹无锡众乡绅。

无锡县一听支凤要开显映桥，大吃一惊："吓！支凤，你此事大有阴鸷，但是此桥古今历代不通，只因无锡城内众乡绅按定风水，故而作断，开不得的。若是本县出了告示开桥，倘然众乡绅出首，我的七品前程不保，攸关重大，你的性命多不保的嘘！"

知县开口叫豪铭，此事千万不可行。
古迹桥下通流水，乡绅作坝出文人。
按定风水多出秀，你若开通惹祸根。
我出告示官职小，七品知县出西门。
四大乡绅红顶子，与皇护驾在朝廷。
支凤听说无言答，辞别韩爷转家门。
昏昏闷闷无计较，且说芙蓉下山人。

支凤惨遭乡绅陷害，被拘捕进牢狱。其文如下：

且说支凤被公差牵着动身，合家痛哭伤心，众百姓个个怨恨，尽来相送。众乡绅说笑支凤，当初开桥时光，幸与众百姓、英雄豪杰，还有王金老帮助，何等威势！如今被薛四告准府状，一条链条锁住颈项，好像牵狗一般，后来总要吃刀个哉！

支凤含冤锁链条，先到无锡老县跑，
韩爷即便来吩咐，豪铭你且听一遭，
你今不必心烦恼，暗中相助你三毛，
赠你洋钱五十个，上司用度自开销。
支凤接银称多谢，胸前两泪索珠抛，
拜别韩爷人一个，开船一路急滔滔，
舟船来到苏州地，四个原差牵子跑，
一径牵到衙门里，官押下处进监牢。
不宣支凤牢门进，再说原差诉一遭，
傍所老爷闻言问，犯人支凤可拿牢？
原差即便大人叫，如今收在外监牢。
犯人到案就提审，传唤现班皂快到，
也看薛四摸纱帽，赚他洋钿十二包，
本县到信人情讨，不能依他心一条。
立刻传齐六房科，站堂吩咐木梆敲，
堂上打起升堂鼓，端正刑具大链条，
等候站堂大人到，皮鞭、竹片再拿好。

支凤冤情得以昭雪，众恶人一一服罪。其文如下：

且说巡抚陈大人将海傍所斩在苏州，又到无锡，立拿四乡绅、薛银大，斩在显映桥墩上，将首级号令桥梁也。

钦差立刻转回京，复旨京中万岁听。
再说支凤回家转，谢天谢地谢先灵。
远近乡村多来贺，知县韩爷也到临。
吩咐名班来做戏，大摆筵席闹盈盈。
不宣支家多闹热，再说苏州巡抚尊。
私书发到邹府上，急死炳泰邹大人。

且说邹炳泰见了陈春霖学生的书札，唬得魂不附体。"啊呀，完了完了，我家毒头害我命了。"就将鹤顶红一舔,一命呜呼也。

鹤顶自亡邹大人,再说支凤上苏城。
来到巡抚衙门里,拜谢大人救命恩。
说起当初监中事,本与通牢两个人。
一个名叫牛抽筋,一个就叫抱不平。
本为除恶将人杀,所以犯此大罪名。
叩求大人生慈悯,赦他二人出监门。
巡抚听说心中喜,放出刚强两个人。
大人写表京中去,奏明支凤善良人。

且说嘉庆皇见了陈巡抚表章,已知邹炳泰误屈而死,十分嗟叹,谥封忠义王,建造庙堂,四时享祭,以表其忠。又表钱家桥支凤为国为民,受此冤苦,赏赐金顶黄绢补子,又赐黄金千两,着巡抚立碑在显映桥墩下水仙庙内,逢干旱即开。若有拦阻等情,照薛四、乡绅为律。奉旨钦命,嵌碑立牌,今有圣迹在庙也。

奉旨立碑天下闻,传流古迹到如今。
天使来到支家里,合家大小受皇恩。
水仙庙里还香愿,尊尊神佛尽装金。
又到陆府亲翁宅,拜谢羊毛陆大人。
王金年老身亡故,未曾相谢已丧身。
奉劝在堂大众听,为人不可使欺心。
为善之人天保佑,作恶之人祸殃临。
四大乡绅多遭害,海傍贪赃斩头颈。
支凤吃尽多少苦,为民斋匾挂当所。
看来到底为善好,行凶乃有好收成?

《开桥宝卷》讲了支凤为了百姓利益与地方恶势力斗争的故事。虽然一般来说,宝卷有很多神话传说和神道故事,但在这本宝卷中,风水信仰所导致的封桥行为并不被支持。这进一步说明,宝卷并不是以宣传神道为目的,而是借神道来宣讲道德。当神道信仰违背道德时,宝卷也是站在道德一边来反对神道的。

三、《滑稽小偈》

《滑稽小偈》名为"滑稽",其实讲述了中国人的苦难史。该卷讲述了日本在"九一八事变"和"一二八事变"中对中国的侵略,以及中国军民在"一二八事变"中英勇抗战

的情况,其中也涉及常熟受战事波及的情形。全文如下:

在堂大众净净心,略将小偈宣分明。
要宣山海关外一桩情,今朝说把大众听。
宣统三年到如今,为啥年年不太平?
只为清朝百姓人心变,剪落头发做革命。
民国念年大发水,几省发水没干净。
汉口、上海尽发水,高邮、邵伯没杀人。
常熟城外也没到,低乡百姓受苦辛。
田中稻苗尽没坏,屋里上水不登人。
没得灶上无处烧饭吃,尿瓶、马桶尽干净。
浅个没到随脚踝,深个场化随头颈。
肚饥也无粥饭吃,吃口冷水当点心。
思前想后无生路,结了团体报官所。
请求衙门要赈济,发赈两事救灾民。
各县县长忙申奏,各省呈文到南京。
蒋总司令来接着,贴出告示赈济贫。
立出命令着省长,转着各县县长发饥民。
大人一口五百文,小囝改半赈济银。
今朝说起日本人,日本皇帝坏良心。
狼心狗肺心不足,晓得中国国家贫。
国库空虚无啥钞,哪有银钱发饥民?
外国人,不是人,顿起一片黑良心。
前年常受中国抵日货,名堂就叫踏沉船,欺瞒我俚中国人。
想登中国做皇帝,想做中国皇帝坐龙廷。
欲要侵略中国地,暗派本庄司令发出兵。
出兵就到锦州地,又到热河是辽宁,
又到山海关外吉林省,哪知碰着对头马将军。
马占山,是狠人,冒火冲到头顶心。
调出军队要抵抗,抵抗日本外国人。
要想一仗成功打,打退倭奴日本人。

吴地宝卷

连日争战无休歇，日日夜夜不得停。
朝晨打到黄昏后，四更打到大天明。
可怜马占山手下军队少，寡不敌众不得赢。
渐渐失败往后退，黑龙江让把外国人。
日本倭奴真起劲，吆五喝六闹盈盈。
势如劈竹无人敌，登在山海关外胡乱行。
独立关外五省地，请出宣统坐龙廷。
千不怨来万不怨，只怪我俚中国人。
只怪上级军官不同心，只想贪赃糊涂欺穷人。
只想打算铜钱进门大，捐到铜钱买鱼、买肉、买荤腥。
只有捐铜钱一事顶当心，打仗两事乩干净。
兵马也不操练熟，也不教训小兵丁。
日本人，像猴形，身着西装像只猢狲精。
中国百姓好伤心，杀落多多少少人。
眼睛挖出合药料，抽出肚肠就做热水瓶。
中国同胞遭恶难，死在倭奴手里苦伤心。
自从八月来起事，打到年底分收兵。
山海关外五省地面尽失败，一齐让把日本人。
本庄司令多得意，定道中国无本领。
妄想中国全世界，欺瞒中国吭人。
暗派贤择中将到上海，八只兵轮开到黄浦心。
又派直殿将军来帮助，飞机飞在半天心。
航空母舰到上海，歇在吴淞口外大江心。
串通一排大英人，暗里帮助日本人。
要借大英租界驻兵马，出其不意打退中国人。
不宣倭奴到上海，要宣广东义勇军。
广东司令蒋光鼐，得着信息火冲心。
立刻发出十九路，领兵就是姓蔡人。
蔡廷锴，大本领，领了十九路军上路行。
暗暗到了上海地，四处埋伏要当心。

暗防倭奴要动手,要想杀尽倭奴日本人。
直到一月廿八夜里才动手,倭奴肚里喜欢心。
只道上海勤防备,中国人此番一定勤当心。
今朝打平上海地,明朝直达到南京。
哪知惹动十九路,十九路军暗里巡。
个个摩拳多擦掌,威风抖擞身健轻。
战线划到浜北地,宝山路一段顶吃紧。
双方碰头就开火,开枪开炮闹盈盈。
枪声连连声不绝,炮声震动上海城。
空中铅子如落雨,烟雾腾腾看不清。
倭奴天天吃败仗,中国人日日胜仗赢。
打得倭奴身自刎,呜呼一命命归阴。
野村中将心着急,告急奏章到东京。
要求日本皇帝发救兵,着差白川到来临。
带了手下兵和马,十八只兵轮开出京。
路上行程无耽搁,早到申江上海城。
一齐上岸排兵队,刀枪剑戟密层层。
马队先行来开路,小钢炮队后头跟。
铁甲车,如射箭,坦克车开似风行。
空中飞机要保护,步枪军队往前行。
野战炮队连开放,烟幕炮弹雨点能。
买捉江北人来甩炸弹,东甩西甩乱纷纷。
一时火发红烟起,烟尘堆乱唬杀人。
枪炮连连声不绝,乒乒乓乓不绝声。
可怜闸北一段伤心处,多少房屋化灰尘。
商务书馆尽烧坏,北火车站也无存。
江湾大场庙行镇,一齐打得乱纷纷。
各条马路无人走,私街小巷无人行。
白川大将真狠毒,大包围势狼虎形。
五路开兵往前打,冲锋打仗比输赢。

吴地宝卷

十九路军将要败，急拍电报讨救兵。
蒋介石，来得信，派出八十八师禁卫兵。
师长姓俞名济时，四十七师也来临。
到仔上海就动手，合作尽打日本人。
白川大将使毒计，兵轮开出往外行。
开到浏河就上岸，又到太仓一座城。
十九路军心慌乱，立时退出上海城。
四十七师也退下，退到常熟市桥登。
八十八师也来到，到只常熟掘地潭。
城头上面壕沟掘，团砖掘得密层层。
常熟店家尽罢市，家家下挞尽关门。
大户人家尽逃难，搬场逃难忙煞人。
唬得城里不敢住，一齐唬到乡下登。
小户人家无逃处，大哭小喊泪纷纷。
正月廿七大背人，市桥百姓唬干净。
各村各巷尽晓得，不知背人背去啥正经。
有个说道背去扛铅子，有个多说背去做小兵。
扛铅子，不要紧，只怕上火线去伤性命。
故此个个多惊唬，男男女女尽吃惊。
胆大人，不要紧，小胆头人不安心。
唬得日里不敢街上去，夜头不敢屋里登。
吃仔夜饭早出门，私巷私口去安身。
有个丫在河滩上，有个睏在破荒坟。
有个伴在杆棵眈，有个伴在竹梢墩。
有个伴在牛步栈，有个伴在垃圾墩。
有个野田爿里氘氘转，一夜不睏听梆声。
有个登在破屋里，听见人声唬得无哪能。
倘有外头狗来咬，唬得眼忑娄娄不做声。
唬得男人不去生活做，女人不去花边纶。
老太唬得索索抖，小囡唬得无响声。

尽说此番无世界，哪知天道不亏人。
幸亏常熟人来佛天敬，故而没有大难临。
算来还是良心善，免灾免难保安宁。
……………
滑稽小偈宣完成，诸佛菩萨不作真。
……………
中国、日本争战如何样？到底打到哪光景？
大众如有不中听，就叫胡言乱语热昏醒。

该小卷以通俗化的方式记录了淞沪抗战的情况，一方面通报了前线战况，另一方面也唱出了老百姓的苦难，宣卷几乎描述了受到战争影响的社会生活的各个方面。通过这样的方式，宣卷先生唱出了老百姓的心声，表达了对抗日军队的敬意及对日本侵略者的痛恨。

第七节　开篇小卷类

开篇小卷类宝卷，又称为"小偈"，是吴地宝卷中比较特殊的一类。它最初可能源自佛教的"偈颂"，后来慢慢脱离宗教的影响，加入了世俗的内容，但仍旧保留了篇幅短小的特征。这类宝卷的唱词多为七字句，少有说白，在宣卷开始前演唱，如同弹词的"开篇"。这类宝卷中有很多是纯为趣味而作，多排比名物，追求热闹、诙谐的艺术效果，也被称为"游艺性宝卷"。此外，民国初年的一些宣卷艺人为了迎合市民的娱乐趣味，也编唱了一些滑稽、诙谐的小卷，如描述扑灭苍蝇的《嗡嗡宝卷》，描述各种稀奇古怪事情的《游戏宝卷》等。

一、《花名宝卷》

《花名宝卷》用十二月花名唱十二种伦常，篇幅虽短，却有警世之意，其文如下：
花名宝卷初展开，诸佛菩萨降临来。
正月梅花开来早逢春，媳妇贤良敬大人。
保佑公婆年千岁，门前大树好选荫。
孝顺公婆为第一，自己也要做婆身。
你若不买公婆吃，生男育女也虚文。
在家买足公婆吃，何用南海去斋僧？

一心只管行孝道，皇天不负孝心人。
二月杏花开来是春分，孝顺男女敬双亲。
孝顺还生孝顺子，忤逆还生忤逆儿。
不信但看檐头水，点点滴滴不差分。
在生买点爹娘吃，灵前供养是虚文。
爹娘就是灵山佛，何用灵山见世尊？
为人孝顺行孝道，不拜诸佛也欢欣。
三月桃花开来是清明，夫妻恩爱两相因。
丈夫不可怨妻丑，妻子不可怨夫贫。
妻子丑陋前世定，丈夫家贫命生成。
命好不到穷家去，命穷不到富家门。
姻缘本是前生定，五百年前结成亲。
千里迢迢能想念，夫妻恩爱海洋深。
四月蔷薇花开立夏来，兄弟和睦过光阴。
兄若宽容照看弟，弟若宽容顾兄身。
兄弟相争看娘面，千朵桃花一树生。
家中有了亲兄弟，何用外面结拜人。
三兄四弟一条心，门前泥土变黄金。
三兄四弟各条心，家内黄金化灰尘。
五月石榴花开是端阳，姑嫂做事要商量。
嫂嫂有事姑娘做，姑娘有事嫂当场。
尊敬孝顺看公婆面，姑娘不可太用强。
在家不用爹娘势，姑嫂相逢喜欢肠。
姑娘本是堂前客，做嫂原是要忠良。
出嫁姑娘做嫂嫂，嫂嫂原是姑娘身。
六月荷花开来伏中心，邻居和睦过光阴。
若有小儿来争吵，各叫儿女转家门。
不肯面前将儿打，从今儿女骂四邻。
大人相争难肯好，小人仍旧一同行。
日子开门要相见，何必今朝闹喧天？

远亲不如近邻好,急难之中互关心。
七月凤仙花开秋时景,劝君做事要当心。
五更鸡鸣清早起,三日起早当一工。
起早既勤还须俭,免得忙时去求人。
求人只可一二次,三次求人不相承。
别人求我三春雨,我求别人六月霜。
三春之雨时常有,六月浓霜何处来?
八月桂花开来还秋景,有钱不可笑穷人。
穷的哪有穷到底,富的哪有富到头?
许多先贫而后富,也有先富而后贫。
十年财主轮流转,富贵贫贱也有转。
斗大烛光难照后,看他结果何收成?
满碗粥饭能好吃,说话之中留一分。
九月菊花开来是重阳,落到半年想收场。
有钱无子非为贵,有子无钱不算贫。
三十为人当自立,四十常存道德心。
五十看透世俗事,六十年高德重人。
老来无子枉多寿,更比黄连苦十分。
十月芙蓉花开是立冬,劝君行善莫行凶。
十分英雄多盖世,后代儿孙难做人。
虎头牢狱强人坐,牢狱之中苦难忍。
家中贫苦非别苦,哪有良民在狱中?
只有高山望牢狱,未有牢狱望高山。
只有恶人牢中坐,哪有恶人上西天?
十一月水仙花开是仲冬,恶人休把善人凶。
人恶人怕天不怕,人善人欺天不欺。
善恶到头总有报,只争来早与来迟。
仙桥上面善人过,地狱之中住恶人。
阳间善恶由你做,阎王殿上见分明。
劝君及早要修行,人不修行怎奈何?

吴地宝卷

十二月蜡梅花开冷清清，劝人念佛早回心。
修行念佛无老小，无常不管少年人。
柜中有钱难买命，阎王殿上不容情。
阎王出了勾魂票，不要钱财只要人。
命中注定三更死，决不留人到五更。
天大家财拿不去，一双空手见阎王。
花名宝卷宣完成，苍天不负孝心人。
若能敬信花名卷，胜造浮屠塔七层。
为上良因三世佛，大慈大悲观世音。
在堂菩萨摩诃萨，摩诃般若波罗蜜。

二、《螳螂卷》

《螳螂卷》讲述了螳螂做亲的奇闻轶事。虽然是虫子结婚，但似乎都依照人类的结婚方式进行。文中出现了很多拟人的小虫子，读来幽默风趣。其文如下：

昔年出的古奇文，今朝且说大众听。
奇文出在何方地？在于苏州广地名。
有劳大众齐声和，听宣一段巧姻缘。

且说一位孔夫子的门人，名叫公冶长先生，出去游玩，不觉走到虎阜山东，槐荫树下歇息乘凉，哪知耳闻奇事。只听得树上虫豸热闹争执，欲思匹配成亲。

公冶长先生呆思想，这是螳螂纺绩娘。
皆因前世有缘分，化生今世要成双。

且说螳螂躲在槐荫树上，纺绩娘躲在娑婆树上，螳螂看见纺绩娘生得十分标致，美貌端庄。

绩娘打扮得果然精，柳叶眉毛八字分。
一双秋波生得俏，樱桃一口红喷喷。
头上挽起盘龙髻，脚下弓鞋像红菱。
统身一概多装扮，犹如仙女下凡尘。

再说螳螂走上前去，叫道："请问贤妹姓名？住于何处？"绩娘道："姓丝名绩，纺绩为活。家住扬州琼花观。"螳螂道："原来是纺绩娘子，岂敢岂敢。"绩娘道："请问哥哥尊姓大名？贵乡何处？什么世家？"螳螂道："小生姓螳名螂，家住姑苏玄妙观。小生年方十八岁，三月初四日卯时生，未曾联姻。"绩娘道："呸，才说出来，阿要死呀！

我又不是算命先生,又不是起课测字先生,要你年辰八字何用?"螳螂道:"小姐,你若未出帖,可好与我结成夫妇?待我小生求得一官半职,封妻荫子,富贵荣华,有何不美?"绩娘一听,羞得面涨通红,便骂道:"畜生狗才,何出此言,讨我便宜?"

绩娘开言骂螳螂,可恨畜生太癫狂。
我是黄花闺门女,讨我便宜寿不长。
爹爹在家为宰相,母亲诰命在中堂。
闻得虎阜多景致,特来游玩散心肠。
今朝遇着癫狂子,休想奴奴做妻房。
不言两虫争斗事,再说先生公冶长。

那公冶长先生却在槐荫歇息乘凉,只见得两虫争斗,即便开言相劝,说道:"你是官家之子,她是乡宦之女,你们勿必争执,我有一言相劝,看你们前世有缘,今日却遇相逢。两边莫说,待我作伐。"

螳螂公子要成亲,公冶长作伐做媒人。
便对绩娘分明说,他们也勿是白衣人。
家爹刑部大堂人人晓,为官清正尽知闻。
奴家听我来相劝,莫要错过这婚姻。
等他选定吉良日,前盘后轿就过门。

再说绩娘见得先生前来作伐,许配婚姻,一口应承,尽皆告别。螳螂此刻心中欢悦,再谢先生,即刻回家诉与父母知晓。爹娘一听,尽皆欢喜,难得孩儿自寻亲事,快去选日,诸般全备,然后迎娶。再言绩娘回家亦要告禀双亲知道。

绩娘回府告双亲,爹母在上听原因。
小女姑苏看景致,遇着贤良一先生。
将我许配螳家子,只因路远未禀明。
迎鸾日子相将近,红灯花轿娶奴身。
夫人听说真难得,岂有女子自配婚?
倘被外人来知晓,笑杀多多少少人!
做娘只好嫁妆办,八台四箱嫁千金。
一应铜锡木作都全备,挂灯结彩闹盈盈。

那夫人所生一女,重办妆奁,随身丫鬟几个。吩咐家人打扫厅堂,挂灯结彩,大摆筵席,大开正门,专等迎娶。再说男宅到了良辰,预先诸色铺排全备,红灯花轿,乐人鼓手,

173

吴地宝卷

娶亲人众,一切完备,即刻登程。螳螂要娶纺绩娘,诸般虫豸乱纵横。

老鼠洞中亲听得,择选日子看阴阳。
蜈蚣即便来投帖,百脚挑盘往前行。
诸般虫豸来送礼,蠓螸子吃酒乱忙忙。
乌甲虫奔走邀吃酒,三梭子定席吃得忙。
油麻虫豸哀哀哭,檐头壁蟢做梅香。
蚕蛾娘子肝肠断,蜜蜂听见好凄惶。
螟蛉店前来买布,蟋蟀娘子做衣裳。
长脚蚂蚁铺行嫁,蝼蛄全家乱忙忙。
黑壳虫塘船多叫到,封萍虫把橹摇船行。
蜻蜓头上当篙子,蟛蜞背纤往前行。
蚂蟥上船抽跳板,杨牛敲锣应天响。
曲蟮就将流星放,射屁虫即刻放炮仗。
蛴螬虫就把发禄掇,地壁虫端正发嫁妆。
田鸡蛤蚆来抬轿,癞团抬轿两边行。
萤火虫掌灯前头照,虾婆虫唱礼拜家堂。
灶鸡连忙来烧火,蟑螂厨子炖鲜汤。
虫朋虫友虫亲眷,虫子虫孙满厅堂。
虫乡虫邻虫兄弟,豁拳吃酒闹喧张。
苍蝇飞来几杯吃,新官人敬酒共成双。
蚰蜒唱句送子曲,蚊虫吹箫送新房。
吉力蝗打套将军令,唱只养子李三娘。
蜘蛛牵线为罗帐,香烟虫铺被象牙床。
蚱蜢蝗虫来服侍,蝴蝶打扇好风光。
蜓蚰阿姐来相伴,蝙蝠子阿舅望新郎。
一头亲事多完备,一对夫妻好鸳鸯。
梁山伯也是人来化,祝英台原是美红妆。
只因为三世未婚配,如今两虫配成双。
螳螂小卷宣完成,诸般虫豸尽欢欣。
种田盆地伤虫命,算来性命一样生。

今朝佛前宣一遍，百样虫豸尽早升。

救了虫豸众生命，千灾万祸削除根。

斋主人家添吉庆，合堂大众尽太平。

螳螂迎娶纺绩娘的故事，广泛流传于江浙地区。在螳螂娶亲的过程中，各种昆虫不停出场，你方唱罢我登场的滑稽场面能给听众带来强烈的画面感，好似一首拟人化的寓言歌，具有极强的趣味性和娱乐性。

第六章 宣卷传人的口述历史

吴地宝卷是一个全方位的文化整体。我们不能只看到宝卷民间口头文学的特征，而忽视了宝卷的活态传承构成。宝卷的流传与发展离不开苏州大市范围内的历代宣卷先生，而当下的宣卷先生正是吴地宝卷传承的主力。

本章收录了10位吴地宣卷先生的口述史，这些宣卷先生大多是省级、市级、区级非物质文化遗产吴地宝卷的传承人。其中有常熟尚湖的余鼎君，张家港凤凰河阳的狄秋燕、蒋健梅，苏州工业园区胜浦的花俊德、归金宗，昆山锦溪的王丽娟、堵建荣，吴江同里的芮时龙、赵华、吴根华。我们可以从这些宣卷先生的口述史中了解当下吴地宝卷的开展情况，以及群众需求和面临的时代挑战。

第一节 常熟宣卷先生口述史

一、余鼎君口述史

图 6-1 余鼎君先生

余鼎君（1942— ），男，常熟尚湖宣卷先生。（图 6-1）

我是1942年5月28日生，常熟市尚湖边上建华村人。1962年高中毕业后回乡，成为一个地地道道的农民，后来也做一些其他的工作。最末的一个岗位是建华砖瓦厂主办会计。现在是非物质文化遗产常熟宝卷江苏省及苏州市级传承人，江苏省、苏州市民间文艺家协会会员，中国俗文学学会会员，中国民俗学会会员。

我的父亲叫余俊章，字浚渔，生于1901年，卒于1968年。他16岁到尚湖北滨的湖甸上做私塾先生，同时跟姚姓先生学讲经。大哥余宝钧，17岁就跟着父亲学讲经，于2011年去世，享年85岁。就讲经而言，我可算第三代。

我七八岁时好像看见过父亲讲经，朦朦胧胧的，早上去了，直到第二天一早才回家，当时也不知道他们在做什么。后来才知道这是讲经，是封建迷信，要取缔的。我在进入老年时，为讨一碗茶钿，就跟大哥余宝钧去学讲经，于是看见了宝卷，认识了它的真面目。原来，宝卷并非瘟神祸水，而是教人如何做人的课本，其内涵就是人生之道。比如，宝卷中常宣扬西方极乐世界，这个极乐世界就是没有人欺人、人骗人的世界，就是人人向往的社会。要进入这个社会，就要行善，不做亏心的事情。又如，宝卷极力主张忠孝节义，这是中华民族之魂，如果每个人都不忠、不孝、不节、不义，那这个民族就完蛋了！再比如，宝卷宣扬因果报应，有因果吗？一个人吃官司，是因为他犯了罪；一个人受奖励，是因为他立了功。这就是因果。宝卷宣扬善恶果报，劝人戒恶从善，没有错。当然，有些人歪曲宝卷的本义，利用宝卷去行骗，去图谋不轨，把宝卷搞成"迷信"，那是歪嘴和尚念经，把经念歪了，这不是宝卷的罪过。

宝卷的主流对社会是有益的。尤其在当前，不少人在尽情享受物质生活的同时道德底线缺失、一切唯我，而宝卷本身就是一种劝善文化，对提高人们的精神层次有"润物细无声"的作用，是符合社会主流价值观要求的。在这样的认识下，我开始收集宝卷，研究宝卷，并把讲经宣卷看成引导人们提高道德修养水平的一种文化活动。

宝卷是以前未被正视的民俗文化，但不少讲经先生对此缺乏认识。他们自称佛教弟子，其实对佛教的认识也十分浅薄，甚至混乱。为了让讲经先生对佛有个正确的认识，我从2006年开始编写关于如来佛本生故事的宝卷，2007年完稿，定名为"余氏佛祖宝卷"。当年7月，在文化局创作室叶黎侬先生的帮助下，这部宝卷在中国文史出版社出版。经费是莫城的马小明、沈荣珍夫妇和另外几位赞助的。还请南京大学的高国藩教授写了序，并请时任全国佛教协会副会长、江苏省佛教协会会长、灵岩山寺主持明学大师题了词："弘扬佛法，净化人心"。宝卷出版以后，常熟市广播电视台的潘一琪老师作了热情的报道。谁知这个报道非同寻常！其时，宝卷虽然经过三四十年的沉寂开始复苏，但在常熟，宝卷还在"地下"，这个报道向常熟公众传递了一个信息：宝卷在常熟有转机了。随后不久，常熟宝卷慢慢台面化了。叶黎侬老师在《馀庆堂藏本选·代序》中说："这一举动意义非凡。对于余鼎君而言或者对于常熟宝卷和宣卷活动一改往日处境而言有破冰之意义。"

同年11月，叶老师带了扬州大学的宝卷研究权威专家车锡伦先生来做田野调查。车老师看了我收集的宝卷，其中有好些是他首次看到的，很高兴，说："不虚此行！我到过张家港，到过无锡，就是错过了常熟。"这次调查以后，车锡伦写了《江苏常熟地区的"做会讲经"和宝卷简目》，指出张家港的"河阳宝卷"其实就是常熟宝卷。就此，"常熟宝卷"这四个字登上了学术论坛。

《余氏佛祖宝卷》出版的消息传给了常熟市广播电视台的张君和章敏辉两位主任，他们给我拍摄了电视纪录片《宝卷传唱人》。这个片子获得了苏州市优秀广播电视节目奖，后来在2009年获得了中央广播电视总台的"记录中国"铜牌奖。这部纪录片的播出，大大推进了宝卷在常熟的台面化。

之后，我写了一篇文章《江苏常熟的讲经宝卷》，全面介绍了常熟讲经的全过程，包括过去是怎么做的，现在是怎么做的，并回答了为什么要这么做，把常熟的讲经宣卷梳理成了一个完整的体系，并把常熟的讲经宣卷从零散的表演方法上升为理论文本。经北京大学陈泳超老师介绍，这篇文章于2012年12月发表在台湾地区的《妈祖与民间信仰》上。据陈老师说，美国一位研究宗教的专家说："这一期上就余鼎君的那篇写得好。"这说明美国专家知道了常熟宝卷，并给予了好评。随后，好多学者来采访、来研究，除了北京大学的陈泳超之外，还有俄罗斯学者白若思，美国哈佛大学博士孙晓苏，扬州大学教授陆永峰，常熟理工学院教授史琳，彰化师范大学教授丘慧莹等。他们写了多篇研究常熟宝卷的论文，把常熟宝卷带上了国内外的民间文化论坛。常熟宝卷在国内外俗文学界有了一定的知名度，名气远扬。

其时，好多大型宝卷集面世了，如《靖江宝卷》《河阳宝卷》等。常熟宝卷的存量不少。2007年的时候，我手里已经有近200种，也想汇编成集。在叶黎侬等有识之士的奔走之下，常熟市政协委员郑进芳女士提交了保护常熟宝卷的提案，2010年常熟宝卷被列入常熟市非物质文化遗产代表作名录，2011年被列入苏州市非物质文化遗产代表作名录。2013年4月，常熟市文广新局着手组建编辑小组，我也受聘参与了常熟宝卷的征集、整理、编纂工作。这项工作历时3年，2015年8月《中国常熟宝卷》正式出版，全书共收录了260种宝卷，约230万字。该书于2016年6月8日首发。

我并不追求宣讲过多少次宝卷，赚了多少钱，而是想把常熟宝卷挖掘出来，与世界见面，让世人知道常熟宝卷是怎样的，宝卷是干什么的。所以我全力做了三项工作：一是讲好经，收集好资料，挖掘抢救濒临失传的宝卷、仪式；二是修正旧宝卷、创编新宝卷；三是调查研究，撰写论文、参加学术研讨。北京大学的潘建国教授在《中国常熟宝卷》首发式上说我是个研究型的讲经先生。

第一项，讲好经，收集好资料，挖掘抢救濒临失传的宝卷、仪式。

讲经等同于讲课，讲如何做人的课，所以一定不能乱来。在周边地区，我讲经认真是有口皆碑的，我不需要私娘介绍讲经，就是因为我认真，自然有人会来请我。

我收集的宝卷有400多种，其中《牛郎与织女（宝卷）》《鹊桥宝卷》被收入丘慧莹主编的《中国牛郎织女传说·俗文学卷》。我还用简谱记录宣卷唱腔。开始时,以收集本人的唱腔为主,兼收了别人的一些唱腔,汇编成《馀庆堂宣卷曲谱集》。在编纂《中国常熟宝卷》时又做了扩充,作为常熟宝卷曲调进行收录。此外,我还编撰了《中国常熟宝卷·疏牒符箓纸马汇编》,这是讲经科仪必备的组成部分,缺少了这一部分,讲经就不完整。

我还特别注意抢救濒临失传的宝卷和仪式。濒临失传的宝卷,最典型的有两本。一本是《弥陀宝卷》。讲经念的是阿弥陀佛,却不见正儿八经的《弥陀宝卷》。一次,我拜会一位老先生的时候发现了这位老先生的《弥陀宝卷》抄本,共有上、下两集,母本已无觅处了。另一本是有关妈祖的宝卷。妈祖的宝卷有两本,一本是《天妃宝卷》,一本是《水仙宝卷》(俗称"大水仙卷""海神卷")。这两本宝卷的发现填补了两项空白,推翻了之前的定论:宝卷中没有妈祖;妈祖资料中没有宝卷。此外,我还抢救了一些已失传的仪式,比如"香山超度""响太姥""拜十王""荐亡""拜壬申""甲马退星"等。

第二项,修正旧宝卷、创编新宝卷。

传统宝卷是旧时代留下来的,其中必然有些消极的东西,比如:以为烧香拜佛可以解决一切问题,却不知"慈悲胜念千声佛,作恶空烧万支香",这种观念一定不能宣扬。我们要告诉信众,烧香只是一个仪式,关键在"诸恶莫作,众善奉行"。再如《八赤宝卷》,是说伍子胥的。历代的士大夫都把他说成是大忠臣,其实他是一个因仇恨而丧失人性的狂人:为了逃命,不惜背叛祖国;为了保命,杀害救命恩人;为报私仇,以出兵伐楚为条件,帮阖闾弑王篡位,把老百姓拖入战火;攻入楚都以后,又淫乱后宫,掘坟鞭尸。这种因仇恨而丧心病狂的人,应该客观地看待。于是我重编了一本《八赤宝卷》,在这本宝卷中,伍子胥功是功,过是过,黑白分明。

宝卷是为时代而用的,历来应时代之需编出了好多宝卷。比如,现代社会不少人的婚姻状况很不稳定,带来了很多的家庭问题、社会问题。所以我编出了《和合宝卷》,祈愿人们确立正确的婚姻观,这本宝卷出来以后很受欢迎,现已流布全市。到目前为止,我已编了20多本新宝卷,修正的有100多本。我还出了三个集子:《和谐常熟宝卷》《馀庆堂藏本选》《常熟世俗宝卷汇编》。

第三项,调查研究,撰写论文,参加学术研讨,介绍常熟宝卷方方面面的特点,专家们认为很有价值。

此外,我还曾导演科仪节目《献元宝》,带领由徒弟蒋秀金等人组成的节目组于2016年10月参加2016第四届江浙沪宣(宝)卷交流邀请赛,让江、浙、沪的同行知道了常熟亦有宝卷,而且有其独有的特色,并且很兴盛。该节目又在2018年10月20日举行的第二届常熟市非物质文化遗产博览会表演类非遗项目展演会上展演,赢得了热烈的掌声。

我是一个乡间的讲经先生,为常熟宝卷做了一些工作。2013年6月,常熟市文广新局授予我常熟市非物质文化遗产项目代表性传承人薪传奖。

第二节　河阳宣卷先生口述史

一、狄秋燕口述史

图6-2　狄秋燕女士

狄秋燕(1965—　),女,张家港河阳宣卷先生。(图6-2)

我的老祖宗是天水郡人,南渡到江南的。我的父亲狄建新是上门女婿,狄家是贵族大户,到江南后围垦圈地,后来家道中落。父亲本姓倪,担当狄家顶梁柱,成为一个自耕农。农闲时我父亲跟着他姐夫王关兴学唱宝卷,学宝卷6年才能出师,前三年没有工资,后三年拿一半工资,幸好师父是自家人,也没有那些规矩。我父亲跟着他姐夫到处去讲经,我们这里把唱宝卷叫作"讲经",他们经常去常熟、无锡、上海等地讲经。

我中学毕业后,住在叫朱家坝的地方,那是真正的农村,大河从家门口流过,一片农田的远景,绿荫掩映着村庄。在家劳动了几年,农闲时没事做。我最初接触讲经,感觉像唱歌,内容像讲故事,我经常把父亲的书(卷本)拿出来翻看,觉得非常有意思,慢慢地越来越喜欢。我从28岁开始正式学讲经,当时父亲还不同意,说这个活都是夜间的工作,很辛苦,但是看我态度坚决也就同意了。附近也有几个女的会讲经,我先随父亲去和佛,后来就开始学习宣卷。先学基本功,就是敲木鱼、敲磬子,需要手眼并用。后来替父亲讲唱一段,这样慢慢就能顶班子了。我又学拉二胡、吹笛子,穿插在讲唱之中。我遇到不认识的字就问父亲,不懂的仪式也问父亲,什么散鲜花、盗湖船、解结、打莲船等仪式,都要学几次、做几次才能熟练。

我第一次出去讲经是在本村,参加的是大家佛会,讲唱《香山宝卷》,观世音成道成佛,救苦救难。讲完了加讲小卷,父亲把一个简单的《螳螂卷》交给我试讲。这是一个拟人化的卷本，各种动物像人一样招亲结婚，也有送盘等各种礼数，还有婚宴大菜，就像20世纪50年代农村里简朴而隆重的婚礼，展现出了多彩的人生百态。由于是第一次上台，音调唱不准，高低把握不住，有点胆怯。同时，讲经时还要掌握方言的熟练变换，语言要符合人物的性格特点。我们这里讲唱，要以底本为主，不加表演的。虽然在上台讲唱前我已经研究过这个卷本，但是在初试的时候，我仍旧满头大汗，好在父亲和师兄姐妹一直鼓励我。

一般讲唱宝卷时，本家会在大门口挂上堂幔，设有焚香炉，每个仪式都要祈祷焚香，还要跪拜。10点钟应摆好经堂，挂好图像。图像有几套，一是和合两仙，二是福、禄、寿三星，三是观世音菩萨。每堂挂一个图像。经堂有四张方台，靠内堂的顶上一张方台放置纸马，摆上茶食、水果等供品，点上香烛，香烟袅袅。下面三张台子坐满和佛的，当主讲领唱两句或四句后，大家就接上和佛，使经堂庄严肃穆。仪式中有解结消灾、破血湖、散荷花、结缘等。每次家人男女老少都要排好队，手捧三支清香。仪式结束后，焚烧银锭，清香也投入炉中。

讲经使用的法器有胡琴、笛子、箫、板、鼓、锣、钹、磬子、木鱼，还有笙和喇叭等。还有台围，现在新做的，上面写有"中国非物质文化遗产河阳宝卷讲唱队"字样，挂在最后一张经台上。

我初学讲唱时是很辛苦的，要从白天一直唱到黑夜，长达10多个小时，但习惯了就好了。讲唱一般要3人，可轮流休息或者小睡一会。4点左右，焚烧所有的纸马、香烛，众人围着踏步连走3圈，然后一声爆竹，请佛、送佛仪式就结束了。

我们出去讲经的班子成员不是一成不变的，而是圈内人自由组合，按个人的能力组织。现在讲经都是在夜间进行的，逝者都要超度的，以前一般是8点开始到第二天天亮结束，现在改革了，一般是下午3点开始，到第二天早上4点结束。一般讲经先生有3~4个，和佛人有48个的全堂佛会、24个的半堂佛会，还有12个的一角佛会。现在商品房里人待得少，只有8个人的佛会，经济上也节省了。价格是市行市价，讲经先生是450~500元一场，和佛老太太是150元一场。

讲唱宝卷的内容有多种，什么场合讲什么卷。如果有人家祝寿，要讲唱《延寿宝卷》；如果家里有病人、久病不起，要讲唱《香山宝卷》；如果是庙里的讲唱，就要讲唱该庙本神的宝卷，比如在猛将堂要唱《猛将宝卷》，在刘神庙要讲唱《刘神宝卷》。此外，还有《家堂卷》《土地卷》。如果在苏州上方山碰到了猴仙，就要讲唱《太姥宝卷》。农村还有春社、秋社的大家佛会，就要讲唱《香山宝卷》。如果有人家求子，就讲《求子卷》，

吴地宝卷

在讲《求子卷》的前提下,我还要讲《香山卷》《玉皇卷》,要敬重观世音菩萨、玉皇大帝,再帮他们请送子娘娘来求子。如果人家婚姻不和睦,就要讲《和合卷》,让夫妻间和和睦睦。这要对症下药,人家求什么我们就讲什么卷。

宝卷除了在事主家里讲唱之外,还要在庙会上唱。以前河阳这一带最大的庙会是六月廿八城隍庙庙会和三月廿二刘神庙庙会。恬庄城隍庙在河阳城的东隅,建于明代。河阳的城隍是明代的钱泮。他因为抗击倭寇、保卫河阳而死,死后被嘉靖皇帝封为城隍,立庙恬庄,镇守河阳。以前每年六月廿八在城隍庙举行庙会,纪念抗倭,搭台演此戏,还要搭栅栏。几只唱宝卷的班子都要来参加。费用是庙祝出面,每家募捐50元到100元,大家纷纷解囊。中午有肉供应,对贫穷人家、乞丐等都有施舍,还有八宝粥连施三天。寒户孤苦,三里之内会集恬庄,热闹非凡,百姓同乐。这样的盛况,到20世纪50年代后期就消失了。城隍庙被拆掉,古树名木也被锯成柴火。百姓不忘本,在银杏树下自建小庙,年年月月祭拜,祈求国泰民安,身体康健,还要讲唱《城隍卷》。《城隍卷》唱完,还要再加几个相关小卷,要讲七八个小时。

刘神庙在河阳有大小五六个,最有名的当是河阳桥的刘神庙。这是宋代的一处祭祀庙堂,受享的是宋代抗辽名将刘琪。刘神庙有许多神,有范蠡、二郎神、刘备,还有丞相诸葛亮等。每年三月廿二有盛大的庙会,各个小镇村庄的人在巨大的银杏树下搭起棚,进行宝卷讲唱,最多时有七八台,主要讲唱《刘神宝卷》。《刘神宝卷》是个中卷,加上小卷,要讲七八个小时,白天都要讲完,听卷的人很多。下午还要边走边讲唱,徒步到河阳山会聚,梵音阵阵,丝弦声声,热闹非凡。从河阳山回来,大家都喜欢在千年银杏树下休息乘凉,树下的空气带着微微清香。我和父亲多次来这里讲唱宝卷。这些都是老一辈传承下来的。

我的讲经特色是讲解细致。比如《地狱卷》,烧出来的菜放在逝者面前,有一个献一个,有两百个菜,就要把这两百个菜端给逝者,每个菜都要说出名堂,比如献的黄鳝、甲鱼,都要说出献的名堂来。还有《八仙上寿卷》,上八洞、中八洞、下八洞,共24个神仙。24个神仙要翻12个调,一般的讲经先生都不会,凤凰镇上没几个讲经先生会的,我就可以唱12个调。以前有一户人家求子,请我去讲的,一年后又请我去,原来那家人生了龙凤胎,求到了就要谢谢菩萨了。我求到了几次龙凤胎。

为了省事,缩短时间,有的讲经先生把原来老先生传下来的讲经书缩短,整本的经卷缩成一点点,我有点反对。我讲经的经书是上辈传下来的,都是我父亲传下来的。《香山卷》是普遍的,有好几种,我们讲的是正宗《香山卷》,是文言的《香山卷》。

说到传承的事情,我的讲经是跟父亲狄建新学的,父亲的师傅是他的姐夫王关兴,王关兴的先生是王元先。我父亲还有几个徒弟,吴康保已故,后来我父亲收其儿子吴国良为徒;还有徒弟曹雪良,现在名气很大。跟我学讲经的有陈一平,学了十几年,他在塘桥的时候看到我讲经,就跟我学了。其他徒弟还有金惠平、陶永刚。

二、蒋健梅口述史

蒋健梅(1968—),女,张家港河阳宣卷先生。(图6-3)

我小时候刚开始听宝卷时,是没有要唱宝卷的意识的。使我冥冥中和讲经产生联系的是我年轻时在广州的一段经历。那个时候我们这边工资很低,我姑丈的一个朋友在广州开公司,我哥和我嫂子就一起去广州,在他的公司里干活。当时我20多岁,也去了广州。那时候,我们这边一个月才赚两百来块钱,去广州能赚六七百到1000元。公

图6-3 蒋健梅女士(右)

司里有一个香港的邱先生,他就跟我说:"蒋小姐,你要吃佛饭的。"那时候我不知道什么叫"佛饭"。

我是跟我妈妈学讲经的。我妈妈叫张咏吟,1957年毕业于常熟县中初中。1958年在前进小学、港口小学当民办教师,教音乐的。当时我爸爸蒋祖恩成分不好,有人和我妈妈说:"你离婚了就可以教书,不离婚就要从学校里退下去。"我妈妈坚决不离婚,自愿下放,回到生产队务农。我爸爸到1978年平反了,平反以后我爸爸在镇上也可以说说话了。我妈妈没有再去学校,就在厂里做会计。我妈妈学宝卷也比较晚,当时已经50多岁了,农村女人在乡下没事干,有人就说:"出去和佛吧?"和佛只要和佛号,不需要讲经的,然后她去了几次。两个讲经先生,一个是虞关保、一个是钱筱彦,刚好两台佛会,看她比较有天赋,两个讲经先生都想收她做徒弟,说她和佛和得好。因为我妈妈以前就是教音乐的,她会弹琴,音乐方面的素养比较好。她一听他们的唱,就都会唱了。然后讲经先生讲经做会要用毛笔写上祈福人的名字,我妈妈就帮他们写,讲经先生一看我妈字也写得可以,就说:"你既会写,又会唱,可以来讲经,不用做和佛。"讲经与和佛在报酬分配上前者多后者少。我妈说她年龄大了,讲经先生说没关系,于是我妈妈50多岁开始学讲经,拜钱筱彦为老师。

吴地宝卷

我33岁的时候从广州回家,当时我妈已经学了一阵子讲经了。别人说:"你跟你妈妈学习好了。"我说我都不懂的,唱歌我是喜欢唱的,但是我对这个讲经不懂。当时我妈妈有个徒弟叫徐建亚,他正好出了师门。妈妈缺搭档,就把我叫过去,带我去讲经。那时候我说:"你带我干吗?我都不懂。"那些阿姨都说:"没事,你会唱的,你声音好听。"于是,我就跟我妈妈出去学了一年多。不是我自己夸,其实我学得还行。学了一年多,慢慢地我就开始喜欢上了。这些经卷都是劝人为善的,慢慢听听,我自己真的变化很大。第一个,我的心态平衡了,脾气也变好了。第二个,我看什么事就比较看得透,没那么计较了。我就跟我妈妈一直做。我妈妈今年也85岁了,她还是劲大得不得了,头发都没白,写字不戴眼镜,而且脾气也蛮好,还时常想出去宣卷。我妈妈宣卷的时候,她师父那里的唱本就蛮多,有的没有唱本,要脑子里背的。以前我妈妈跟她师兄两个人,就在师父宣卷的时候认真做记录。师父有的卷也不给,或者实际上就没有,全靠脑子里货多。两个人把记下来的内容合起来给师父看,师父说:"你们抄对了。"但是我就比较舒服了。我妈妈经常指点我这个怎么做,那个怎么做。我爸爸帮我写好所有佛会的疏文,我就不用写了。我爸爸写好疏文,中间空了格,只要填上主家的名字就行。我爸爸不唱宝卷,他以前小时候都在寺庙里念经的。自从我妈妈从事讲经之后,我们的唱本都是他用毛笔抄的。他非常有兴趣,慢慢在家里写,从头到尾没有一个字不工整的。有一次,他看了妈祖的电视剧,就自己写了一本《妈祖宝卷》。

学艺后有一段时间,为了谋生,我还做点其他工作。但突然之间我讲经开始做得好了,在河阳乡下变得很受欢迎,虽然在外面讲经,肯定有人唠叨好与不好,但是整体上反映还行。有一年去昆山锦溪唱,那时候我突然反应过来,我说:"我这个算不算就是说佛法?"有个老先生说:"是的。"那时候生意没有现在这么忙,我说:"我要靠它吃饭也比较难,现在生意这么少。"老先生跟我说:"要有机缘的。不是说你吃这口饭,你一定能吃得很好,你要吃得饱和要吃得好是两回事。"然后我就一直做,做到现在感觉真的很好。

像我们讲经先生去讲经,都有香烟招待,一次可以拿到五六百块钱。下手大约能拿到两百块钱,拿包烟,拿点毛巾什么的。下手都是老阿姨了,每次叫她们,除非实在忙,没有回答不做的。大家都很喜欢讲经,也很勤劳的。

现在做得比较有兴趣了,其实已经爱上了这一行,钱是一部分,自己喜欢是大部分。比如像我唱《太姆宝卷》和《洛阳桥》的"造桥",我唱得都比较入流。

我们这里讲经主要分三类:第一类是白天的宣卷,第二类是黄昏的宣卷,第三类是夜里的宣卷。白天宣卷有两种：一种是大家佛会，村里公共祈福的；一种是私人酬恩了愿的佛会。黄昏的宣卷，主要由"仙人"判的，用来"送圣"，其实是把作祟的灵怪给送走。"仙人"自己不讲经，会找讲经先生来讲经念佛。他们会和讲经先生说，家里要念什么佛，要做什么事。比如有的人家家里有点不顺，或者家里人身体不好，他就会去看"仙人"，"仙人"会判讲什么经卷。

大家佛会主要宣唱的次序如下：《请佛》《香山宝卷》《灶皇宝卷》《退星》《度关》《状元卷》《财神宝卷》《路神宝卷》，再加上当方的神卷，最后是《献荷花》《解结》《散花》《送佛》。一整套唱下来，需要整整一天。私人了愿所唱的内容与大家佛会类似，只是根据事主家庭情况对宝卷做些增删。

我们一般去事主家里会宣《香山宝卷》《灶王宝卷》《上寿》《财神》。如果事主家里有人生病，就要宣《延寿宝卷》。《延寿宝卷》有男延寿、女延寿，还有全家延寿。如果是生大病，就要宣《桃花延寿宝卷》。倘若有人家感觉这两年不怎么顺了，找我们讲经，我们一般先念《玉皇宝卷》，再念《太阳卷》（三月十九就是太阳生日），下面再念《香山宝卷》。此外，比如事主的星宿不好，就要宣《退星》。但是，宣《退星》并不能把不好的星宿退掉再换一个好的星宿。衣服脏了，这件衣服不能变成新的，只能洗一洗，退星就好比洗衣服。所以，退星法事并不能改变某个人的命运。如果要彻底改善，那就要真的一辈子善良，那也有用的。

我们跟老先生出去讲经，老先生特别认真，我听到讲得好的地方就会学下来。讲经真不能偷工减料，都是做良心活。我妈做事也是这样。我跟我妈妈做科仪法事很累。现在人家仪式都简化了，但我妈就守住了不放，她师傅留下来的，她就要做。

讲经的时候，佛台靠北墙，佛是坐北朝南的，我们面对佛，是坐南朝北的。白天宣卷，要7点去事主家，要做到吃完晚饭，总共要十几个钟头了。有时候宣卷先生要三个人，交换轮流来唱。即使这样，仍旧很累。白天宣卷不用丝弦，就是木鱼宣卷。木鱼宣卷的调子跟丝弦宣卷的调子差不多的。白天做斋事祈福，事主家都要陪在那里。我们有事，比如这里需要敬香，那里需要拜佛，就会叫他。

黄昏的宣卷，我们不要事主家全部陪在那里。事主家在外面碰到不好的东西，就要唱《太姆宝卷》。我们说它是荤卷，因为佛台上要供鸡、鱼、猪头这些荤腥。这类宝卷都是晚饭后开始。要唱荤卷的话，我们黄昏都弄好了，让事主家把家里整理好，把床、地打扫干净。到晚上我们一请佛，让事主家磕好头，就叫他们去睡觉了。晚上我会跟他们说："你明天早上起来，正门要太阳升起的时候开。"佛坛上的那些东西，什么时候可以弄，什么时候不可以弄，这些要向事主交代的事务很烦琐，确实要花心思的。这样事主们才去睡觉，我们几个在那唱，唱的声音很大。其实也不是要事主睡着，只要他们躺在床上没有声音就行。黑灯瞎火的，荤卷不是唱给人听的，而是唱给那些"圣灵"听的。宣唱时，请好佛，先后要唱《太姆宝卷》《侯王宝卷》，如果事主有需求，可以再加其他宝卷。最后唱《待筵》《送佛》。《待筵》有很多调子，其实就是让"圣灵"们吃吃唱唱、说说好话，拿点钱粮送走，同时还要把事主家里打扫干净，不留痕迹。

夜里的宣卷，如果事主家有人过世，就需要超度。我们下午3点左右去，把准备工作做好，请好佛再吃晚饭。主要宣《土地卷》《冥王卷》《拜十王》《地狱卷》。如果死者为男，则宣《七七卷》；如果死者为女，则宣《血湖卷》。然后再宣《五更卷》《结牒》《献羹》《献荷花》《解结》《散鲜花》《送佛》。这些卷是夜里宣的，一直要宣到3点左右。

现在张家港地区的农村里如果有了白事，可以既请讲经，也请道士。出殡前一天晚上讲经，出殡当天请道士来度亡灵和保太平。我们讲经和正规寺院里的佛教仪式不一样。寺和庙也是不同的。寺是指和尚待的寺院，庙是指社庙。我们讲经基本上不去寺院，而是去社庙。社庙是农村自建起来的，里面祭祀本土的地方神。像我们那边有高神，我们就修个高神庙，里面塑三个像，高神和他两个儿子，父子三个神。还有刘神庙，就塑刘神父子两个神。我们到当方神灵庙里，不管做什么事，这个当方神灵的宣卷是要宣的。甚至我们去到事主家那边，都要问当方的老爷是谁，不管是关圣帝君还是千圣小王，我们都会为他宣卷。

有些民间故事宝卷主要是在社庙上当方神灵生日的时候宣唱，比如《刘神宝卷》等。宣完当方神灵宝卷后的多余时间，我们会宣一些草卷，就是民间故事卷。宣草卷的时候，大家都很放松。

在张家港，年轻人学讲经的比较少。常熟现在有好多小先生，都是30多岁，我们张家港基本上没有，可能跟环境有关。我带过一个徒弟，他自己比较喜欢讲经，但是他家里比较苦，不能像我们一样干，他要在厂里上班。我就跟他说："你就迟一点来学。"现在还有一个人想学，他说："等我退休了，我来学。"因为农村里都要生活的，刚刚开始讲经没生意。像我做了多少年了，人家才知道我，说："叫蒋先生来吧。"如果没有做出名，人家都不知道，要靠我们带的。他说还有两三年要退休了，退休了才能用心来做。所以，自身经济条件也是决定是否可以学讲经的主要方面。他现在有时候会跟我出去和佛。

第三节 胜浦宣卷先生口述史

一、花俊德口述史

花俊德(1943—),男,苏州胜浦宣卷先生。(图6-4)

我7岁开始上小学,13岁小学毕业继续去上初中,从18岁开始先后在南巷、江圩村教书。我从小就喜欢音乐艺术,15岁的时候已经学会了拉二胡、吹笛子。这为我后来学习宣卷打下了基础。

我开始接触宣卷是因为当时我们村上有一位会宣卷的老先生,叫何仲达。何仲达老先生不仅会宣卷,平时有事没事还喜欢唱戏,尤其是地方戏曲。因为我会拉二胡、吹笛子,所以何老先生就让我给他伴奏。几次伴奏下来我和老先生成了好搭档。农闲的时候,村民们会聚集到一起,听何仲达先生演唱戏曲,大多是耳熟能详的曲子,

图6-4 花俊德先生

深受村民的喜爱,而我就在一旁伴奏,大家其乐融融。也正是何老先生的启蒙,使我逐渐喜欢上了宣卷。每次何仲达先生在我们村子或者隔壁村子宣卷的时候,我就做他的"小跟班",跟着他走街串巷。每次他宣卷,我就搬个板凳坐在他旁边听。一开始只是喜欢听宣卷,到后来我不仅认真地听何先生唱,而且还用心去记。可能是因为我脑子灵光,对音乐敏感,我记起来从不觉得枯燥乏味,反而乐在其中。何老先生一边表演,我就一边学,那时候还都是"偷学",因为平日里我还是要去工作、做生活的。有时候在田里割草锄地,累了就坐在田埂上,给一起工作的朋友们宣卷,一唱就忘了时间和工作,好几次天暗了才意识到工作没做完,回到家里就要吃爸妈的"家生"。我也不恼,反而更喜欢宣卷了。

就这样,我跟着何仲达先生"偷学"了好几年宣卷。大概是我18岁的时候,有一次,何老先生还有他的下手杨阿木在一家人家的"进屋"仪式上宣卷,我照旧一同跟过去听宣卷。应该是宣到了半夜,何仲达先生突然闹肚子,去了好几次厕所,准备进行下一回宣卷时却被反复打断。下手杨阿木就让我上台试试宣卷。明明是一句打趣的玩笑话,但我很激动,这是我第一次有机会坐到宣卷先生的位置上。说实话,那个时候我特别紧张,

187

吴地宝卷

脑海里回顾着前一回的内容，模仿着何仲达老先生的样子，像模像样地宣了下去。可能是几年来私底下一直在练习和模仿，第一次宣卷我感觉自己唱得还可以，口齿清楚，没有含糊，也跟上了节拍。宣完一回，何仲达先生从茅厕里出来，惊奇地问我："你这宣卷是和谁学的呀？"我和他说："没有人教我，都是我从您那儿偷学来的。"何老先生笑了笑，让我把下半夜的一回卷代替他宣完了。那次好多村民都夸我，说我天生就是宣卷的料。也是从那个时候，我开始正式学习宣卷了。虽然一直是一边从事工作一边找时间学，但也很开心。后来村镇的学校缺音乐老师，我就去代课，有时候一些文娱活动我也会帮忙排练，这提升了我的艺术能力。

在学习宣卷的路上，我一开始是向何仲达老先生"偷学"宣卷，自学成才，后来我正式师从何仲达、金文胤、唐炳群三位老先生，获得他们的"口传心授"。当时应该是20世纪60年代初，国家号召大办农业，我便去大队里当会计，所以只有空闲时间才能学习宣卷。何仲达老先生在快要去世的时候把他的宝卷《增寿宝卷》《龙凤锁宝卷》《三宝科仪》等都送给了我，我便在那段时间里认真学习和理解。

"文化大革命"开始的时候，我把自己收藏的宣卷本子藏起来，随便拿了几本没用的书烧了，装作烧掉了宣卷本子。这么多年来，我一直在搜集各种宝卷。我的一个箱子里有60多本宝卷，其中有些是老先生们给我的宝卷，都已经泛黄了，还有一些是我自己抄写的，也有一些是后来复印的。记得有一次，应该是在1986年，我听说附近有一位老人家家里收藏着几本宝卷，我可激动了，连夜登门拜访。当时吴淞江的晚风又大又冷，江上浪也高，我开着船乘着风浪就这样去了那位老人家家里，但他拒绝了我。我不甘心，去了好几次，还说了我的很多心里话，最后打动了他，他就把宝卷送给了我，就是《合同计宝卷》《麒麟豹宝卷》《义马驮宝卷》这三本宝卷。

改革开放之后宣卷又兴起了。当时胜浦镇已经有几个宣卷班子了，比如金文胤、唐炳群、夏文禹等人的讲经班子。当时已经将戏曲表演、民间音乐融入了宣卷，宣讲人数也增加了，有四人、六人和八人的。这就从以前的双档宣卷也就是老法宣卷变成了丝弦宣卷。

当时我正在承包责任田，好多农活都是我一个人去做。这时候十三大队的许宗金就邀请我加入他新创的宣卷班子。我不嫌累，白天去劳动，晚上就去宣卷。可能因为我算是"自学成才"，所以有些人不愿意和我合作搭班子，但有时候我也会和一些人搭班演出。后来我索性就自己搭班子，自己主持演出。到后来成立了"俊德"宣卷班，我自己做班主，开展了许多演出。有很多学者、专家都来拍摄，美国哈佛大学教授也不远万里两度来我这里录制作品。

我学成后，经常活跃在苏州工业园区动迁小区，奔波于上海，嘉兴，苏州的昆山、常熟、吴中区等地。一开始只是邻里乡亲邀请我去宣卷，后来乡亲们都喜欢我的演出，并亲切地称我为"花老师"。家乡周边方圆50里左右的乡镇，几乎每个乡镇我都宣卷过。还记得我们村子附近有一个祁村，那是个大村子，有300多户人家，我几乎每家每户都去宣过卷。有一次我和夏文禹在祁村连着宣了两天两夜，当地村民还不让我们离开。再到后来我就去各个地方演出，尤其是苏州附近城市。当时苏州的交通还不是很便捷，苏州的河又多，外出宣卷没有平坦的大马路，唯一的交通工具就是船。但是我自己划船又费时间，每次出去宣卷都要花大半天时间在路上。于是我自己动手在船上装了个挂机，出行就快很多了。一到冬天就更难出行了，有时候河里水不多，我只能赤脚走在冰冷的河里推着船走。再后来就有了马路，不过是泥路，那时候骑自行车，雨天骑车也很麻烦。我就这样将就着，没有放弃，宣了几十年卷。

宣卷演出多是按照事主家里的情况去宣不同的卷，我也会根据他们的要求选择不同的卷本。像《增寿宝卷》就意味着祝人长寿，保佑事主健康；像《大香山宝卷》就意味着吉祥、幸福、瑞气；还有《财神宝卷》，听名字就知道寓意是发财富贵。不同的宣卷运用在不同的场合，各有各的含义，我也会根据不同情况做出相应的改变。

可能是因为我小时候读过私塾，别人都夸我聪颖好学，我对音乐敏感又会乐器。我宣卷口齿清楚，宣唱有序。宣卷一定要充满感情，才能打动别人。还有可能因为我一开始算是"偷学"的，不算是正规学习，所以更能发挥自己的想法。每次宣卷当事人会告诉我宣唱的原因和场合，这时我就特别用心选择好卷本进行表演。而且宣卷不是死板地照着宝卷背唱，有时候我也会根据实际情况临场发挥，让宣卷生动有趣。大家都说我宣卷富有感染力、表现力。比如，我会根据不同人家的情况选择不同的内容。东家做寿，我就选择《增寿宝卷》；小孩子足月剃头，我就选择《赵颜宝卷》，祝小孩平安健康。若是有人家乔迁之喜、新店开张，我就会选择一些寓意发财的宝卷，比如《双富贵宝卷》《财神宝卷》《掘藏宝卷》等。而若是逢到庙会，我就会选唱《大香山宝卷》《猛将宝卷》《关帝宝卷》《太姆宝卷》《红罗宝卷》等。每次我都会选择合适的宝卷来宣讲，而不是什么场合都宣同一本宝卷。

我不仅表演宣卷，我还喜欢改编创新。"文化大革命"的时候，大队让我创办一个文艺宣传队，那时候我就将京剧样板戏《红灯记》移植为锡剧，我自己演李玉和，参加了我们公社的文艺节目会演。到后来改革开放，我又继续从事宣卷表演。平时，我不断地在演出中总结，在学习中提升。迄今为止，我已经宣卷了1万场次以上。虽然我现在年纪挺大了，但是我还是坚持演出，三年来也演出了600多场次，还创作了3部宣卷小品。我最有代表性的作品大概就是《白鹤图宝卷》。此外，我还学习借鉴历史故事，从其他戏曲样式和戏文中汲取营养，创作出了《观音卷》《白蛇传》《白兔记》等宝卷作品。

我一直都把传承胜浦宣卷艺术作为己任，这5年来我多次开展"胜浦宣卷"主题的讲座，在苏州工业园区的国际博览中心、李公堤等地方都进行过公益性演出，效果还不错。随着年龄的增长，我减少了外出宣卷的次数，但碰到宣卷传承的公益性活动，我一定会抽出时间去参加。为了吸引年轻人，让他们了解宣卷，我经常去胜浦的幼儿园、中小学开展相关主题的讲座，讲授宣卷知识，让非物质文化遗产的传承从孩子抓起。我还走进社区，常常在社区进行宣卷表演，让居民们感受胜浦宣卷的魅力。

为了更好地传承宣卷艺术，我物色了一批徒弟人选，开设了宣卷班，努力把我自己毕生所学的宣卷技能传授给他们。我会定期给徒弟传授艺能。我一般在周三、周四、周五进行社区演出，演出结束后给徒弟上课，每年要上120多个课时。我不仅口传心授，还指导徒弟应对宣卷时出现的问题。经过几年的教学，我所带的周祥男等3位徒弟已经掌握了宣卷技艺，成为宣卷先生，能够在舞台上独当一面了。在多年的工作实践中，我摸索出了一套教学传承模式，并且参与编写了有关教学书籍。有许多慕名而来的学者、专家拍摄记录了我的宣卷演出现场，所以我还有一些宣卷演出的视频。

宣卷是我非常喜欢的一门艺术，也是我非常喜欢的一项工作。胜浦宣卷作为江苏省非物质文化遗产，它的继承和发展是需要一代代人的努力和守护的。我从1960年开始从事宣卷演出，60多年来，为了让胜浦宣卷深入百姓心里，我竭尽所能，付出了很多。所以我特别希望有更多的人特别是年轻人了解胜浦宣卷，喜欢这门艺术，最好能去继承它、保护它。希望我的徒弟们能成为优秀的宣卷先生，在舞台上大放光彩，也希望社会尤其是年轻人更加重视宣卷。

二、归金宗口述史

归金宗（1949—　），男，苏州胜浦宣卷先生。（图6-5）

我自小家境贫困，父母文化水平不高，为了养家糊口，我的父亲做长工，母亲做短工，但仍然入不敷出。为了改善家庭生活，在土改工作中，我父亲归培良积极响应国家号召，兢兢业业，表现突出，赢得了村民的信赖。在父亲的影响下，我从小与人为善、助人为乐。因为我是干部子女，我父亲总是处处严格要求我。在我小学还没有毕业的时候，党中央号召全国大力发展农业，我父亲就决定提前结束我的学习生涯，让我回家务农。我那时才13岁，可是对于我父亲来说，我都已经五年级了，识了不少字了，在农村生活够用了。我父亲的这一决定，让我失去了上学的机会。我心有不甘，在田地劳动之余，我依然保持着看书的习惯，时时翻阅《彭公案》《说唐》等书。

我住的村上有一个宣卷先生，叫唐炳群。唐先生虽然腿有残疾，但为人聪颖，能拉一手好胡琴。我便跟着唐炳群先生学习拉二胡。有一次，唐先生给了我一张《梅花三弄》的工尺谱，让我背熟，然后再教我拉胡琴。我悟性好，不出几日就能独奏《梅花三弄》了。唐先生十分欢喜，觉得我是一个好苗子，问我想不想跟他学习宣卷。我有些不知所措，虽然我从小喜欢听唐先生宣卷，但是脑海里从未有过学习宣卷的念头。在我的印象里，

图6-5 归金宗先生

宣卷先生都是上了年纪的人，我觉得自己还年轻，不适合当宣卷先生。唐先生不愿意放弃我这样的好苗子，对我循循善诱。他对我说："你不是喜欢看闲书吗？其实每本卷书就是一个故事。你看书只是一个人看，看后也只有一个人知道。宣卷是把你看到的故事讲给别人听，让大家都知道这个故事。"唐先生还告诉我，卷书里大多是劝人为善、行善积德的故事，很有看头。宣卷是教育别人要做好事，不做坏事，是蛮有意义的。唐先生这话不假，宣卷内容既有佛教经典，又有民间故事和历史故事，主题围绕着惩恶扬善、团结友爱、父慈子孝、兄友弟恭，以劝善为宗旨。以往我在村里听宣卷，就是消磨消磨时间，拿农村话来说，是"看看白相相"。现在听唐先生这么一说，我觉得很有道理。平时我看了《七侠五义》，也很喜欢在闲暇之余讲给别人听。于是我把唐先生的意见和自己的想法告诉了父母，没有想到的是我父亲一万个反对，父亲严厉的态度让我不得不暂时放弃了跟唐先生学习宣卷的念头。

直到我27岁那一年，我才偷偷地跟着唐炳群先生学起了宣卷。对27岁的我来说，宣卷不仅是传统艺术，还是生活技能。那时候我已经结婚生子，但是家中经济拮据，生活困难。当时"文化大革命"刚刚结束，百废待兴，农村的一些传统习俗开始慢慢恢复，"人去楼空"的宣卷班子重新活跃起来。考虑到外出宣卷能赚钱补贴家用，我便找到唐先生说要学习宣卷。唐先生很高兴，一口答应下来，先让我做"下手"和和调。就这样，我跟着唐炳群先生一边学习一边外出宣卷。

吴地宝卷

　　唐先生是个热心肠的人，但也是个急性子，常发无名之火。我为了学好宣卷，即使被唐先生错怪了几句，也忍耐下去。每次外出宣卷，我都主动提橹摇船。冬天，船在桥下过不去，我不顾寒冷下水把船推过去。所以唐先生心里还是喜欢我的，后来让我做"上手"，此时，我就成了名副其实的宣卷先生。唐先生又是一个心细的人，知道我底子差，所以每当我要宣卷时，他都会在卷本上做好备注。一些冷僻的字，担心我不认识，还会用一张小纸条注明读音，夹在这些有冷僻字的页码里。我十分感激唐先生的关怀备至，所以后来唐先生年纪大，行路不方便，无法外出宣卷了，我回来也要给先生一些烟钿。在唐先生病入膏肓的时候，他把全副宣卷家当和几十本宝卷都交给了我，叮嘱说："农村里需要宣卷，你不能放弃，要坚持。"

　　宣卷是丝弦班，起初只有先生唐炳群、许宗金、陆安珍和我。"四"字谐音"死"，不吉利。后来，花俊德加入宣卷班子，这样一共五个人，称作"五子登科"，讨个好口彩。

　　胜浦宣卷的时间相对比较灵活，主要根据事主的需求而定，凡是父母做寿、喜得贵子、婚丧喜庆、新房落成、祛病消灾等都可以宣唱，以求祈福禳灾。宣卷的时间主要集中在夜间。宣卷先生露水里去、露水里回是家常便饭，一场卷宣下来要到凌晨甚至天明，回到家时早已疲惫不堪。那时有不少人还是把宣卷活动和迷信活动联系在一起，我不可避免地受到质疑。当时有人曾劝我放弃宣卷，说："你父亲做了几十年干部，你干部不做，去做那种'不三不四'的事，没有出息。"我承受着巨大的压力，一度也曾想打退堂鼓。这时，是唐先生告诫我："你学好这个宣卷有意义。第一，你能在学习文化上有帮助；第二，也是传承了一种传统艺术。"唐先生的话消除了我的焦虑和困惑。几年来，我听唐先生的话，把宣卷活动坚持下来了。后来唐先生去世了，我更有了一种责任感，要把唐先生的宣卷事业继承下来，把宣卷一代代传承下去，于是我更加不厌其烦地钻研宣卷技巧。在改革开放前，有不少人认为宣卷是不登大雅之堂的，甚至有人认为是在搞封建迷信活动，向我们投来复杂的目光。所以，我们起初都是偷偷地做宣卷的，我们戏谑自己是"地下工作者"。改革开放后，宣卷从"地下"转为公开，我就大胆地在社会上宣卷，并组织了几个爱好文艺的同事一起来搞宣卷。

　　从那时候开始，我不仅在本乡本土宣卷，还跑到外地去宣卷。时间一长，我在外地宣卷有了一定的声誉，远在上海、吴江等地的乡民也来请我去宣卷。不管是地方庙会，还是农家举事，只要有人来邀请，不论天气好坏，我都会带着一班人如期而至。特别是近十年来，我的宣卷工作忙得应接不暇。有时，初搭的班子缺"上手"，也要让我出场带带新手、撑撑场面。几年下来，我带过不少人，都同我合得来。现在常年搭档的顾水英，和我搭档已有10年之久，我同她配合默契，宣起卷来轻松自如。

我与"下手"之间讲究平等。一般情况下，班主在报酬上稍多一点，但我不论宣一场卷收入多少，总是大家平分，我认为这样做能让自己回到家心安理得。多年来，我的宣卷班走南闯北到过不少地方，南到吴江，东到上海青浦，西到苏州西山，北到北桥，胜浦周边一带几乎每个地方都走遍了。村子里的老人大多认识我，一见到我就喊："宣卷先生来了。"然后济济一堂、欢声笑语、热闹非凡。我每年宣卷都在130余场次，在群众中很受欢迎。

宣卷的时候，经常会遇到事主家或听客"点卷"的情况。所谓点卷就是让你宣什么卷你就宣什么卷。所以在学习宣卷的时候，唐先生对我的要求很严格，除了要求我熟记卷本内容外，还要求我在不悖主题的情况下适当发挥。为了能够应付自如，我对家中的几十本宣卷都烂熟于心，能够做到不看卷本也能宣下去，并且还能在必要处扩展一些具体细节（这在说书里叫作"穿插"，在宣卷里叫"跑野马"）。宣一场卷共两回，中间有给宣卷先生休息的时间，满打满算下来，宣一场卷至少要5个小时。一般情况下，一场卷只宣一本宝卷，但是有些宝卷的内容少，如果宣卷先生不跑野马的话，时间就很短，宣不够5小时。我记得有一次，我同另一个"上手"搭档，上回卷被他宣了大半本，轮到我宣下回的时候，宝卷只剩下小半本可宣，为了保证有足够的时长，我不得不跑野马。比如宣到儿子对父母不孝时，具体细节可讲得详细一点，如儿子如何无情，父母如何苦楚，甚至穿插历史上一些忤逆不孝的例子。这样，既紧扣了主题，又保证了一定的时长。

有一年，我和搭档在太仓浏河镇的一个庙会上宣卷，当地有一位熟谙宣卷的老先生递给我一本《玉皇宝卷》，说他们那里凡是庙会宣卷，第一场卷必须宣《玉皇宝卷》，第二场宣什么卷倒是可以由我们任选。我一听就明白了，这位老先生是来"掂斤两"的。我家中没有《玉皇宝卷》，我也从未宣过此卷。我一看时间，连吃中饭在内，离宣卷开始还有两个小时。我就对"下手"顾水英说："你在开卷之前照看着点大家，吃饭的时候就不要来找我了，我要做点准备。"说完，我就带了《玉皇宝卷》找到村外一个农田灌溉用的机房，埋头看起《玉皇宝卷》来。这时，我想起唐先生生前的一句话："你无论宣什么卷，都要熟记这本宝卷的故事情节，中间不管你开不开野马，都不能脱节和离题。"唐先生的意思就是要做到就事论事，不扯闲笔。所以，那天我顾不上吃饭，赶紧把《玉皇宝卷》通读了一遍，不仅牢记住它的情节，对于在哪里可以开野马，我也做好了准备。回到宣卷班子里，他们中饭已经收席，幸亏班子里的人把餐桌上的一份点心留给我，让我暂且填了空腹。这场宣卷结束以后，那位老先生握住我的手说："你宣得不错，有一段玉皇遭难必有后福是你加进去的，你讲得如此生动，让我流了泪，不简单。"看到老人被我的表演打动，我这颗心才算放下。

我宣的卷书基本是老祖宗传承下来的，但我自己也会根据时代的需要编写一些简短的片段，如扫黑除恶、疫情防控等。近五年来，我活跃在周边乡镇参加各种公益活动，数量较多，内容广泛。我还连续三年参加锦溪镇举办的江、浙、沪宣卷会演，并获得二、三等奖。此外，我还去常熟理工学院向大学生进行宣卷讲座，并被聘为该校校外非物质文化遗产传承导师。为了让民间文学宣卷后继有人，在30多年的时间里，我精心挑选了几位民间文艺爱好者，并把他们收为徒弟，平时经常义务开展传授，尽可能地让他们把老祖宗的文化学到手，并鼓励他们加以创新。在平时的生活中，我也经常向居民们宣传民间文艺的重要性，让老百姓特别是年轻人了解宣卷在江南一带的古老历史，尽可能引导他们接近它、喜爱它。

胜浦宣卷是苏州宣卷的代表之一，苏州宣卷是江南宣卷的代表之一。胜浦宣卷是古代江南宣卷在当代的遗响。自2009年胜浦宣卷被列入江苏省非物质文化遗产名录以来，我配合文化站的活动，把胜浦宣卷作为一个文化娱乐项目在社区演出，既丰富了群众的文化生活，受到居民的欢迎，又传承了这一民间艺术奇葩，让越来越多的人重拾对这些传统艺术的热爱。

第四节 锦溪宣卷先生口述史

一、王丽娟口述史

王丽娟（1954—　），女，昆山锦溪宣卷先生。（图6-6）

图6-6　王丽娟女士

我出生于1954年，我爸爸王育中是拉琴的，我伯伯王秉中是宣卷的，他们经常把我背到宣卷场地，所以我很小的时候就开始听宣卷了，这恐怕是我以后走上宣卷之路的重要原因。当时我家庭生活困窘，我妈妈去了外地帮佣，我爸一人既要操持农活，又得在文艺宣传队排练节目和外出演出，所以我小时候是由我外婆看护照顾的。在金家坝镇上，宣卷演唱盛行，所以我小时候在外婆家里常常能听到丝竹声声、唱曲绵绵。我在5岁时就能从头到尾听完一场《寒帕卷》

的演唱，在场的大人们很是惊讶。

6岁时，我进了张家厍小学读书，但是随着弟妹们的相继出生，家庭经济日益窘迫，我只读了3年书就辍学了。就是在这3年的读书时间里，我还得利用课余时间做家务，或者到田里去拾稻穗、麦穗。而我最喜欢的事便是去听我伯伯王秉中演唱宣卷。记得一次与妈妈一同拾麦穗回家时，我对妈妈说："我读好书后去跟伯伯一同唱宣卷。"妈妈听后先是一惊，继而觉得又好气又好笑，便佯装着怒斥道："不要瞎讲，读好书要到外面去找好工作，怎么就只晓得唱宣卷。"当时的我根本就不知道什么才是好工作，也不知道妈妈说的"外面"是指哪里。

我住的镇上初建文化站，组织宣传队，我爸爸因会拉二胡、会唱宣卷，便成了宣传队的一员，他白天参加劳动，晚上要排练节目。当时为了弘扬民族音乐和民间艺术，丝弦宣卷的演出被注入了现代意识。我爸参加演出的宣卷剧《一张决心书》，在全县的文艺会演中赢得了满堂掌声，并一连演了五六场。1955年，我爸还因此当选为文代会代表。我爸加入了宣传队，这对我影响极大，我跟着爸爸在宣传队听唱曲、看演出，有时候一边听还一边模仿唱上两句，或者做上一两个动作。宣传队有位钱姓干部发现我爱唱爱跳，很是高兴，他利用空闲时间教我唱歌曲《北京有个金太阳》，我边唱边跳，像模像样，大家都鼓励我。"文革"的时候，我伯伯因种种原因回到了家里，但他并没有因此消沉，相反，他与我爸爸还有以前宣卷演出时的老搭档周德刚等人又聚在了一起。这几个视宣卷为宝贝的人偷偷摸摸地演唱，也其乐融融。这些经历为我长大后走上演唱宣卷的道路，打下了坚实的基础。

那个年代，每个公社、每个大队都有文艺宣传队，我们张家厍村也不例外。那时唱样板戏是农村最盛行的文艺活动。要演戏就得有人，这些民间艺人便成了首选对象。除了演出样板戏之外，宣传队还得结合当时的形势，编写一些现实题材的小节目。于是他们把新形势、新题材的宣传内容融入古老而优美的宣卷，为民族民间艺术赋予了新的内容，也因此巧妙地保护了宣卷这一民间艺术，使它没有被人们遗忘。我十几岁的时候，凭着对文艺的酷爱和追求，也成了这支宣传队的骨干，白天下地劳动，晚上排练节目。20世纪80年代，我伯伯王秉中退休回家，重建了宣卷班子。这对我来说，是学习宣卷演唱的大好机会。曾记得，为了向伯伯学习宣卷，我偷偷地买了一条香烟送给他，意思当然是讨好伯伯，想让他多多指教宣卷演唱的技巧。可是伯伯对我说："现在你不要买烟给我吃，等你学会、学好，乃至唱红后再买烟给我。到那时，我吃这烟才有真味道。"后来，伯伯看了我演唱的沪剧《阿必大》，意味深长地对我说："我当年学的时候，没有你唱得这么好呐。但是，要是看见你唱宣卷，我心里会更加开心。"接着他又说："唱宣卷，一定要做到思路清晰，口齿清楚，角色的喜怒哀乐要做得像，不要怕难为情，只要起像了角色，你的宣卷就不会没有人听。"时至今日，我回想起来，记忆犹新，恍如昨日。

1994年，周庄旅游公司为了促进当地旅游事业的发展，提出了搞一些富有民间特色的文艺活动的设想，如打腰鼓、打莲湘、舞龙、摇快船、抬花轿等，其中就有丝弦宣卷的演出。旅游公司副经理找到锦溪文广站商量，表示想请我、我伯伯王秉中、我爸爸王育中等人的班子到周庄沈厅定时演出，后考虑到我爸爸和伯伯年岁已大，路上来去不便，就由我、赵明金、金小东、金秋林四人承接，我们在周庄沈厅连续演唱了三年。

自从我爸爸和伯伯周庄停演后，另一位男演员接替了主演角色。但多场下来，场子里的许多老观众颇有微词。他们中的大多数人要我来主演，但我生怕演艺不佳演坏了角色，可老观众们几次三番盛情相邀、百般鼓励，我抱着试一试的态度，终于鼓足勇气登台演出。这一场宣的是《顾鼎臣》一卷，我全身心投入，使尽了浑身解数，把所学到的十八般武艺倾囊托出，哭、笑、怒、悲，动容动情，情感起落，似假犹真。认真演出，终有回报，落场后，老观众一个也没走，他们纷纷涌到演出台前说："你比那位男演员要好得多，从今天起，你必须得唱主演。"我得到观众的认可和鼓励，激动得眼中含泪。此后，我便在周庄的场子里站稳了脚跟。不过，从此我也更加认真学习，刻苦练习，经常白天在家里背读卷本，为的是能在晚上演出时有条不紊，从容不迫。当然，我也得到了越来越多观众的好评。伯父刚开始培养我的时候，我没有那么大的决心，丈夫也不太支持，好像唱宣卷的人都是戏子，是不正经的事情。但是我也有开心的时候，虽然宣卷演出是风雨兼程，但一到人家家里，他们对我非常尊重："王先生，请到你真不容易，终于排到这个日子。"等到周庄演出三年过后，很多人都知道，居然有一个女人在宣卷。那个时候我才意识到伯父真是花了大心血在教我。

人们常说，一个成功男人的背后必然有一个贤惠的女人，那么一个成功女人的背后应该也有一个支持她的男人。我的丈夫便是这样的男人。提起我的恋爱和婚姻，倒是有一段小小的花絮。我17岁时认识了丈夫朱其根，当时他是大队团支部书记，工作队有位姓侯的同志教会了他拉二胡。从此，他与乐器、音乐结下了不解之缘。20世纪70年代初期，团支书既要抓青年工作，也要抓宣传工作。我喜欢唱、喜欢跳、喜欢表演，而且思想上也是积极上进，大队组织成立的宣传队自然就少不了我。在宣传队排演《红灯记》时，我演的小铁梅形象逼真。共同的追求，共同的爱好，使我们的心自然地越靠越近。无论是在生产中还是在演出中，朱其根都对我特别关心，点滴小事，关怀备至。可是当真的撩开那层恋爱的面纱时，我们家却掀起了轩然大波。因为朱其根有两个孩子，我一嫁过去就要当后妈。我父母反对的激烈程度是可想而知的，特别是我妈妈，闹得几乎到了要跟我断绝母女关系的地步。后来此事惊动了大队书记和在镇上居委会做妇女工作的姑妈，在他俩的耐心劝说下，这桩姻缘总算成全了。几十年后的今天，回过头来再看这门亲事是结对了。我后来有了一个自己的孩子，但我没有一丝一毫亏待过朱其根以前的两个孩子。现在，这两个孩子已长大成人，结婚生子，一大家子仍旧其乐融融地生活在一个屋檐下。有时我出去演唱宣卷缺人，老朱就会主动顶上陪着我一同去，为我拉琴，真乃妇唱夫随。空闲时，老朱拉拉二胡，我唱唱宣卷，甭提有多高兴了。

通过周庄三年的演出，我的宣卷演技得到了进一步的提高，我要把宣卷学好、演好的信心和决心也更加坚定了。我在周庄的演出受到了群众的好评，说我的班子继承了伯伯演唱风格的消息不胫而走，我的宣卷深得一方百姓的喜爱。这样一来，邀请我去宣卷的人络绎不绝。后来我自己组织班子，走上了职业巡演的道路。

组建了自己的班子以后，我马上碰到了新的问题。在周庄设场演出时，因为周庄的听客大多是来旅游的，流动量很大，往往是今天来明天走，明天来后天走，听众一直在调换，因此我每天只需演《顾鼎臣》和《雪地产子小梅香》这两个卷本。但自己组班，受人邀请巡演，情况就不同了。因为听众的需求不同，所以我必须学会更多的卷本来适应市场需求。在这段时间里，我不论白天黑夜，稍有空闲就看卷本、起角色，对着镜子模仿、表演。我始终不忘伯伯王秉中对我的谆谆教导：要多听苏州评弹，特别是要学习评弹演员起角色的表演艺术。在我伯伯王秉中看来，苏州评弹和丝弦宣卷是一对姊妹花。伯伯甚至猜测说，评弹的前身就是宣卷。所以，我经常要听一听苏州评弹，向评弹学习表演艺术。

随着演出范围的扩大和演出场次的增加，那么多老听众对宣卷艺术的迷恋，让我感触颇深。曾记得在长塘村演出，原先约定演两场，谁知几位老年听众不答应了，一位老伯当场摸出身上仅有的60元钱往台上一放，要求明天一定得再演一场；另一位老人也拿出钱来；还有一位老人立即去买来了高升，准备明天演出前燃放。另有一次，在大直村演出两场《白马驮尸》卷本。演出结束时，突然有人提出要我演伯伯王秉中常演的《红鬃烈马》卷本，可这个卷本较长，要连演三场才能结束，而班子后天已有预约场子，只能先演一场，此后的两场演出，从新年的初一直拖到5月3日和4日才去续演，那些听客翘首以盼，等了几个月的时间，才把整个卷本听完。第二天（5月5日），我的班子到金东村演出，谁料大直村的那几位老听众踏上三轮车，骑了七八里的路程赶过来，再次听宣卷。

我记得最累的时候一口气做了46天，中间都没停过，晚上骑小摩托车回家的时候都快摔下来了。那时候最忙了，经常不在家，一年要宣卷268场。我出去宣卷，我不认识别人，别人都认识我，上海青浦一带到这边附近，没有我没去过的地方。这些村要么别去，去了就是名片被要光，就是要预定明年。

活跃在锦溪的宣卷班子有不少，可以说是八仙过海各显神通。但我觉得我们的宣卷班子很特别，作为班子的主演和领班，我感觉自己有很好的组织能力、独特的表演风格、精湛的演艺和良好的信誉，所以我的班子一年有300多场的演出。

还记得亭林园100周年纪念活动，官方邀请我们的宣卷班子去演出。当时苏州市滑稽剧团的节目经纪人看完我们的演出之后，一直向别人称赞宣卷艺术，回团后他又马上向徐春宏团长汇报。后来，徐团长就与锦溪文广站领导联系，来观看了我演出的《包公巧断红楼镜》。演出结束之后，徐团长还盛情邀请我参加苏州2006年四月十四日的"轧神仙"民间文艺活动。到了5月13日，《姑苏晚报》上一篇题为"民俗韵味'醉倒'市民"的文章提到了我的宣卷表演，并介绍了宣卷艺术。

现在锦溪镇的宣卷已经被列入国家级非物质文化遗产保护项目。我已经60多岁了，作为一名宣卷传承人，我既感到荣幸和自豪，也感到了责任和压力。摆在我面前的有两条路：一条是让丝弦宣卷这一文化遗产在我们手上消亡殆尽；还有一条就是让丝弦宣卷艺术代代相传，绵延不绝。我很清楚地知道，如果宣卷在我们手里消失，我将无颜面对热爱宣卷的前人和后人。所以我要日复一日地传承下去，使宣卷这颗璀璨的民间艺术瑰宝永远闪光。

而且我的妹妹王惠娟在我的带动下，也逐步走上了宣卷演唱的道路。2005年，在昆山市首届文明村文艺会演中，锦溪镇文广站以反腐倡廉为题材，编写了宣卷说唱《拒烟》，我妹妹自告奋勇申请当主角，一举成功，荣获了二等奖。

我一直都知道，追求艺术的道路是没有尽头的，生命有多长，我们就要走多久。我表演宣卷这么多年，不仅没有厌烦它，反而越来越喜欢。我要用我的能力把每一场宣卷的人物从身形五官到神情姿态都表演出来。但愿我们锦溪宣卷能与时俱进，扎根乡村民间，传播在中华大地。

二、堵建荣口述史

堵建荣（1963—　），男，昆山锦溪宣卷先生。（图6-7）

我第一次听到宣卷，是在1983年昆山县举办群众文艺会演时，当时昆山县大市乡文艺宣传队的顾建生将宣卷搬上了舞台，旋律优美悦耳、唱伴配合默契，赢得了满堂喝彩。

当时听同去参加会演的乐队人员说，陈墓（即今昆山市锦溪镇）也有宣卷，并且解放前后在昆南地区有较大影响。事后我初步了解到，宣卷在陈墓还真有人在演唱，20世纪50年代，张家厍村的王育中等曾编排宣卷节目参加过县文艺会演，张家厍村还有一个原本唱宣卷的艺人王秉中成了吴县沪剧团的专业演员，北管泾村也曾经有过从事宣卷的民间艺人。

1983年县文艺会演后，因宣卷独具特色，魅力迷人，县文化馆领导非常重视，在昆山的宣卷流行地区大市、陈墓、周庄进行了唱腔和曲谱的采录，并于1984年创作出了宣卷坐唱《天堂哪有人间好》。这个节目还参加了苏州地区群众文艺节目的晋京演出。

那年，我因参加苏州戏校脱产学习，未能参加晋京演出，甚是遗憾。好在我们文艺工厂的琴师盛征同志全程参加了此次

图6-7　堵建荣先生

活动的排练演出。盛征同志回来后将这一优秀作品在我们陈墓文艺工厂传唱开来。只可惜当年的文艺工厂以工养文，经济困难，在1985年7月无奈解散了。

文艺工厂解散了，可被称为"民间文艺一枝花"的宣卷活动却在锦溪民间悄然升温。20世纪80年代中期，有着深厚文艺表演功力的专业沪剧演员、导演王秉中老先生退休回到了张家厍村。他怀着对民间艺术宣卷的情有独钟，重操旧业，组班演出，凭着自己的艺术影响力，唱响了方圆百里。我们夫妇俩因酷爱文艺，作为当年文艺工厂的骨干在基层农村也有着比较深厚的群众基础，业余时间也常加盟王秉中老先生的宣卷演出，帮着伴奏、伴唱，落回时穿插一些戏曲唱段。

90年代后期，王秉中侄女王丽娟的宣卷班受周庄旅游公司所邀，在周庄景点沈厅作水乡民俗表演，我们夫妇俩也有幸一同参加。这项表演活动历时三年。那时王丽娟在伯父的有意传授下，演艺水平有了长足的进步，也为她后来自己组织班子，走上职业宣卷之路打下了坚实的基础。通过周庄的演出活动，我对宣卷艺术也有了进一步的了解。

2001年，以我等为主要文艺骨干的文化站业余戏曲队送戏下乡演出频繁，广受百姓欢迎。当时文化站接到市局通知，要求组织参加庆祝建党80周年群众文艺创作节目会演。

吴地宝卷

经过多年参与民间文艺活动的积累，我尝试着自编自演了一个宣卷表演唱《乡情乡音歌颂党》，并和琴师盛征一起想办法编曲。为力求有所创新，我们还糅合了锦溪周边地区的宣卷常用基本曲调，使久违的吴侬佳音又一次回荡在群众文艺会演的舞台上。在会演中，节目获得了市级一等奖的荣誉，节目编曲也得到了文化馆杨瑞庆老师的鼓励和肯定。

2002年，我被政府召回，到镇文化站从事群文业务管理工作。怀着对宣卷这一特色文化的特殊感情，我把保护、传承、发展宣卷作为自己的一份使命和职责。一分耕耘、一分收获。2005年，我和镇上长期从事文史研究的李惠元老师合作创作了丝弦宣卷剧《拒烟》，作品将廉政文化引入宝卷，通过一个"干部廉政树形象"的生动故事，展示了和谐社会的满园春色。作品获得当年度昆山市廉政文艺会演创作奖和演出奖，宣卷艺人王丽娟也因此从民间走上更为广阔的群文演出舞台，获得了更加广泛的社会关注。

2006年，由文化馆杨瑞庆老师作词作曲、我们夫妇俩主演的宣卷表演唱《老两口搬家》参加苏州市群众文艺新作会演，荣获二等奖。该节目在2009年参加了第八届中国国际民间艺术节巡演；2010—2013年，参加了昆山市优秀传统文艺节目"玉出昆冈"全市及全省巡演；2013年5月代表昆山市文化馆参加第二届上海民俗文化节，荣获优秀演出奖；紧接着该节目又先后参加了市级及本镇的下乡演出、元宵灯会、姜里庙会等演出活动。这部作品也成为非物质文化遗产类参加各类演出场次最多的新创节目，获得了各级领导和基层百姓的一致好评。

2008年，昆山市文化馆组织了一台优秀传统文艺节目，要求锦溪镇重排经典宣卷坐唱《天堂哪有人间好》。为了与时俱进，由杨瑞庆老师对节目内容稍作调整和修改，由该节目晋京演出原班导演徐春林老师担任艺术指导，我和施波生（陆家文体站文艺骨干）担任主唱，演出服装也进行了重新设计。

重排经典让我既倍感兴奋又稍有压力。高兴的是圆了锦溪人唱响锦溪宣卷经典节目的梦，也弥补了我当年未曾参加晋京演出的缺憾。颇感压力的是，和我搭档主唱的施波生老师是当年的原唱，弄不好我会相形见绌。好在我对这部作品的曲调已是耳熟能详，中间部分翻高八度的演唱也能驾轻就熟，形体动作上夫妇俩白天在单位认真排练，晚上在家里反复琢磨、互相指正。

当25年前的经典重新呈现在昆山群众文艺舞台上时，群众文艺条线的好多老同志激动不已。展演获得了一等奖，同年入选并参加了纪念改革开放30周年暨首届中国农民文艺会演，荣获文化部颁发的"丰收杯"大奖，并在苏州地区巡演。

随着昆山经济的快速发展，非物质文化遗产的保护传承工作受到了前所未有的重视。

资料的整理、项目的申报、普及和交流工作得到了同步开展。我也义不容辞地接受领导安排，在文化站分管起了包括宣卷在内的非物质文化遗产保护和传承工作。这样，我只能前后台兼顾，并将很大一部分精力转向了后台。

为了凸显地域性特色文化，各乡镇先后举办了江、浙、沪区域性非物质文化遗产保护交流活动。2009年起，锦溪镇在省、市各级非物质文化遗产保护部门的关心指导下，成功举办了四届江、浙、沪宣卷交流演唱活动。四届活动形式不断创新，内容逐步向纵深发展，从区域性的情况了解，活动形式、内容的设置，参演团队及专家学者的邀请，到主持词的撰写，活动成果的总结呈现，论文集《江浙沪宣卷的保护和实践》的成功出版，我都有幸全程参与。

四届跨省的宣卷交流演唱活动中，来自江、浙、沪三地的几十支团队带来了各具特色的宣卷节目，不同地域、不同风格的宣卷，同台演出，尽显特色。作为东道主的锦溪文化站，致力节目形式和节目内容的创新，除了《顾鼎臣游春认女》《双富贵·美玉寻夫》《红楼镜》等原生态传统宝卷外，在保持宣卷本真性的基础上，先后创作了宣卷表演唱《锦溪的桥牵手锦溪的窑》《锦溪儿童学宣卷》《摇起快船唱宣卷》《一粒米》《自作自受》和反映廉政文化的《"四知"先生》《家有好官》等适合时代的节目。我也积极承担起本镇参演节目的组织辅导和参演工作，受到了普遍好评。

锦溪宣卷非物质文化遗产项目与代表性传承人的逐级申报，是我系统学习和全面梳理宣卷的过程。2006年上半年，中央下达了保护优秀文化遗产的任务，市文化馆杨瑞庆老师怀着对宣卷的特殊感情，带班来锦溪召开座谈会、寻访宣卷遗音。

那天，正好王丽娟在本镇张家厍村进行庙会宣卷演出，杨老师获知这一信息后，按捺不住内心的兴奋，当即要我引路前往现场。庙前搭起的木缘棚内，原汁原味的传统表演形式，密层层虔诚恭听的观众，让杨老师等寻访者无比惊喜——这次宣卷演出的主唱者就是宣卷传人王丽娟！大家觉得，宣卷在锦溪民间还鲜活地存在着！宣卷还有着较深的群众基础！宣卷申报非物质文化遗产项目完全有可能！

紧接着就是进一步挖掘和梳理锦溪宣卷的来龙去脉、成因流变、传承谱系，由杨瑞庆老师主写申报材料，市文广局派出具有民间文学功底的高柏勤老师来采写传承谱系佐证所需的《宣卷世家的传记》。乡镇上由我和周新民老师全力配合，收集卷本、采集曲调、撰写宣卷活动的纪实性文章，后来这些成果都编进了《昆山民族民间文化精粹·文艺卷·玉连环：锦溪宣卷》。

在大家的齐心协力下，2006年10月，锦溪宣卷正式申报成功苏州市非物质文化遗产代表性项目。2008年6月,王丽娟被评定为锦溪宣卷代表性传承人。正是这些原始的第一手资料,为我日后撰写锦溪宣卷省级、国家级申报书,整理特色文化之乡(宣卷之乡)的资料打下了坚实的成功基础。

在各级政府的高度重视下,在各任站长的支持下,在全体宣卷同仁的共同努力下,锦溪宣卷2009年被列入江苏省非物质文化遗产代表性项目;2014年被列入第四批国家级非物质文化遗产代表性项目;2014年2月王丽娟被评定为江苏省非物质文化遗产锦溪宣卷代表性传承人。

2013年10月,锦溪古镇区开设中国锦溪宣卷艺术馆,我将多年挖掘收集所积累的全部资料毫无保留地提供布馆,并经常组织宣卷展示活动。2015年11月,由我整理创作的传统卷本《顾鼎臣游春认女》参加上海浦东全国宣卷邀请赛获得金奖。2016年10月,由我主唱的创作节目《自作自受》在第四届江、浙、沪文艺活动中获得新创类节目金奖;2017年,该节目荣获首届苏州曲艺光裕奖银奖。

2018年6月,由我主唱的创作节目《天堂哪有人间好》参加了昆山非遗赴台湾地区文化交流演出活动。

锦溪宣卷与我结下了不解之缘,目前我也成为该项目的昆山市级代表性传承人之一。无论从哪个角度,保护、传承、发展都是我等义不容辞的责任。光阴荏苒,岁月匆匆,一路走来,我喜忧参半。喜的是宣卷作为民族民间优秀的文化遗产历经千年,几经风雨,仍深深地根植于民众,在乡村的土壤中绽放奇葩;忧的是随着城市化进程的不断加快,宣卷所包含的宗教信仰的教化性和它所赖以生存的社会文化基础正在发生根本性的变化——传承人难以寻觅、观众群大多年老、受众面越来越小,前景不容乐观。

关于当今宣卷的存世形态,我认为,关键在于传承、创新、发展。从宣卷的演变历史看,无论是从佛教讲经到民间宣卷,还是从木鱼宣卷到丝弦宣卷,都是在不断变异中有所创新的结果。民间庙会、婚礼、寿庆、过生日等原汁原味的宣卷活态传承虽有萎缩,但至今尚鲜活地存在着,是有志于学唱者或传承人培育对象最好的体验和学习场所。在弘扬传统文化层面,文化部门(文化馆、文化站)在保护、扶持原生态的前提下,更应注重源于本真的、形式和内容与时俱进的、适合于现代社会的新颖宣卷节目,只有这样才有利于拓展更为广阔的演出舞台、培养更多的观众群体,更为积极有效地传播宣卷,让更多的人熟知宣卷、欣赏宣卷,让宣卷这一古老的民间艺术散发出经久不息的迷人芳香。

第五节　同里宣卷先生口述史

一、芮时龙口述史

芮时龙（1940— ），男，吴江同里宣卷先生。（图6-8）

我祖籍在江阴，生长在同里。同里古镇的文化底蕴很深，同里宣卷是在大街小巷传播了很多年的民间艺术。同里宣卷有一个和其他宣卷不同的特点，其他的宣卷都是摊本子宣卷，而同里宣卷没有本子的，换句话说，同里宣卷是活的。

图6-8　芮时龙先生

在学习宣卷之前，我在生产队中的青年队当务农队长。在1957年和1958年这两年里，有位杨坤荣老师看中了我，他问我："芮时龙啊，我看你蛮有天赋的，可以学宣卷。"因为我是会拉胡琴的，所以当时我一边拉胡琴一边听杨老师宣卷。他宣卷时我用心听、用心记，回家后还要自己写，然后再跟着他听，听上五六次后，好像已经很熟悉了，自己在家里试唱感觉也蛮好的，但是一上台就发觉宣卷并不是那么容易的事情。没有谁天生就有本事，大家都是一样的，一开始什么都不会，就跟插秧一样，插秧也是慢慢学起来的。宣卷艺术相比种田这样的粗活就更加难以掌握了。杨老师教我的那段时间，我本以为可以做得蛮好，但结果总是手忙脚乱，唱的台词和表书通通忘了个干净，只唱了大概五分钟，我就唱不下去了，慌忙下台。那么如何才能再进一步呢？杨老师也蛮关心我的，教了我很多方法。待到下一次登台，我又唱了《玉连环》，这次终于好多了，因为熟练了，所以大有进步，我坚持了15分钟。

宣卷这门艺术看上去不难，其实要做到登堂入室是蛮难的。我真正脱离老师走上自己的宣卷道路，其实是被"逼上梁山"的。曾经有户人家要听宣卷，我坐船到那户人家去，在岸边我遇到一个白面书生，他开船来接我过去。我不清楚当天的安排，便问他："今天是你来宣卷吗？"他回答："是你呀，我又不会宣卷。"我这才知道，他只是来拉胡琴的，真正主宣的人竟是我自己。那么就是被逼上梁山了，我没有办法逃避。这户人家要求的是日夜场的宣卷，观众一共是六个人，开本为《描金凤》。我便把《描金凤》那么一唱，这事儿有点意思了。到了第二天，大队里的大队长听闻我表现不错，一定要挽留我一日一夜。从那以后我也算是可以独当一面了。

关于我的第二位老师顾计人，说来话长。我认识顾计人要从他的儿子下放开始。他儿子叫顾建明，那时候是插队知青，下乡插到我的队里。当时他要租房子住，我就说："要么你来我家里挤挤吧。"后来我和顾建明相处得就像小弟兄一样。他带我到他家里去见到了他爸顾先生。顾先生是知道我在杨坤荣那儿学过宣卷的。他的儿子会弹凤凰琴，可以以此代替扬琴。后来顾先生出去宣卷也会叫上我一同去，我拉胡琴，建明弹凤凰琴。偶尔我也替他宣过那么几回，然后他说："哎，芮时龙你宣卷有点道理的啊。你蛮好哇，倒是块料。"然后我就更加主动了。顾计人的书跟杨坤荣的书不同，他愈发"活"，会做动作什么的，特别是一次干板有七八十句，顾老师能全部说完，他有这个本领。他对我说："你是能学出来的，你学宣卷最吃香了。你是能够唱到河对面的郭巷去的。"意思就是说我不仅能在本地唱出点东西，甚至可以在苏州地域都有点名气。

我跟顾计人先生结为师徒关系后，他成了我正式的先生。顾先生一开始也是从事宣卷，后来乡下的很多东西一律被取缔了，包括丝弦宣卷也都不让弄，很多成员便各投门路，顾计人就去往上海，在越剧团里弹弦，做家生。我正式进入宣卷圈子，然后越弄越开，由南往北，南到涟水荡庙，娘舅庙也去过，再后来就认识了徐银桥徐派的代表人物闵培传，我们亦师亦友，他既是我的师父，又是我的朋友。

我是1957年、1958年开始宣卷的，然后到1959年，我担任同里公社文工团团长，闵培传则是在屯村公社文工团担任团长。当时，各家公社都要到院里进行会演比赛。我俩比赛时"不打不相识"，结下了友谊。他佩服我的唱，因为他嗓子差一点；我则佩服他的说表，他的表书活灵活现，特别好，我便学习吸收他的长处。毕竟一个人不会十全十美，每个人有每个人的特长。我尽量去吸取多方面的长处，补足自身的短处。好的吸收，不灵的甩掉。

我最后一个师父是许派宣卷的传人，许维钧的妹妹许素珍。许维钧的妹妹，一个叫许雪英，一个叫许素珍。许素珍是小妹子，许雪英比她大。她们后来成立了一个宣卷姐妹班，但是班里缺弹奏胡琴的人，巧的是顾计人老师的儿子顾建明就在他们那里做乐器家生。有一次姐妹两个人吵架了，或因涨价的缘故，阿姐不去了，让许素珍一个人去。许素珍为难了，担心姐姐不肯去的话，自己一个人难办。于是顾建明就为我作荐了，他说："没事的，叫我大哥来。"当时许素珍尚且不认可我，甚至于说认识不认识都是个问题。但是没有其他方法，她只好死马当作活马医，"那么好的，你叫他来试试看。"许素珍是这样说的。不过，她叫我去试试，不是直接收我为学生，只是叫我去金家坝镇上做一桩生意而已。

那时候不是两个人搭档的,而是一人一回书这样的,一回宣下来,许素珍歇下来就跟顾建明讲:"阿明啊,我来跟你大哥讲,叫他长做好了。"长做,那时候相当于进班了,然后我就跟她一起做了三本卷。做了很长的日子后,她干脆宣布:"今世我没有收过一个学生,一个徒弟,从今以后,芮时龙是我第一个学生。"后来她生病了,我还要出去继续唱的,于是许老师给了我一块桌围,我便替许老师唱下去了。许老师是1994年去世的,我亲自把这个桌围还给许老师的丈夫。

我一共拜了4位先生,有的属于许派,有的属于徐派。我认为这些流派各有长处,也都有短处。因为任何事物都有长短处,好比杨坤荣老师做派比较陈旧,专精于说书,少了文艺娱乐的趣味性,放到现在就像老和尚念经,眼睛朝天上这样。实事求是讲,顾老师就干劲十足了。他宣调不用丝弦家生,而是自己就有韵脚的,难度很高,篇幅又长,一段唱往往长达七八十句。顾老师乐理方面蛮精通的,我佩服他这一点,真的好。人也蛮平易近人的,不藏着掖着,愿意传道授业。我虽然是通过他儿子的关系拜的师,但只要你肯学,他也都肯教你的。他还传给我两百多本书,他叫顾建明给了我的,现在我还保留着。闵培传给了我一本他的得意之作《玉连环》,以及一本《红楼镜》,许素珍传给我一本《洛阳桥》。

我其实很笨的,别人没有先生教也都在学宣卷,而我找了四个先生,真的是太笨了,他们都比我聪明,没有先生照样学宣卷。

同里宣卷出现时,我们这里还只有木鱼宣卷。木鱼宣卷就是在演唱的时候有一个上板,是精短的弥陀调;还有一把扇子,摆着装样子的,然后就是照书读。为什么叫木鱼宣卷呢?因为有两个木鱼,一个大木鱼,一个小木鱼,下面是敲铃。结束的时候就要说"南无阿弥陀佛"。

后来到我的上一辈的时候,宣卷的家生多了,人也多了,就出现了丝弦宣卷。听名字就知道丝弦宣卷需要琵琶、胡琴等乐器,有的用唢呐、有的吹笛子,考究点的会吹箫。丝弦宣卷的表演人数从一开始的4个、6个逐渐发展到8个,但是演唱的就一个,剩下的都是"下手"。"上手"有个点火茶壶,茶壶不是用来喝茶的,而是放在台上,暖唱的人的嗓子的。宣卷的时候需要扇子、茶壶、木鱼、磬子这几样道具,还有个开场的醒木。发展到1945年的时候,百姓听厌了,觉得木鱼宣卷就照着书上读读,没什么好听的,又没有动作,丝弦宣卷就是摆摆乐器,于是丝弦宣卷就发展到了露头宣卷等。

同里宣卷几起几落,我记得大概到了1978年,文艺复苏。我那时候在家种田,文化

吴地宝卷

站站长叫我到文化站去一趟，他问我要不要去省里演出宣卷。我说东西都没了，他说："没事的，你到苏州去买，所有的钱到文化站来报销。"然后我自己去买了宣卷要用的东西，全部准备好了到文化站报销。报销之后呢，文化站站长发命令了，就是只能宣《十五贯》，别的卷本不能宣。宣卷收入归文化站，我没有权利收钱，只能等各个大队、乡镇结了账之后，拿一点劳务费。

就这样几经波折，我宣卷的过程也是起起伏伏。我组班的历史算起来蛮早了。我23岁的时候就组建了芮时龙的班子，但是后来由于时代原因，我干脆不做了。直到站长说了可以做以后，我才又正式成立了班子。其实后来江阴锡剧团还叫我去参加他们的演出，但剧团人多，算下来每个人划不到多少钱，每个人只能拿几块钱，10块钱都拿不到，我不高兴做了。所以我真正的立班是要到1994年，1994年挂牌。1996年下半年，人家是一男一女，男女搭档了，而我还没有，仍旧是一个人。后来金凤英突然带着汪静莲，她们两个女的找到我家里。我选择了汪静莲和我一起搭班，因为没有两个都选，金先生到现在还对我有意见。再到后来，我在黎里演出的时候，又收了一个吴根华。后来又陆陆续续有些人和我一起搭班。

宣卷是要看场合开书的。事主家请做宣卷的原因你要摸清底细，倘若不摸清底细，是要吃苦头的。打个比方，这家人家生小孩，或者是讨新娘，我们去宣卷，如果弄个死人的本，这是不行的，一定要是喜气洋洋的书。所以要摸清事主家是因为什么事情要请你来宣卷，到底是生小孩还是做寿。哪怕是做寿的，也要摸清楚，做寿有做寿的，庆寿有庆寿的，都要摸清底细。还有人家有些迷信，为了看好自己家老爷的毛病，需要宣还愿书。这时可以宣《千金一笑》《梅花戒》，这种还愿书他们是欢迎的。如果是一些喜事的宣卷，那嘴巴就要放讨巧一点，这样人家才会高兴。

我常去宣卷的地方有同里、郭巷，但是现在老地方全部拆光没有了，上次去还是在未拆迁的时候。还记得以前可以从郭巷一路宣到觅渡桥南边，然后寒山寺我也去宣过卷。这附近几乎每个庙我都去宣过卷。再远一点比如平望等地，我也会去。我们现在一班是4个人，宣卷规定上午不开场，要等到上午放了炮仗请了神仙之后才能宣卷。我记得是20世纪80年代的时候宣卷，一人一日一夜是30块钱报酬，和后来做职工一个月的钱差不多，于是就把班子人头减少，所以到后来我们一班是4个人。之后就慢慢涨钱了，从一天100多元涨到2010年的一天400元左右。

我现在比较偏向于创作，也有挺多的代表作，如《洛阳桥》《金枝玉叶》《白鹤图》都还可以。我的代表作《洛阳桥》有两大中心思想，一个是劝人为善，一个是推崇尽孝。

这是一本孝子卷，主要突出"为人在世要尽孝"的主旨，以蔡少爷的故事警示各位观众，对待活在阳间的父母要关心、要尽孝。

《洛阳桥》的结构是我个人比较得意的地方，一环接一环，架构合理，节奏紧凑，没有什么敷衍的章节，每一回都很紧张。我的先生教我的时候，本来是没有这样的结构的，是我自己进行再加工的结果。

我也在尝试改编，本来这些书都要宣上几天几夜，我就尝试把它们改成短书。像《金殿认子》《姐妹封王》《姐妹调嫁》《双夫夺妻》这种是比较短的，尽量在一个日场就宣讲结束。因为过分长的书听了开头听不到结束的话，听众感觉很差，觉得没有什么听头。改短同样也是为了跟上时代，这种方式就是"长书短说"。做一世宣卷，做到老学到老，还要跟上时代。之前我一直说，一开场时人还蛮多，宣到最后只剩下10来个人看，那就没有乐趣了。如果你一个白天宣下来后，听众不肯走、要听完你的宣卷，那就说明你是有水平的。你一回卷宣下来，人都走光了，自己的面子也丢光了。这也是我当时在平望宣卷的时候得出的经验。过分长的书要一日一夜才能宣完。时间太长，东家不称心；如果不宣完，东家又不满意，还是不称心。不仅如此，我还吸收地方剧种的艺术精华，在演唱时以宣卷调为主，以越剧、沪剧、锡剧这类剧种的曲调为辅。

我希望同里宣卷不要失传，失传蛮可惜的。但是目前来看，宣卷前途不怎么好，我自己也经历了同里宣卷的几起几落，中间有高潮也有低潮。这里有时间性的问题，相信这一次的低谷之后，会走向高潮。我老了，就看下一代了，所以要从学生开始培养。

学宣卷不是普通的学一个技能，其中有"我要学"和"要我学"的区别。"我要学"是我主动的，心在这份事业上；"要我学"则是被迫的，在这样的状态下，什么事都做不好的。各行各业都是从头开始的，你要学就要有心，这件事儿才能成。这个人要自己愿意学，才会学得好；如果是别人要他学，永远都学不好的。

最早愿意来参加我的宣卷队伍的是赵华。赵华是浙江的，我是同里的，我们两人素不相识，她是通过她娘舅介绍来学宣卷的，我当然也同意，因为我和她娘舅是老朋友了。赵华不仅好学，而且本来是越剧团演员，有点唱绍兴戏的基础。她刚开始学的时候只会唱点绍兴调，宣卷调全部不懂，同里话也不行，但是她肯记，我这本卷的内容宣好了，她自己写出来，自己去默写。自己写下来，自己看得懂。这样一来，她的进步比较快，半年下来就大不相同了，宣卷调基本上可以掌握了。同里话学起来也不容易的。赵华这个徒弟年纪最轻，进步比较快。长江后浪推前浪，一浪更比一浪高。她现在超过我了。有赵华这样的小辈传承，我也是非常欣慰的，她不是学出来的，而是宣出来的。

我宣卷宣到黎里,有两个四五十岁的人,其中一位叫吴根华。她们喜欢打莲湘、舞龙。她们对文艺蛮喜爱的,想学宣卷,和我搭班。我认为只要她们肯学总归行的,我一直说"世上无难事,只要肯登攀"。她们两个人一起请我到家里,带了一张扬琴和一个配乐的琴师去的。这个就跟赵华大不相同了,她们是从零开始的,我做示范动作,起角色,然后做手势,亲自教唱腔,宣卷调,都是从零开始的。我是到她们家里去教示范动作的,教她们《三拜堂》。教示范动作不容易的,既然她们诚心把我请到家里来了,那么我也诚心教。所以我做示范动作,既唱,又做手势,做给她们看,男的怎么做,女的怎么看。其中一位试了试,觉得太难了,不打算学了,但吴根华决心跟我一起做。她肯学,她自己会记下来,我宣一回卷她要记一回卷。我说:"不要怕学得不像,只要诚心学就一定能学好。"她当时的决心是真的大。我告诉吴根华:"你自己做手势,做眼神,自己照镜子看看做得像不像。"我都是以身说法去教她的。

我前面讲过的,她们都是来参加我的宣卷队伍的。没正式拜先生,都是我自愿收作徒弟的。现在徒弟都有班子了,希望他们能够欣欣向荣,将宣卷继承下去。

二、赵华口述史

图6-9 赵华女士

赵华(1979—),女,吴江同里宣卷先生。(图6-9)

我1998年随丈夫来到同里古镇,在同里第一次接触到宣卷。最早是在我公公那里了解到宣卷的。当时我公公去世,我帮他整理遗物的时候看见了宣卷的曲子,那是几张泛黄了的纸头。正好我和丈夫都是剧团的,对简谱、乐谱这类东西比较感兴趣。我们在这之前没有接触过宣卷,只知道越剧,后来闲在家里没事,就拿出宣卷的曲子自己学着哼唱。

后来得到了两个人的指点。一位是隔壁邻居袁宝庭老先生。当时我丈夫的舅舅金连生说我拿到的谱子叫宣卷调。其实公公留下的那个纸头上面也写着宣卷调,但是我们不知道什么叫宣卷。金连生就说这是乡下遗留的,说要带我去看看。然后他就带着我去看了几个宣卷的表演。但是当时我足岁才20岁,还没想过我要走这条路。但是那个时候没事情干,好像有点着了魔似地,一天到晚在脑子里回荡着宣卷的曲子。袁宝庭老先生是许派的第二代传人,当时老爷子已经不唱宣卷,在家里休息了。他听到我唱宣卷,感到很亲切,就过来说:"小姑娘唱得好好听,这个叫宣卷调。"然后我婆婆说他原来就是唱宣卷的老先生。袁宝庭先生可能对我唱宣卷曲调的事情感兴趣了,就告诉我宣卷该怎么唱。我那时候已经从剧团出来了,在家里也无聊,感觉宣卷也蛮好的,蛮有意思的。于是袁师父就开始教我,老先生作为我的第一位宣卷老师真的是倾囊而授。当时老先生已经80多岁了,虽然不能带我实战表演,但是他把自己所有的宝卷,包括宣卷的碰铃、二胡、琵琶等都给了我。他是真的喜欢我,当初我还没认他做师傅的时候,他的粉丝有时候会送吃的给他,比如说鱼、虾什么的,他就会烧好了送给我一些。他一次次地来指点我,把自己的好东西都留给我,我感动地说:"先生,我认您做师父。"他直接就哭了,他说:"我何德何能能够收你这个徒弟?"我还记得,在袁先生这里学习的时候,有一个师兄,他学得比我早,这位师兄对我也挺好的,有时候师父不能操作的,他也会教教我。

后来就是舅舅金连生带我唱曲。因为我们是学校出来的,和白手学宣卷的在唱腔和表演上都不太一样。当时邻居、隔壁村的村民都过来看我宣卷,夸我唱得好听。那个时候就有两位说书先生邀请我搭班,我师父生气了,因为他觉得我能够自己出去开班了。我就跟师父说:"我还是要学习一下,我先和他们搭班学习一段时间。"然后我就选择了芮时龙先生,他就是我的第二位师父。袁先生给我的更多是脚本、谱子和一些道具,实战的经验则是芮先生给我的。在第二位师父那里学了大概两年八个月,我怀孕了,于是就买了蹄髈、糕点去拜了个师,和他道别。

因为宣卷的师徒传承是口传心授的,袁先生不仅有口传心授的宣卷告诉我,也给了我一些宣卷本子,有的是他抄来的,有的是他复印保存好的。芮先生给我的则都是口授的,后来我认识的一些朋友也给我一些本子,就这样积累起来了。一开始和芮先生搭班唱宣卷的时候,我大概只有20多本宝卷,后来我从公公留给我的一些泛黄的资料里面去找方言故事、方言传奇,再去找短篇宣卷,加上自己手抄的唱本,到现在就发展到了快10箱子的卷本。实践出真知,我是学过戏曲的,知道韵脚,我很多唱段唱下来,第一遍可能没有押韵,第二遍、第三遍下来的话,我基本上就能够灵活运用韵脚了,所以我也有自己的一套宣讲程式。

我自己立班大概是在2003年,那时候我刚生完孩子。当时我想,我都学会了这门手艺,总不能停掉,于是就在2003年六月十九日出来立班了。

最早的时候是我的妈妈跟我搭档的,我妈会唱越剧,也演过样板戏中的双枪老太婆、李铁梅、阿庆嫂等角色。我刚怀孕的那段时间,袁先生曾带我出去唱了几场宣卷,我妈也跟着我一起去。有时候宣卷唱完停一会,我妈就会唱一段越剧,我觉得她唱得不错,我就和她说:"你反正在家里也是闲着,不如我来教你唱宣卷。"后来教了三个月,等到六月我唱第一场的时候,我妈就和我一起去唱了。一开始,一本书如果是分10份的话,我妈最多唱两份半,七份到八份都在我身上,都是我一个人在唱。后来我妈就能唱到三四份了。我妈从我立班开始陪我唱了十二三年,因为她嗓音条件好,声音清脆,所以唱得也很好。

我的班子里一直是4个人。乐器只有胡琴、扬琴,其他都没有。还有两个清唱的宣卷先生,我们就称清唱宣卷为"素宣卷"。但有的时候也要看不同地方的需求。比如有些人家要娶亲,这个时候一个扬琴、一个胡琴就不太够,那就再找一个吹的和一个敲的,这样就变成了6个人。大概是到2010年、2011年,当时我觉得我们需要创新,毕竟我们班子里有些是学过专业乐器的,要求就高起来了。我们就找了贝斯、中胡补充低音部,用阮来补充高音部,开始创新我们的宣卷团队。

不仅如此,我们还开始根据时代背景,根据当下观众喜欢短剧的文化需求特点来创作宝卷。比如拆迁之后,很多老人从乡下搬到街上去住,但看得出来,他们的生活方式依旧是农村的模式。我们就创作了《乡下街上人》,反映他们一半乡下人、一半街上人的生活状态。我们还创作了一些体现时代特色的宣卷,如《俏婆婆上大学》《二胎风波》《致敬逆行者》等。

我自己立班后,大部分时间都是在同里的农村宣,尤其是还没有拆迁之前。因为在农村,整个村里有一系列的民俗民风,比如正月、地道、灶王等。大家都有相似的要供奉的神仙,有时候就会集资请宣卷先生。每个人家里都有个大院子,今天放你家,明天请我家。到后来拆迁,很多地方搞新农村建设,村民们虽然拆迁到新小区里,但是仍然保留了传统的神仙信仰习俗,很多人家逢年过节、乔迁、红白喜事还是会请宣卷,家家都会办酒席讨热闹。所以在那个时候,我一年365天要开323场,一天要赶好几场,开车开到抽筋,打鼓打到抽筋。有时候六点去唱第一场,唱到10点结束,就赶过去下一家,做到下午三点,然后再赶下一家。有时候忙起来一天能做五场。后来农村人口越来越少,年轻人都搬进商品房了。大概到2015年我妈妈去世之后,我一个人忙不过来,也就逐渐不大去农村唱宣卷了,而把重心放到学校、社区。比如说进惠民书场宣唱,参加垃圾分类宣传活动,唱自己创新的宣卷等。我还通过宣卷进行法制科普、展现中国人的航天梦,参加防诈骗、反诈骗的快闪宣传活动等。此外,我还带着宣卷进社区、进学校、进剧院等,并且在学校里当老师,在幼儿园、小学、老年大学教唱宝卷。

除了在同里农村宣唱外，我还会去别的地方唱宣卷，比如芦墟、八坼、汾湖、平望等地，可谓是遍地开花。有时候我还会去浙江唱宣卷。

在农村宣卷，定什么日子也是有讲究的。我们宣卷起源于宗教活动，当时很多人信奉刘王，刘王的生日是正月十三，当地人会在正月十三的前几天或者后几天请我们去唱宣卷，不论刮风下雨都要去。有些村落供奉观音，观音的生日是二月十九，在这个时间段里，也会有很多人请我们去宣卷。而且观音出生、得道、升天一共有3个日期，这些日子请我们的就会比较多。还有一些人家每年到了请财神的日子也会请宣卷先生去唱。唱的时间也有讲究，以前是吃中饭前宣卷先生唱半个小时，中饭吃完之后，下午1点钟开始再唱3回书，唱到3点45分。现在整个节奏都变快了，饭前就会唱得快一些，唱的回数也会减少。以前是夜场，现在就变成日场。以前一次唱六七个小时，现在唱2~3个小时。

谈到酬金，最早的时候我们的行规是五五开账，比如说500块钱4个人分，两个弹乐器的各拿100元，剩下的300元就上手和下手分。平分的话是150元一个人，但是上手毕竟做的功多，可能会拿到170元、160元。因为上手不仅唱得多，还要去沟通，去和人家客套。我跟着师父的时候，芮先生带我出去唱宣卷，我做下手就是从120元、130元拿到140元。到我立班之后，我就不再采用五五分账了，这样分起来麻烦，而且拿到钱就分账总有"半路分赃"的感觉。我做班主之后，会和与我搭班一起唱的人定好价格，愿意就来，不愿意就另请高就。因为我觉得我作为班主，对外沟通的事情是我做的，后期风险也是我承担的，所以我有这个权利提前告诉搭班人报酬的金额。不管我今天拿到多少钱，哪怕今天我自己贴钱送给别人这次宣卷，我都会照付搭班人工资。因为有时候找我开场的是一些老熟人，我会不收他们的钱给他们唱一次。但这种情况下我依旧会发工资。有时候拿到的钱多了，那我可能就会给搭班的再发个小红包，贴点油钱。

我觉得我最大的特点应该就是讲究韵脚。因为我接受过专业的训练，越剧团演员出身，在没学会宣卷之前接触到的就是讲究韵脚的越剧，所以我宣卷的旋律会比老先生们多样化一点。原来的宣卷比较单调，尤其像木鱼宣卷那种，很平淡。我就在自己唱的过程中进行改造，加入自己唱起来耳顺的韵脚。老先生们教授的宣卷都是直来直往的调子，唱到一些数字时，比如"八"和"百"在方言中就很相似，再加上平直的调子，就很容易搞混。老先生们不会注意到这一点，现在我的一些同行有时候照本宣科习惯了也不会注意到。而我空下来就会去琢磨这种调子应该如何去改变。现在宣卷也不像10年前那样火爆了，为了适应市场经济，把我们同里宣卷传播出去，就更加需要一些创新，不仅要在曲目上紧跟时代，在曲调上也要力求新颖。我就把自己学过的戏曲韵脚和唱腔与宣卷曲调相融合。比如我会在曲调里加上十六分音符、七连音、三连音等，让宣卷变得更加好听。这也是我对自己的突破。

其实除了教过我妈妈和我女儿，我也没有真的带过徒弟，很多时候我是在学校里面教学生唱宣卷。因为我认为别人愿意过来跟我学习，我都是接受的，但是一定要考虑好几个问题：第一个就是小孩的天赋问题，学宣卷，你的嗓音、你的音乐天赋都是很重要的；第二个就是小孩的兴趣问题，不能把这个看成是太功利的一项技能；第三个就是目前宣卷的市场环境并不是很好，宣卷也不像10年前那样火爆了。所以来找我学习之前，这些问题都要考虑清楚。

当时昆山有一位小男孩，叫小吴。对我来说，小吴是亦师、亦友、亦徒弟，因为他跟着我学习宣卷，我也算是他的师父。后来有一次我发现他的宣卷谱子和我师父给我的宣卷谱子的署名竟然是同一个人，然后他就说他家里都是这位先生的宣卷，并把这些宣卷复印送给了我。

对于同里宣卷，我的想法一直都是尽我的能力，尽我的心，起码我在的时候，我要保护好它。因为同里宣卷是非遗，它已经不再是阳光下的植物了，它是我们养在家里的盆栽——有一个人来管它，它可能还行；有很多人来管它，它可能会枝繁叶茂。我就愿意守着它，可能在我的管理之下，它还能再活5年，如果我不管它，可能三个月就消失了。我就尽自己的能力让它枝繁叶茂，让它活着。如果真的有一天管不了它了，我也没办法。

在家里我也会让女儿学一点宣卷，一来我女儿学的是苏州评弹，两者之间还有一些联系；二来我逼着她学一点，好让宣卷能够传承下去。我跟我的一些学生说：老师并不强求你们将来从事老师的这个行当，会来接管老师的这个事情，但是将来有人提到同里宣卷的时候，你要记得你学过这个，你要让更多的人知道同里宣卷，让它传承下去。

三、吴根华口述史

吴根华（1963— ），女，吴江同里宣卷先生。（图6-10）

图6-10 吴根华女士

我从小就喜欢唱，几岁的时候就开始接触样板戏，有点唱戏的基础。但一直到2000年之前，我从来没有接触过宣卷。2000年左右，芮时龙先生到我们村庙会来宣卷，中间休息的时候，芮先生叫我们唱几段，我唱了以后，他觉得我有基础，就问我有没有兴趣学宣卷，我说："什么宣卷？我都不懂。"后来有一次我们去芦墟的庙会，那边有好多宣卷班子，还有人来定生意，我一看宣卷生意很好啊，我就决定去跟芮老师学习宣卷。我本来是跑运输的，所以我很有空的，芮老师很开心，他说："你可以的。"

拜师以后，我就跟在芮老师后面听他宣卷，连续听了五天宣卷。我主要听他上下接书的技巧，听了以后自己回去做笔记。师姐赵华也教我接书和宣卷的其他技巧。芮老师在村里演出的时候，我就留他和一个琴师在我们家过夜，两个人正好教我宣卷曲调。

我当初连听五天宣卷的时间是在十一月份，十六、十七、十八在一个村听，二十四、二十五在另外一个村听。到了十二月，赵华回家过年了，芮老师那边缺人，他就叫我上。我说我什么都不会，他说你来好了。我第一次宣卷就是在同里的这一次，其实我都没有跟他正经学过，也没有跟他一起去唱过，我就是听他口头说了那几本书，那天他就叫我一起去宣卷了。我到现在还记得那次的本子是《三拜堂》。我那次相当于十一月学了点皮毛，十二月就上了。我第一次唱，吓死了，腿都抖了。从那以后，我就可以正常上台了。一开始我也没跟着芮老师唱，因为赵华还在和芮老师做宣卷，后来赵华生小孩了，我就跟芮老师一起做宣卷了。

那个时候一套班子有4个人，两个是唱的，一个上手，一个下手，还有两个琴师，一个是拉胡琴的，一个是打扬琴的。就这么4个人，做一个班子。芮老师教了我最基本的宣卷曲调和宣卷技巧，还嘱咐我多听评弹，要对着镜子看自己做。我那个时候年纪还轻，记忆力很好，他教我的我都记下了，自己再慢慢地模仿。有时候，我们两个人出去宣卷，他就把整本书的故事从头至尾跟我说一遍，我都记在脑子里，回去自己做笔记。我的唱本都是这个样子来的。还有就是看电视听评弹，我每天听，然后自己记录。起初芮先生的唱本有10本左右，也是他的师父一代一代传下来的。我没有见过他的唱本，只听过他的口述。我现在有五六十本唱本，都是我自己记录下来的。

我其实跟芮老师宣卷只有一年时间，后来老师跟我分开了，分开这里有一点小误会。要知道，我们这个宣卷要人家喜欢你才会叫你去做，一次在八圻有一户人家喊我去宣卷，没有喊芮老师。我说："我要不要通知芮老师一声？"他们说："芮老师年纪大了，你就不要和他说了。"当时芮老师六七十岁，其实也不算老，但是有人喜欢听芮老师说表，有人喜欢看小姑娘唱。有一次我宣卷宣到芮老师的家门口，有人就跟他说："芮老师，你不要再说了，你让你的徒弟就这么唱好了。"可是芮老师有自己的风格，要是这本书没有说到位,他是不肯放手的,所以他不让你唱,他要自己说表的。那个东家叫我重新喊一个搭档,而我连上手都没有做过,可是人家喜欢我,要我去做。这一次我没跟芮老师说,芮老师后来知道了这件事,他就生气了。现在想想也是,你羽毛都没干,你怎么能自己就拉班子做呢?所以后来我跟他解释了:"先生,不是我瞒着您去做,而是人家有这个要求,所以我没告诉您。"他也表示理解。但是芮老师脾气也不怎么好的,他后来7月份对我说:"我们做到今天为止。"我那时候一点准备都没有,因为我没有想到要跟他分开。我就跟他做了一年,我能学到什么呢?但是我也没办法,他想让我分开,那我也是要强的:既然拜了您为师,我就不会再去跟人家去做,您既然要跟我分开,那这也是一个机会,我自己去闯,去重新组建一个班子。后来我就组成自己的班子了。

我现在的班子有四个人,要是我们到苏州人家家中去办喜事,要求六个或者八个人,我就再叫人。刚开始,我自己就像小孩子学走路也没走稳,我就喊几个年纪大的老先生和几个阿姨跟我一起做,反响蛮好。第一年出来,我是没什么生意的,第二年生意就好了。我班子里的这四个人,我做上手,一个人做下手,还有拉胡琴的和打扬琴的。有一个打扬琴的,他是老手,原本跟着芮先生的,我跟芮先生分开,就问他:"你要跟芮先生还是跟我?"他说:"我跟你。"还有一个老先生,他退休了,是来拉胡琴的,我就叫他和我一起。所以他们两个老手跟我一起做,有了两个好的琴师我就不怕了。我原来一年多历练下来也有一定的基础。可惜的是,现在打扬琴的和拉胡琴的两位老先生都已经中风了。

木鱼宣卷和丝弦宣卷是有差别的。我们是丝弦宣卷,所谓丝弦宣卷就是有拉胡琴的、有打扬琴的。木鱼宣卷要敲木鱼,和念经差不多。同里都是丝弦宣卷,木鱼宣卷不多。昆山有木鱼宣卷,他们的班子一般要8个人。这里放一本书,一边敲、一边看、一边念,加上一个宣卷调。木鱼宣卷是这个样子的,跟我们这里的丝弦宣卷路数是不一样的。

行有行规,上下手的两个搭档肯定也是要有规矩的。下手在表演的时候,如果上手的醒木"啪"一击,下手要马上停下来,因为上手要接了。如果上手在说表或者在唱,上手醒木一击,就表明上手在这边要唱完了,下手要准备接下去了。

我们的收入分成也是有规定的,如果有1000元,200元算1股,共有5股。班子有上手、下手及两个琴师,共4个人,每人1股200元,这样分去800元,还剩1股200元。这200元就让上手、下手再四六分成:上手说唱比较辛苦,多拿一点,抽6成,就是120元,加上之前的200元,共320元;下手抽4成,就是80元,加上之前的200元,共280元。琴师是固定的,就是1股200元。

我现在跟琴师周斌老师的爱人朱海英两个人搭档，我们两个人的技艺是旗鼓相当的，所以我们不存在四六分成，而是五五分成，一人一半的。琴师拿200元，我们拿300元这个样子，因为大家都很熟悉了，大家都差不多水平，要是新学员肯定是要两样的。像我刚跟芮先生在一起的时候，我就跟琴师一样拿一股。随着宣卷艺术水平的提高，酬金也会适量增加一点。以前，我们演出后的酬金都是现金分掉，现在有人会微信扫码支付，但一般还是给现金的人多，所以我们当天就分掉，不过夜的，做完一次就分一次。现在单场收入增加了，比以前多了。以前我跟芮先生一起只有360元一场，现在我们差不多做一场要1200元到1300元，有的喜事甚至要1500元到1600元。最近几年没怎么变，基本上就是1200元到1300元，比较稳定了。现在钱越来越难赚，请我们做事的都是老年人，我们也不好意思要得高，毕竟人家拿钱出来也有点心疼的。

现在我们演出基本上在吴江、芦墟、八坼、金家坝、屯村，还有同里，在这些地方演出是最多的。金家坝不单单是庙会，他们造房子要请宣卷，结婚出嫁也要请宣卷，同里也有这样的倾向的，这两个地方是喜事请得最多的。除了喜事之外，还有庙会的时候唱宣卷。同里每年都要办庙会的。观众以老年人为主，中年人也有，年轻人也有，但是不多，所以还是有观众基础的。一般来说，宣卷都是从夜里12点半到次日4点，3个多小时。现在已经好多了。我们以前宣卷要做5个小时，下午是从1点到4点，晚上还要唱两个小时，要做5个小时，强度蛮大的。现在最多3个小时，中间有休息，但是休息时间要唱小调。我们以前跟芮先生宣卷，中间休息5分钟就是5分钟，10分钟就是10分钟。小调一般都是下手做，上手太辛苦了。现在宣卷的时候停下来休息，如果老听众说"唱一个，唱一个"，你好意思坐着不唱吗？你肯定要唱。

没有新冠疫情的时候，我一个月要唱20天左右，一年要做250~260天，有的时候要连续做三四十天，没有一天休息的，这样蛮辛苦的。这三年受疫情影响大。以前小孩子上大学，人家办酒席都要请宣卷先生来唱的，现在不怎么多了。以前我们7月还是要出去宣唱的，7月份都是家里有孩子考大学的那些人家请的。以前请我宣卷的次数要比现在多，我们上半年还在做，下半年都订满了，下半年做了，明年就已经订满了。我们夏天跟冬天稍微清闲一些，春、秋两季都做个不停的。现在不好说了。

基本是带班的上手接生意。一般他们来找我们宣卷就是打电话联系，比如我今天到这边来宣唱，人家听了觉得很好，马上订下去。我们推销自己还是老一套的，我们出去发名片，上面有电话号码。我们发名片是因为和我们联系的都是老人家，微信他们都没有的，只能打电话，所以打电话联系的多。我们现在也用微信联系，有几个老联络的都有我们的微信号。我不去跟人家联系的，都是人家来联系我，我基本上等电话就行。

宣卷的特征最主要的就是说表，就像讲故事一样，要从头到尾上下贯通。说表最是辛苦，开场的人物、背景、地点，都要表达清楚，让人家听得懂故事发生在什么地方，出场的那些是什么人，出场这个人的长相或者打扮，这些都要说清楚。老听众他们都听得懂。此外，还有做工。我们宣卷的是什么角色都要演的，不像唱戏，我演小生就演小生，演老生就演老生，我们宣卷都要演的，既要做皇帝，也要做小生、花旦，还要做老生、老旦，什么角色都要做。那就要塑造这些角色，要让人家看得懂你现在演的是什么角色，所以做工也是很要紧的。还有芮老师常说的脸部表情，你一定要深入角色，只有深入角色才能够把表情演出来。如果随随便便地说说唱唱，什么味道都没有，那肯定是不行的，吸引不了下面的观众，所以表情也是很要紧的。接下来你还要能够逗到人家笑，你要有一定的功夫。说到角色的时候，有时要稍微穿插一点来讲。当然接下来就是唱功，现在这些老年朋友都喜欢听你唱的，所以你的唱也一定要到位。最要紧的就是咬字要清楚，让他们都听得懂你在唱什么。这些是我们宣卷的特色。

说到本子，我们要是到庙上去宣卷，就要说《刘王宝卷》；要是针对人家喜事，我们就要用欢天喜地的本子去呈现给人家。如果是到庙上去宣，本子就没事，用悲剧的剧本也是很好的。我们会针对不同的需求用不同的本子，基本上都是劝人为善。我只要一本书，这几张纸就像我们写作文一样，大纲这么提一下，别的靠自己临场发挥，这就是我们宣卷的特点，我们都是临场发挥的，要靠自己积累。你脑子不能有其他的想法，要是有别人在旁边说话，你就要分心，那就说不好了。其实我连纸都不用的，因为我脑子里面装了很多本子。

宣唱都是用我们土话了，曲调基本上就是宣卷调。此外，还要增加我们地方的戏曲，乡村的小调，民间小调都要穿插进去的。你要是单一唱宣卷调，现在的人都不爱听了。你唱的曲调越丰富，人家越喜欢听。你要针对听众需求，他们喜欢什么，你也要知道，这样才能抓住那些听众。所以现在我们吃这碗饭真的是很难的。新的内容肯定要有的，不加是不行的。现在老听众几十年听下来了，他们的欣赏水平也提高了。所以你就要提高，你不提高是抓不住下面那些人的。你准备了那么多，你去宣，你去说，观众没有在好好地听，你也不舒服的。以前人家就是"听宣卷"，只要听就可以了，现在不行了，还要加个看，好像我们在做戏一样，有的老听众说："你们甚至比做戏都好看，还要好听。"

我到现在为止带了两个徒弟，第一个徒弟的岁数比我的岁数还大，还有一个跟我差不多大。第一个倒是跟着我做了几年，他那天回家摔了一跤，他的儿子就不让他出去做了。

他也是喜欢唱戏的,他也一直跟着我一起唱,不过现在他也很少唱了,他的女儿要生小孩,像我们这个年纪的人要带小孩。

这么多年,没有年轻人想来学的,要是有,我肯定要带他们的。你想想看,那些个爸爸妈妈都想将自己的儿女培养上大学。来做宣卷好像不怎么样,收入不行。他们年纪轻的要上大学,要找一份好的工作。做宣卷一年又没有什么固定的收入,像以前肯定比上班好,现在就不行了。要是没有疫情可能要好一点,现在疫情真是有点讨厌。

实话实说,我觉得以后宣卷行业有点吃力的,最要紧的是没有接班人,年轻一代很少有人学,还有拉胡琴、打扬琴的也少,没有人来继承,这个真是很让人担忧的。像我们唱的倒是还可以,像我今年60岁,我可以唱到70岁。但是拉胡琴、打扬琴的人没有了。观众肯定还是有的。比如文化站也会定时安排我们去演出,我们有固定的收入。要是真能有固定的收入,也许就有爱好的人要去学宣卷了。现在我们单靠自己来打拼肯定是差一点。这个行业不容易的,最好政府方面能拉我们一把,支持一下。

第七章 吴地宝卷的保护传承

吴地宝卷曾经有过辉煌的历史，但随着时代的发展，宝卷的传承与发展也遇到了新的挑战，比如传承队伍老化，年轻受众减少等。2014年，吴地宝卷入选第四批国家级非物质文化遗产代表性项目名录。这对于吴地宝卷的保护起到了积极的推动作用。与此同时，宣唱宝卷的艺人们也在随着时代的发展不断进行调整，在保留了宝卷民间性的基础上，分别从维持宗教性和发展娱乐性两个向度进行调整，并都取得了一定的成绩。

第一节 吴地宝卷的传承现状

吴地宝卷的传承历史悠久，积淀了深厚的文化底蕴，并深入当地百姓生活的方方面面。因其丰厚的文化内涵、广泛的群众基础，吴地宝卷至今仍然具有顽强的生命力。除宝卷卷本的传抄外，宝卷文化的传承离不开宣卷活动的展开。宣卷土壤的保护与宣卷班社的培养更是目前宝卷传承工作的重点。

一、宣卷文化的保护

作为一种历史悠久的民俗活动，宣卷在由农村转入城镇的群体中仍然有着深厚的群众基础。最传统的宣唱活动是在地方民俗节日及家庭红白事时举行，以达祈福消灾之效。在宝卷被列入非物质文化遗产名录后，宝卷宣唱也更多地出现在了文化下乡的社区表演活动中。无论是传统题材还是现代题材，宝卷宣唱由于内容和形式具有灵活多样的特点，故皆能有所胜任。

吴地宝卷的内容与民间信仰具有紧密的关系。每逢重大的宗教节日，如观世音菩萨等宗教人物的圣诞日、出家日、成道日，都会有宣卷演出活动。举行庙会时，也会邀请宣卷先生进行宣卷。现在苏州地区的宣卷以丝弦宣卷为主，场面喜庆、气氛活跃，深受观众的喜爱。每逢重大节日，宣卷活动就会在社庙举行，往往座无虚席，男女老少齐聚一堂，欢声笑语，热闹非凡。然而，随着近几年城市化的进程，农耕社会的规模逐渐萎缩，许多依托于农耕社会的民俗活动也逐渐减少，社庙等宣卷演出场所面临着拆迁重建的现实问题，这使得传统社庙场所的宣卷活动越来越少。（图7-1）

图 7-1　河阳陈雪珍在宣卷

虽然作为传统社会性活动的宣卷场所受到影响和限制，但在私家，宣卷活动依然有着广泛的受众。随着农村经济水平的提高，许多家庭红白喜事也会邀请宣卷先生进行宣卷。如结婚庆典、老人大寿、乔迁之喜、祛病消灾等祝祷活动，都要例请宣卷先生热闹一番。当下，这种乡风民俗在苏州农村仍旧有所保持。然而，由于现今乡村自建房数量的减少，百姓大多居住于高楼中，许多百姓即使有私家事宜想要邀请宣卷先生表演，也要另寻合适的场所开展。这样一来，社区内的公建房就成了宣卷演唱的重要场所（图 7-2）。

图 7-2　胜浦某社区的宣卷活动

此外，随着地方政府对于传统文化的日益重视，很多社区也为宣卷的开展提供了合适的场所。以胜浦地区为例，自从胜浦宣卷成功申报并被列入江苏省非物质文化遗产名录以来，胜浦地区不断提高对宣卷文化保护的重视程度，各个社区的公建房、公共舞台都提供了宣卷艺术展示的平台，胜浦地区还兴建了胜浦三宝馆，作为宣卷等民间文化的展示窗口。当地政府组织的社区宣卷活动会定期进行宣卷传唱，形式以新宣卷为主，内容多与社会主义核心价值观相匹配，受到老百姓的广泛好评。

二、宣卷班社的培养

在宣卷艺术的代代相传中，宣卷人才的培养是关键。而在宣卷艺人的培养中，宣卷班社有着至关重要的作用。作为宣卷传承的主体，班社在延续演唱技巧、主导宣卷活动的开展等方面发挥了核心作用。早在清代光绪末年，苏州地区就出现了被称为"宣扬社"的宣卷行业组织。当时的宣卷班社大多以4~6人的组合到周边地区演出，既要到庙会上演唱，也要接受私家的邀请进行宣卷。中华人民共和国成立后，宣卷一度曾被认为是迷信活动而遭取缔，宣卷班社也因此销声匿迹。直到20世纪80年代后，改革之风吹到苏州，宣卷活动才逐步恢复。很多宣卷艺人重操旧业，宣卷班社随之组建，新的宣卷从业者也逐渐增多。在随后的20年间，苏州地区的宣卷活动蓬勃发展，宣卷班社数量有所增加。根据已有统计数据，2009年，吴江市文广局组织的非遗普查小组统计到吴江共有宣卷班子28个，从业人员142人；胜浦地区较为活跃的宣卷班子有8个左右，宣卷艺人30多人。

宣卷班社的组织性运作是宣卷艺术得以传承发展的前提。在百余年的发展历史中，宣卷班社形成了较为稳定的机制。从人员组成来看，宣卷班社中既有职业化的艺人，也有农民身份的兼职艺人。他们的日常工作就是在庙会等民俗活动及私家红白事时进行宣卷。宣卷班社一般由资深宣卷艺人创立，创立者也被称为"班主"或"领班"，班中其他成员由班主选定。班社成员的人数可多可少。一般的宣卷班子由四人组成，分别为宣卷艺人两人（包括上手、下手）、扬琴琴师与二胡琴师各一人。在雇主有特别要求时，会增加1~2位琴师演奏二胡、琵琶等乐器作为辅助。上手负责宣唱宝卷的正文部分，下手负责和佛。像同里地区，下手还要分担上手的一部分工作，也要宣唱宝卷的正文部分。一般来讲，一个宣卷班社就是一个以资深宣卷艺人为核心，辅以专业琴师及和佛人组成的松散机构。

就运营机制而言，当代的宣卷班社仍然是以营利为目的的民间团体。20世纪以来，民众经济条件的改善及其对宣卷文化的推崇使得宣卷班社有大量的演出机会和较好的经济收入。据统计，目前苏州各地区从事宣卷活动的相关艺人人数可达3000人以上，其中知名宣卷艺人每年的表演场次可达 200~300 场次之多，每场听众也会达到 100~200 人的规模。根据2009年的统计数据，同里地区的宣卷班社一年的演出场数最多可以达到355场，生意较好的班子普遍一年也能演出 300 场之多，其余班子也有将近 200 个场次。

宣唱的盈利也会在班社中按行业规矩分发。有的班社成员较为固定；有的班社成员松散，是由艺人接到邀请后再临时组班。在报酬分配上，各地区、各班社都有差异。比如在同里地区，若是班子有上下手和两位琴师，一共 4 人，演出报酬一般就按五股开，上下手合计得 3 股，琴师 1 人 1 股。上手和下手在分 3 股的时候，上手拿的报酬要超过 1 股半，下手拿的报酬要少于 1 股半。对于宣卷艺人而言，宣卷演唱的收入甚至可以远超一般工人的工资，这也是艺人从事宣卷活动的主要动力所在。

宣卷的报价一般依循惯例，在每场宣卷价格基本固定的情况下，业务量的多少也就成为决定班社收入高低进而影响其生存状况的重要因素。要增加业务量，就要提高宣卷艺术水平，这无疑为宣卷艺术水平的提高提供了创新创造的不竭动力。

宣卷艺人的代代相传也依赖于宣卷班社这一机制。宣卷艺人的培养主要靠传统的师徒制。刚开始，学徒仅仅充当下手进行和佛，慢慢熟悉了内容与旋律后，才有进一步宣唱正文的机会。而在同里地区，宣卷的传授更是以口传心授为主。同里宣卷大部分的卷本内容只是一个情节概要，具体的细节安排由艺人独自构思，并在实际演出中脱离卷本开展。总体来看，目前在苏州地区，宣卷艺人学艺以跟随师父在演出现场观摩学习的方式为主，徒弟在师傅传授的过程中主要以听和记的方式学习，没有太多的专业培训。

总而言之，宣卷班社凝聚了一个地区的主要宣卷艺人。宣卷艺人在班社团体中，既提高了自身的艺术水平，又能获得相对可观的经济收入，宣卷这一传统行业也因此得以存续与发展。可以说，宣卷班社在培养宣卷艺人方面发挥了相当重要的作用。

然而，就宣卷艺人的传承形势而言，目前的宣卷艺人大多是六七十岁以上的老人，愿意学习宣卷艺术的人很少。即使有愿意学习的，也以退休人士为主，几乎没有年轻人来学习宣卷。许多宣卷艺人都表示："现今娱乐活动多元化，各种娱乐活动甚多，传统宣卷一坐就是几个小时，年轻人实在没有这个耐心。""宣卷前途不容乐观，现在的传承人都是 60 多岁的人了，我们这一代人去了，下一代恐怕后继无人！如今年轻人不太喜欢宣卷，学习宣卷的人根本没有，所以，传承成了一个大问题。"宣卷艺术后继乏人，无疑是宣卷艺术传承的一大危机。

综上所述，虽然目前苏州地区宣卷艺术的存续状况相对良好，仍然可以有序地开展宣卷活动，但其后续的传承形势却不容乐观。宣卷艺术要存续，稳定的受众市场、充满活力的宣卷传承人和良好的表演空间是必不可少的条件。目前在地方政府的扶持下，宣卷班子的生存状况较为良好，宣卷文化也能有效传播，但宣卷艺术的传承者与受众都面临老龄化的问题。年轻人对宣卷艺术缺乏兴趣，愿意学习宣卷的年轻人寥寥无几，如何将宣卷艺术向下传播，是宣卷艺术传承的最大难题。

第二节　吴地宝卷的保护情况

2004年以来，苏州市文广旅局相继出台了《苏州市非物质文化遗产保护条例》《苏州市非物质文化遗产记忆性保护工程实施管理办法》《苏州市非物质文化遗产分类保护示范基地命名与管理办法》《苏州市非物质文化遗产代表性项目代表性传承人评估办法》《苏州市濒危非物质文化遗产代表性项目保护办法》《苏州市濒危非物质文化遗产代表性项目人才培养与管理办法》《苏州市非物质文化遗产代表性项目保护单位评估办法》《苏州市非物质文化遗产生产性保护促进办法》《苏州市非物质文化遗产代表性项目代表性传承人认定与管理办法》《苏州市非物质文化遗产代表性项目评定与管理办法》等一系列法规，这些法规适用于吴地宝卷的保护和传承。除了出台法规以外，苏州市级非物质文化遗产资金及区级财政的配套资金还对吴地宝卷的传承项目和传承人给予一定的经费支持，用于宝卷宣唱活动的开展与传承。

一、常熟宝卷的保护情况

常熟宝卷较为完整地保留了吴地宝卷的传统形式——木鱼宣卷。常熟宝卷的宣唱具有完整的法事科仪，显现出较强的宗教色彩。现存的常熟宝卷有300多种，这在全国其他地方的宝卷史上是绝无仅有的。2013年，常熟市政府投入180多万元，开启了《中国常熟宝卷》的整理编纂工程。常熟市文广新局组织相关人员、专家成立了宝卷编辑工作小组，下设征集组、整理组、编纂组等，全力投入常熟宝卷的编辑出版工作。经过长达3年孜孜不倦的工作，《中国常熟宝卷》最终于2015年由古吴轩出版社出版。该书收录了常熟各乡镇宣卷先生所藏年代较早或者内容相对独特的宝卷版本，加上常熟市图书馆、常熟博物馆及常熟宝卷传承人余鼎君先生所藏宝卷，按照素卷、荤卷、冥卷、闲卷、科仪卷等5个门类划分，260种，计230万字。该书有着鲜明的常熟地方特色，其中有大部分内容是颂扬常熟本地英雄豪杰、仁人志士的，如《祖师宝卷》《三官宝卷》《李王宝卷》《总管宝卷》《周神宝卷》《水仙宝卷》《白龙王宝卷》《贤良宝卷》《贤才宝卷》《小王宝卷》《印应雷宝卷》等。（图7-3）

图 7-3 《中国常熟宝卷》封面

此后，苏州市非物质文化遗产保护管理办公室办于 2018 年投入 8 万元资助传承人余鼎君出版《中国常熟宝卷·疏牒符箓纸马汇编》（图 7-4）。常熟市财政于 2020 年投入 10 万元资助余鼎君出版 7 册《常熟世俗宝卷汇编》（图 7-5），并在 2021 年 7 月投入 12 万元召开了当今文化视野下的中国常熟宝卷暨相关民俗学术研讨会。全国 18 所高校的 40 多位宝卷研究专家出席会议，从宝卷的存续现状、民间信仰、表现形式、文学特性等方面进行了广泛的交流和研讨，并高度评价了常熟宝卷的传承保护工作。

图 7-4 《中国常熟宝卷·疏牒符箓纸马汇编》封面

图 7-5 《常熟世俗宝卷汇编》封面

二、河阳宝卷的保护情况

图7-6 《中国·河阳宝卷集》封面

2007年,张家港市、镇两级政府投入资金40万元,抢救河阳宝卷卷本166册,并在上海文化出版社出版了《中国·河阳宝卷集》(上下册)(图7-6)。该书收录了166种卷本,分为道佛叙事本、民间传说故事本、道教经义仪式本等3类,并附有河阳宝卷曲谱24段,共210万字。该书的一大特色就是保存了大量的宝卷珍本、孤本,如《三汊宝卷》《刘神卷》《王仪宝卷》等。这些宝卷在傅惜华《宝卷总录》、李世瑜《宝卷综录》、车锡伦《中国宝卷总目》等总目类书目中都未见收录,可见其珍贵。此外,如《城隍宝卷》《龙王卷》《纯阳卷》《冥王宝卷》等,又与河阳当地的民俗文化紧密结合,具有鲜明的地方特色。

2009年,张家港市、镇两级政府在河阳山歌馆内建立了河阳宝卷馆。(图7-7)

图7-7 河阳宝卷馆

2018年,凤凰镇文体中心在港口学校打造了以传承国家级非物质文化遗产河阳宝卷为主的河阳少儿宝卷基地。目前,港口学校已建有河阳文化非物质文化遗产展览场馆,成立了少儿河阳宝卷讲唱队,让河阳宝卷在活化传承中"种"进孩子们心中。为了打造出新时代的曲艺精品,凤凰镇文体中心还不断加强河阳宝卷作品的创作,以张家港对口帮扶沿河县为内容创作了《送给远方的礼物》,以"保护生态环境、建设美丽家园"为理念创作了《三十六只鸟》。这些作品由少儿河阳宝卷讲唱队进行了精彩的演绎,并登上中央电视台少儿频道的舞台,产生了全国性的影响。

三、胜浦宝卷的保护情况

胜浦宣卷与胜浦山歌、胜浦水乡服饰并称为"胜浦三宝"。政府每年为"胜浦三宝"等文化活动投入100万元专项经费。这些传承和保护宣卷的专项经费主要用于宣卷场馆的建设、宣卷活动的补贴、宣卷传承人的传承费用及宣卷资料的出版。为支持和扶持宣卷,文化站经常组织宣卷班子进行会演和交流,并请专家授课。2007年设立了胜浦民族民间文化保护专项资金,由胜浦镇财政逐年投入金额,分期实施。2009年投入5万元,主要用于培训和传承等工作;2007年投入3万元,主要用于普查和采录等工作;2011年投入20万元,主要用于胜浦宣卷馆的开设;2010年投入15万元,主要用于宣卷研讨会的举办和专辑的出版。

图7-8 《苏州胜浦宣卷》封面

胜浦宣卷的音像、文本资料都有所保存。音像资料和文字记录有2007年马觐伯、何生明、朱汉根的《胜浦宣卷调查纪实》,书籍资料有2010年古吴轩出版社出版的史琳所著《苏州胜浦宣卷》(图7-8)。在苏州工业园区胜浦镇人民政府的《江苏省特色文化之乡(民间音乐)申报材料》中,也有对宣卷的介绍与描述。

目前胜浦宣卷主要以口述和亲身传教的方式传承,开设的宣卷培训班有基本的教材。同时,"'胜浦三宝'社区教育课程"也包含了宣卷的内容,可谓胜浦宣卷的普及性读本。

四、锦溪宝卷的保护情况

自2006年始,昆山市开始投入专项经费用于锦溪宣卷的保护与传承。初步估计,到2017年昆山市对宣卷保护与传承投入经费共计约923万元。这些经费来源于中央补助、地方补助（昆山市、镇两级财政）和筹集的社会资金，逐年投入，分期实施，主要用于传承人的传习补贴、宣卷资料的收集整理、宣卷场馆的维护建设、宣卷文化的宣传展示。

　　早在20世纪80年代中期，在编选《中国民间歌曲集成·江苏卷（增补）》时，锦溪宣卷调就曾被编入《昆山民歌》，锦溪宣卷曲谱因此得以完好地保存。1984年，在宣卷赴京演出时，锦溪宝卷的演出剧目《天堂哪有人间好》得以现场录音，这部宣卷的音频资料因此得到了保存。1999年，宣卷坐唱《百花村传奇》参加江苏省民间文艺会演并产生了一定的影响。2007年，昆山市文广局组织编写了《昆山民族民间文化精粹·文艺卷·玉连环·锦溪宣卷》（图7-9），该书包含了昆山锦溪的宣卷传承、唱腔记谱和文本选录。此后，锦溪镇人民政府制定了《锦溪镇民族民间传统文化保护实施意见》，对锦溪镇的民族民间文化提出了相应的保护措施。2009年，锦溪镇人民政府提出每两年举办一场江、浙、沪三地宣卷演唱交流活动，进行宣卷的交流演唱学术研讨。2011年10月，锦溪镇在古镇老街开设中国锦溪宣卷艺术馆，作为锦溪宣卷展览展示、交流演出、传承传播的基地（图7-10）。2021年，锦溪镇人民政府又拍摄了锦溪宣卷的纪录片，进一步扩大了锦溪宣卷的文化影响力。

图7-9　《昆山民族民间文化精粹·文艺卷·玉连环·锦溪宣卷》

图7-10　中国锦溪宣卷艺术馆

五、同里宝卷的保护情况

目前,同里宝卷的普查、挖掘、保护及传承等工作主要由同里镇人民政府旅游和文物保护管理办公室负责。从2005年开始,当地政府每年都会设立5万元的专项经费用于宣卷的传承和保护,并根据保护需要增加项目支出。2006年,下拨专款10万元用于宣卷的拍摄与宣传;2007年,下拨专款20万元用于宣卷的收集整理,并于2010年出版了《中国·同里宣卷集》(上下卷)(图7-11)。《中国·同里宣卷集》编委会由中共吴江市委宣传部、同里镇人民政府、吴江市文学艺术界联合会、吴江市文化广电新闻出版局联合成立。采编人员历经两年半的时间,完成了这部210多万字的同里宣卷集。时任吴江市文联主席俞前、著名民间文艺家张舫澜分别撰写了《同里宣卷概述》和《编后记》。上卷《口头演唱记录本》记录了25部口头演唱的长篇宣卷,图文并茂,且附有宣卷老艺人、传承人、活动现场,以及所用的道具、乐器实物等图片,弥足珍贵。下卷《手抄校点本》校注了《妙英宝卷》等25部宣卷手抄本,附有书影及《同里宣卷艺术四大流派和班社传承谱系表》《宣卷艺人小传》《宣卷曲调》。这部书的出版,为中国宣卷研究提供了大量珍贵的一手资料,有利于推动中国宣卷研究的持续深入和开展。

图7-11 《中国·同里宣卷集》

2012年,同里镇人民政府出资30万元筹建宣卷展示馆,录制宣卷老艺人的传统唱腔和多部传统长篇宣卷卷本的音频、视频资料,向居民及游客展示不同时期、不同表现形式的宣卷所使用的器具、宣卷脚本、宣卷表演影像资料,并每周定期为观众表演宣卷艺术。2020年,在新建的同里水乡民俗文化展示馆设立宣卷书场,面积约200平方米,提供120个固定座席。

在传承推广上，当地政府积极推动宣卷进村、进社区，开设合心村、北联村、南园茶社宣卷书场，年演出超100场次。在每年的春节、元宵、五一、国庆等节假日，同里古镇景区也会上演宣卷专场。同时，同里还积极组织或参加各类宣卷交流会演活动，推出了《乡下街上人》《祸起"双十一"》《宪法护航中国梦》《中国好人杨立新》等新编宣卷，获得了业界的好评。

2012年以来，同里中学、屯村小学等学校先后开设宣卷传承班、宣卷兴趣班，聘请同里宣卷名家进行教学，让学生了解同里宣卷的唱腔、特点和流派，并进行简单的表演和传唱。这类课程的开设，为同里宣卷的发展和传承点燃了星星之火。

第三节 吴地宝卷的创新发展

吴地宝卷是与时俱进的民间艺术。最早的宣卷只有单调的木鱼和小磬伴奏，被称为"木鱼宣卷"或"双档宣卷"。20世纪二三十年代，面对苏滩的强力竞争，宣卷进行自我革新，学习滩簧、评弹等民间说唱艺术，增加笛、胡琴、二胡等乐器伴奏，形成了添加乐器伴奏的丝弦宣卷和注重说表的书派宣卷。

随着时代的发展，吴地宝卷还在不停地谋求创新。尤其是20世纪80年代以后，吴地的社会经济迅速发展，吴地民众的生活方式、审美习惯也发生了巨大的变化。为了适应新的时代需求，吴地宝卷的宣唱经历了方方面面的尝试和创新，包括新的唱本内容、新的唱腔曲调和新的表演形式，等等。这些自我调适使吴地宝卷同现代文明相融合，展现出强大的适应能力与创造潜能。

一、唱本内容的创新发展

唱本内容的创新发展可以分为两类：一类是在旧有的传统宝卷基础上修改增删，可谓从有到新；另一类则是没有底本，完全新创，可谓从无到有。

其一，从有到新的唱本。这类新唱本一般是由于宣唱先生对原有唱本不满，不能满足市场需求，于是对宝卷进行改造美化：或加入现代词汇，方便观众理解；或注入现代价值，以适应时代的需要。比如，常熟著名宣卷先生余鼎君就进行了多种地方宝卷的加工改编。常熟地区原本的《状元宝卷》讲述了张三畏诵经念佛、斋僧布施，其子张文忠在文昌星君的帮助下高中状元的故事。余鼎君认为这样的故事情节过于简单，立意上也有所欠缺，不能仅仅诵经念佛就考中状元。于是，余鼎君就对之进行改编，增加了张三畏与齐有利两家的矛盾冲突和重归于好的情节，同时还加入了老秀才鬼魂报恩的神话。这样的改编，意图在于启示他人：唯有行善事的道德实践才能改变命运、赢来善果，而纯粹烧香念佛并不具有根本的作用。这样的改编，使故事的结构更为完整、内容更为丰富，人物形象也更为鲜明。不仅如此，余鼎君还对该唱本的语言进行了现代化修改，使之更加贴合当代。如结卷偈言中的"指点△△△来开窍，博览群书如有神。举一反三思维捷，触类旁通功底深。如今没有状元称，△△△就做博士研究生"，文中的"△△△"是一种省略符号，每次宣卷时可以将它们换成事主家的学生姓名，而"博士研究生"更是符合当下民众对高学历的追求。如此一来，《状元宝卷》就更加顺应当代观众的需要，从而发挥出更多的现世价值。

随着经济的发展，除了对教育的日益重视外，常熟地区房屋的翻建也在不断增加。新房落成之时，民众都要表示对家运顺利的祈盼，于是宝卷也有了更大的市场。宣卷先生需要根据时代要求对含有相关内容的宝卷进行完善，而20世纪三四十年代出现的《鲁班宝卷》就属于这类题材。据余鼎君介绍，《鲁班宝卷》的母本已经消失不见，1988年朱炳南凭借记忆重新撰写了一个版本，余鼎君又于21世纪初在此基础上进行了修补改造。由此可见，宝卷的新唱本不仅要继承传统，还要主动顺应新的市场需求。

余鼎君还有很多再创作宝卷，大多收录在《常熟世俗宝卷汇编》中。其中所录篇目，大多是他觉得原唱本有不同程度的欠缺而加以修订或整理改编而成。经过他手的新唱本不仅剧情更完整、结构更清晰、人物形象更鲜明，而且更加贴合时代和地区的特色。

其二，从无到有的唱本。根据传统宝卷改编的唱本虽然能体现与时俱进，但因为它的内容仍旧是古代的，因此，往往很难精准地表达当代的主题。为了在宝卷中融入新时代的主流文化，也为了拉近吴地宝卷与当代人尤其是与年轻人的距离，从而拓展新的生存空间，吴地宝卷出现了一批完全新创的唱本。这些新唱本一方面以现代生活为背景，反映老百姓的喜怒哀乐，从而激发观众的亲切感和共鸣；另一方面也加入了符合新时代主旋律的元素，体现出对国家宏观政策的支持与响应。

在昆山锦溪，文艺工作者就创作了较多的新唱本。这些新唱本特色鲜明，雅俗共赏。《天堂哪有人间好》《百花村传奇》可谓其中的代表作。这两个新唱本语言风格幽默活泼，都在现代故事里拼合了多种神话传说和民间故事，让各路神仙在锦溪百花村过上平凡却安乐的生活，流露出全民奔小康的自豪，以及对当下幸福生活的满意之情。在《天堂哪有人间好》中，嫦娥下凡与当地田状元结婚，携手"种好承包责任田，再养几百只鸡、鸭、鹅"，因此夫妻二人成了"万元户"；其他神仙听说后都羡慕起人间的生活，争抢着下凡到锦溪百花村。牛郎养牛、织女办厂，孙悟空承包种花果，猪八戒造猪棚养猪，八仙住进养老院……神仙们在这里吃香的、喝辣的，医疗、养老全有保障，娱乐生活丰富多彩。这段宝卷反映了农村改革热火朝天的盛况，家庭联产承包责任制为农民致富提供了切实可行的路径，极大地激发了农民的生产热情。同时，随着昆山经济的突飞猛进，当地的医疗水平大大提升，文娱领域更是遍地开花。《百花村传奇》集中地虚构了孙悟空和猪八戒来到百花村，参加人才招聘并走上工作岗位的情节。孙悟空和猪八戒一起"学习经营管理和科学技术"，认真的孙悟空事业发达，懒惰的猪八戒面临破产。但猪八戒知错能改，发愤图强，最后也发家致富了。这既体现了昆山人淳朴实干的个性和追求科技创新的自觉，也反映出在社会主义市场经济条件下，昆山群众对过上美好生活的信心和决心。

　　锦溪还有一些传播较广的新唱本，这些新唱本在主题上顺应时代潮流，在内容上反映真实生活，在修辞上融入时代词汇，在表达上轻松易懂、幽默风趣。比如，《拒烟》是以反腐倡廉为主题的新唱本。该唱本讲述了金家浜村主任金大成在父亲生病住院、女儿外出读书的双重经济压力下，仍然刚正不阿，不接受贿赂的光辉事迹。《老俩口搬家》讲述了新时代的老农民融入城市的故事，反映了农民在城镇化过程中的变化。

　　在吴江同里，不少新唱本也应运而生。赵华的紫霞社创作了《乡下街上人》《祸起"双十一"》《宪法护航中国梦》《中国好人杨立新》等宝卷。这些宝卷就是在社会热点和时事民生的基础上改编的。其中《祸起"双十一"》完整地讲述了羊毛衫厂老板凤珍、玉根夫妇因缺乏消防知识和安全意识，导致仓库在"双十一"赶工之际起火的故事。新宝卷不仅用"双十一"这样特殊的时间激发观众的共鸣，还承担起提升群众安全意识的社会责任。这一唱本比较强调故事情节，相较吴地传统宝卷的宣唱模式，此新唱本在宣唱上呈现出更多的表演成分。（图7-12）

图7-12　新编宝卷《祸起"双十一"》演出现场

常熟地区也有不少首创的新唱本。余鼎君观察到社会上不少人对待婚姻的态度有如儿戏，家庭和谐与伦理观念面临危机。为了彰显维护家庭和谐幸福的重要性，余鼎君创作了《和合宝卷》。该唱本主要讲述了寒山、拾得修成和合二仙的故事，以神话传说的形式对世人开展教化，宣传和合观念，主张家庭和睦、互敬互爱。另外，余鼎君还自创了《大成宝卷》，讲述孔夫子的故事。因为根据余先生的研究，吴地宝卷中有反映佛教和道教的，唯独没有反映儒教的，这激发了他的创编热情。儒教本来就是三教之一，在民间也有深厚的基础。《大成宝卷》这一新唱本既强调了儒教在中国文化中的地位，又顺应了群众的信仰需要，从而进一步丰富了吴地宝卷的文化内涵，扩大了吴地宝卷的受众范围。

由此可见，无论是"从有到新"还是"从无到有"，吴地的新宝卷都在积极地与时俱进，把握时代脉搏，顺应市场需求，反映民众生活，承担起它作为非物质文化遗产的使命。而吴地不同地区的新唱本也有各自的特色，比如锦溪、同里地区的新唱本与常熟地区的新唱本相比，前者在适应新时代的过程中体现出的娱乐性更强，有雅俗共赏的特点；而后者则尽可能在传统唱本的模式下创编，保持宝卷的原则性和正统性。

二、唱腔曲调的创新发展

同里宣卷基本上保留了传统唱腔的规格，一般在接神和送神部分用宣卷艺人各自流派的唱腔，在正文部分采用宣卷的基本调，同时融合各种民间小调和地方戏曲的曲调，如民间小调《吴江调》《银绞丝》，锡剧《大陆板》，沪剧《吴江歌》，越剧《尺调腔》等。同里的宣卷艺人将小调、戏曲的唱腔和板式融入宣卷的弥陀调、韦驮调、海花调等基础曲调，较大地丰富了宣卷的音乐结构。

锦溪宝卷的宣卷艺人对曲调唱腔也做了相应的调整。锦溪宣卷原来的基本曲调《万福寿》有两次相同的长帮腔。《天堂哪有人间好》活用了《万福寿》，把前一次帮腔缩短，减少了重复，还使两次帮腔有了呼应和对照，并增加了男声主唱的唱法技巧，糅合白口、翻唱等形式，使曲调在反复中又有所不同。这样的细节调整增强了宣卷曲调的音乐性，使其更加精致耐听。在《天堂哪有人间好》和《百花村传奇》中，增加了清板后的男女小帮唱，使宣卷旋律的音乐性大大提高。而《老两口搬家》则对旋律做了更大的加工，使男女两个声部都能够在舒服的音域发挥，男女对唱的声音配合更加和谐优美。《乡音乡情歌颂党》则把多种传统曲调糅合在一起，并借鉴了锦溪周边地区流传较广的小调，别出心裁，听起来不落俗套。以上这些曲调的创新既保留了宣卷基本旋律的味道，又适应了当代听众的审美需求，使吴地宝卷在保留基本旋律的基础上，产生了令人耳目一新的音乐艺术魅力。

三、表演形式的创新发展

在传统宣卷中,下手仅仅需要和佛,到了20世纪90年代,下手就要宣唱宝卷的正文部分,扮演角色,与上手共同推进剧情。当下的宣卷演出,由全盘坐唱变成可坐可立,上下手搭档演出,一唱一和,共同塑造角色、呈现剧情。锦溪著名宣卷艺人王丽娟在演出中擅长模仿各类人物的动作、表情,以及动物的声音、神态,其宣卷表演逼真传神,精彩绝伦。

随着宣卷进一步吸收戏曲、情景剧等表演艺术的成分,有些新宝卷的表演已经非常接近情景剧,部分地区的宣卷已经有从曲艺向戏曲方向发展的倾向。比如,为了增强演出的舞台美感,《天堂哪有人间好》在表演时,主唱增至两人,均由男性担任,坐在前排敲木鱼和碰铃;女性伴唱,人数更是增加至8人,在后排伴奏、帮唱、舞蹈;另有乐队在幕侧伴奏。再比如《拒烟》的唱本就很强调剧情的推动,因此在表演中男女两位主唱不仅要做到基本的起角色,还要接住两人之间的对手戏,配合对方的动作和反应。

当然,表演性的增强不仅是吴地宝卷自觉适应时代、向现代表演形式靠拢的结果,也与宣卷表演场地的变化息息相关。宣卷被确定为非物质文化遗产后,受到了各级政府和百姓的关注与保护,这为宣卷提供了不少新的展示机会,宣卷艺人们因此能够在文艺会演、大型比赛等场合登台演出。舞台对宣卷而言是一个全新的表演空间,自然对宣卷的视觉效果有了进一步的要求,由此也推动了宣卷在表现力上的增强。

同里的赵华等宣卷艺人把宣卷演出分为宗教活动和民俗活动两个部分。在宗教活动的宣卷中,他们遵守"请神—正文—送神"的传统仪式;在民俗活动的宣卷中,他们会去掉请神和送神的环节,只留下正文部分,以演唱民间故事为主。这样的区分可以让宣卷的宗教功能与娱乐功能相对独立地发展,使宣卷在大众文化领域拥有更多的可塑性。

同时,当下的宣卷表演还加入了更多专门为现场观众设计的吉祥话。传统宣卷讲经时间较长,对观众来说有些单调乏味。随着时代的变化,宣卷艺人会事先了解事主家的基本家庭情况,以便在宣卷的过程中尤其是开卷时加入相应的祝福语。这一互动形式既能吸引观众,使他们对宣卷的内容产生兴趣;又可以投其所好,满足事主家的祈愿心理。

此外,在宣卷间隙或结束后的加唱环节,逐渐由附赠变为常态,所唱的曲目也是因时而变。老一辈宣卷艺人会唱锡剧、越剧、沪剧中传唱度较高的唱段,而当下有些宣卷艺人甚至还会演奏大众喜闻乐见的一些流行音乐。这样的方式可以拉近宣卷与年轻观众的距离,但同时也存在着淡化宣卷主体特征的倾向。

在唱本内容、唱腔曲调、表演形式的全方位创新下，吴地宝卷表现出顽强的生命力和卓越的适应力。它既扎根民俗的土壤，又主动接受主流文化和民众兴趣的融入，古老孕育新生，传统走向现代。

吴地宝卷在创新的过程中自然也存在一些问题。比如，新介入的一些流行元素并不能与宣卷的传统形式进行调和；靠近戏曲、戏剧艺术也容易破坏宣卷本身的曲艺性特点；对于年轻受众的争取也许会造成中老年群体的接受困难；等等。但无论如何，只有寻找更多的可能性、不断进行合理的尝试，吴地宝卷方能成为"活"的艺术。故步自封终会逐渐脱离现实，只有顺应时代和市场，不断自我革新，作为非物质文化遗产的吴地宝卷才能保持生机和活力。

参考文献

常熟市文化广电新闻出版局.中国常熟宝卷[M].苏州：古吴轩出版社，2015.

余鼎君.中国常熟宝卷·疏牒符箓纸马汇编[M].香港：中华文化出版社，2019.

余鼎君.常熟世俗宝卷汇编[M].上海：上海文艺出版社，2021.

中共张家港市委宣传部，张家港市文学艺术界联合会，张家港市文化广播电视管理局.中国·河阳宝卷集[M].上海：上海文化出版社，2007.

中共张家港市委宣传部，中共张家港市锦丰镇委员会，张家港市文学艺术界联合会.中国·沙上宝卷集[M].上海：上海文艺出版社，2011.

中共吴江市委宣传部等.中国·同里宣卷集[M].南京：凤凰出版社，2010.

李忠.昆山民族民间文化精粹·文艺卷·玉连环·锦溪宣卷[M].上海：上海人民出版社，2007.

尤红.中国靖江宝卷[M].南京：江苏文艺出版社，2007.

杨海滨.同里宣卷音乐研究[M].北京：大众文艺出版社，2009.

史琳.苏州胜浦宣卷[M].苏州：古吴轩出版社，2010.

郭腊梅.苏州戏曲博物馆藏宝卷提要[M].北京：国家图书馆出版社，2018.

黄靖.中国活宝卷调查[M].南京：河海大学出版社，2020.

黄靖.宝卷民俗[M].苏州：古吴轩出版社，2013.

黄靖.宝卷笔记[M].南京：江苏人民出版社，2011.

汤钰林.苏州文化遗产丛书[M].上海：文汇出版社，2010.

马觐伯.乡村旧事：胜浦记忆[M].苏州：古吴轩出版社，2009.

江苏省音乐工作组编.江苏南部民间戏曲说唱音乐集[M].北京：音乐出版社，1955.

苏州市文学艺术界联合会.苏州民族民间音乐集成·民间歌曲卷：上下卷[M].苏州：苏州大学出版社，2019.

曹本冶.中国民间仪式音乐研究·华东卷：上下卷[M].上海：上海音乐学院出版社，2007.

车锡伦.信仰·教化·娱乐：中国宝卷研究及其他[M].台北：台湾学生书局，2002.

陆永峰，车锡伦.吴方言区宝卷研究[M].北京：社会科学文献出版社，2012.

陆永峰.吴方言区民间宝卷研究[M].扬州：广陵书社，2022.

陈泳超.背过身去的大娘娘：地方民间传说生息的动力学研究[M].北京：北京大学出版社，2015.

赵杏根.中国百神全书：民间神灵源流[M].海口：南海出版社，1993.

吕宗力，栾保群.中国民间诸神：全二册[M].台北：台湾学生书局，1991.

后 记

经过近半年的努力，《吴地宝卷》一书终于完成了。该书是第一本全方位介绍吴地宝卷的普及性著作，相信它的问世，能够让读者朋友更为具体地了解吴地宝卷的情况。

本书分为7章。第一章为"吴地宝卷的文化渊源"，介绍了宝卷的存在历史和存在地域；第二章为"宝卷宣唱的文化传统"，梳理了宝卷宣唱的活动流程；第三章为"宝卷宣唱的曲调音乐"，呈现了宣唱宝卷所使用的基本曲调和江南小调；第四章为"吴地宝卷的文本特征"，挖掘了吴地宝卷的文学内涵；第五章为"吴地宝卷的文本评析"，评析了7类宝卷的文本选段；第六章为"宣卷传人的口述历史"，记录了常熟、河阳、胜浦、锦溪、同里等5个地区宣卷先生的口述史；第七章为"吴地宝卷的保护传承"，记录了吴地宝卷的保护现状与发展动向。通过以上7个方面，本书将吴地宝卷的传统与现代、文本与实践、作品与艺人、文字与音乐做了全方位的展示，基本涵盖了吴地宝卷的各个方面。

在本书的编撰过程中，宣卷(讲经)先生不仅口述自己的从艺经历，还演唱了代表唱段。从他们身上我们看到了其对于宣卷的热爱与执着。而在吴地宝卷成为非物质文化遗产的当下，他们宣卷（讲经），不仅是出于热爱，更担负了一份传承优秀传统文化的责任。本书关于花俊德、归金宗两位先生的口述史，以史琳老师《苏州胜浦宣卷》中的相关内容为基础，再请花俊德、归金宗两位先生修订增添而成。此外，常熟的余鼎君、河阳的虞永良、胜浦的马觐伯给我们详细介绍了当地的民俗风情和宣卷文化，曹雪良、金献武、周琴、葛润子为本书的宣卷曲调进行了记谱。对于上述为本书做出贡献的诸位，一并致以真挚的谢意。

最后，希望阅读本书的读者朋友能够更多地接触与关注吴地宝卷。吴地宝卷中有忠孝节义的神话故事、优美动听的吟唱旋律、庄重祥和的民俗仪式等，相信您一旦亲身体验，必然会沉浸其中、回味无穷、流连忘返。

编著者

2023年7月